高等学校工业工程专业教材

质量管理与控制

第 2 版

主　编　张凤荣

副主编　王丽莉

参　编　董　海　梁　迪　王艳敏　鄢德利

主　审　铁维麟

机械工业出版社

本书的主要内容包括质量管理概论、质量管理体系标准与质量认证、质量管理工具、质量成本管理、服务质量管理、工序质量控制、制造过程质量自动控制、质量检验理论与方法、可靠性工程及可靠性管理、质量功能展开等。本书力求全面系统地向学生介绍质量管理知识，有重点地介绍可靠性的基本知识。

本书可作为高等学校工业工程专业的教材，同时也可供工程类、管理类专业师生使用，并可供管理人员及技术人员参考。

图书在版编目（CIP）数据

质量管理与控制/张凤荣主编 . —2 版 . —北京：机械工业出版社，2011.6
（2025.1 重印）

高等学校工业工程专业教材

ISBN 978- 7- 111- 34935- 8

Ⅰ.①质… Ⅱ.①张… Ⅲ.①质量管理-高等学校-教材②质量控制-高等学校-教材 Ⅳ.①F273.2

中国版本图书馆 CIP 数据核字（2011）第 106727 号

机械工业出版社（北京市百万庄大街 22 号 邮政编码 100037）

策划编辑：朱 华 责任编辑：李 宁
版式设计：霍永明 责任校对：赵 蕊
封面设计：张 静 责任印制：单爱军

北京虎彩文化传播有限公司印刷

2025 年 1 月第 2 版第 15 次印刷

184mm×260mm・14.25 印张・349 千字

标准书号：ISBN 978-7-111-34935-8

定价：43.00 元

电话服务	网络服务	
客服电话：010-88361066	机 工 官 网：www.cmpbook.com
010-88379833	机 工 官 博：weibo. com/cmp1952
010-68326294	金 书 网：www.golden-book.com
封底无防伪标均为盗版	机工教育服务网：www.cmpedu. com

前　言

质量管理与控制是一门融硬科学和软科学于一体的边缘性、综合性学科。近年来，理论研究取得了很大进展，内容日益丰富，实践领域也在不断扩大。从质量管理与可靠性的有关国际标准公布以来，质量管理与可靠性就进入了概念统一化、内容规范化、活动国际化时期。

质量管理与控制是工业工程专业的一门核心课程。结合工业工程专业的特点，本书内容分10章，介绍了质量管理、控制与可靠性方面的知识。第一章简要介绍了质量及质量管理的概念及其意义、产品质量形成规律及全过程管理、质量管理的基础工作、质量管理原则；第二章介绍了ISO9000质量管理体系基础、ISO9000质量管理体系基本原理、质量管理体系的建立和运行、质量管理体系的审核和认证、ISO/TS16949标准；第三章介绍了质量管理应用的数据、直方图与质量特征数、散布图法、分层法和调查表法、排列图法、因果分析图法、关联图法、6σ质量管理；第四章介绍了质量成本、质量成本分析与报告、质量经济分析；第五章介绍了服务的定义、特征和分类、服务质量及其形成模式、服务质量差距分析模型、服务质量体系、服务过程质量管理；第六章介绍了工序质量控制的基本概念、工序分析与工序控制、工序能力与工序能力指数、工序能力评价与工序能力调查、控制图的基本原理、计量值控制图、计数值控制图、控制图的观察分析与使用、工序诊断调节法；第七章介绍了制造过程质量自动控制的概念、制造过程质量自动检测与控制的原理、质量数据采集及其自动化；第八章介绍了抽样检验的基本概念、抽样检验方案与随机抽样、计数抽样检验的基本原理、计数标准型抽样检验、计数调整型抽样检验、计量抽样检验；第九章介绍了可靠性与可靠性工程、可靠性分析、三次设计、可靠性管理与计划、设计过程的可靠性管理、生产与使用过程的可靠性管理；第十章介绍了QFD的基本方法、QFD的工作程序、量化评估方法、包含可靠性、技术和成本等因素的质量功能展开。

学生在学习时可根据所学专业有所侧重。

参加本书编写的有沈阳大学张凤荣（第三章、第六章），沈阳大学王丽莉（第二章、第八章），沈阳大学王艳敏（第一章、第九章的一部分），沈阳大学董海（第五章、第十章的一部分），沈阳大学梁迪（第四章、第七章），沈阳理工大学鄢德利（第九章、第十章的一部分）。

本书由张凤荣任主编，王丽莉任副主编，铁维麟教授任主审。

在本书的编写过程中，得到了铁维麟教授的指导和帮助，他为本书的出版做了大量的工作，谨在此向铁教授表示诚挚的谢意。

本书吸取和参考了许多专家和学者的研究成果，在此对这些专家和学者谨致谢意。

由于编者水平有限，书中差错在所难免，敬请各位专家和读者批评指正。

编　者

目　录

第一章　质量管理概论

第一节　质量的概念及其意义

伴随着科学技术的进步和经济水平的提高，现代质量与质量管理的理论在实践中不断充实、发展、完善与创新。有关质量与管理的术语和定义，在演进中形成了更能体现特性与层次结构的概念体系和更加合乎逻辑与协调关系的表述方法。

一、质量（Quality）

质量是质量管理的对象。正确、全面地理解质量的概念，对于开展质量管理工作是十分重要的。在生产发展的不同历史时期，人们对质量的理解，随着科学技术的发展和社会经济的变化而有所变化。

国际标准化组织制定的 ISO8402—1994《质量术语》标准，对质量作了如下的定义："质量是反映实体满足明确或隐含需要能力的特征和特性的总和。"

定义中的"实体"可以是某项活动或过程，某个产品，某个组织、体系或人；也可以是它们的任何组合。其中的产品，可以是有形产品，如机器设备、零部件、日用商品或流程性材料；也可以是无形产品，如计算机程序等的软件或服务产品。

定义中的"需要"一般指顾客的需要，但从经济法规以及环境保护、防止公害等法规的角度看，也包含社会需要。在合同环境下提出的需要，它们是受约束的、被规定的需要，属于规定的需要。而在非合同环境下，"需要"是隐含的，则为潜在需要。例如，在引进新技术或新发明来进行新产品开发时，要考虑顾客对这些新技术或新发明会有哪些需要。在新产品开发中，应将这些新技术转化为能满足顾客潜在需要的质量特性，使新产品成为能引导市场消费的成功产品。

为使"需要"能予以描述从而得以实现和检查，应将它们转化为质量要求。所谓质量要求，就是通过一组定量的或定性的要求，表述为某一实体的特性。实体的质量特性通常可以概括为性能、寿命（即耐用性）、可靠性、安全性、经济性以及美学方面的质量特性等。

将质量的概念按实体的性质细分，可分为产品质量、服务质量、过程质量及工作质量等。

1. **产品质量**（Quality of product）

根据质量的定义，产品质量可以理解为"产品满足规定需要和潜在需要的特征和特性的总和"。任何产品都是为满足用户的使用需要而制造的。对于产品质量来说，不论是简单产品，还是复杂产品，都应当用产品质量特性或特征去描述。产品质量特性依产品的特点而异，表现的参数和指标也多种多样，反映用户使用需要的质量特性归纳起来一般有 6 个方面，即性能、寿命（耐用性）、可靠性与维修性、安全性、适应性和经济性等。

（1）**性能**（Function）　性能指产品符合标准，满足一定使用要求所具备的功能。例如，手表的防水、防震、防磁和走时准确；电冰箱的冷冻速度；暖瓶的保温能力；电视机的图像清晰度；机床的转速、功率；钢材的化学成分、强度；布料的手感、颜色；儿童玩具的造型；食品的气味等。

（2）寿命（Life）　寿命指产品能够使用的期限，即产品在规定的使用条件下，完成规定功能的工作总时间。例如，灯泡在规定的电压和亮度条件下的使用小时数、电器开关的开启次数、钻井机钻头的进尺数、电视机的使用期限、轮胎的行驶里程数等都是衡量这些产品寿命的特性。

（3）可靠性与维修性（Reliability and Repairability）　可靠性指产品在规定的时间内和规定的条件下，完成规定任务的能力。这项质量特性反映了产品在使用过程中，其功能发挥的稳定性和无故障性。例如，电视机平均无故障工作时间；机床精度的稳定期限；材料与零件的持久性、耐用性等。与可靠性相联系的特性是维修性，或称为保全性。产品的维修性指产品在规定的条件下和规定的时间内，按规定的程序和方法进行维修时，保持或恢复到规定状态的能力。可靠性与维修性决定了产品的可用性。可用性指产品在任一随机时刻需要和开始执行任务时，处于可工作、可使用状态的程度。性能、可靠性与维修性又决定了产品的效能，即决定了产品在规定条件下，满足给定量特性和服务要求的能力。

（4）安全性（Safety）　安全性指产品在储存、流通和使用过程中，不发生由于产品质量而导致的人员伤亡、财产损失和环境污染的能力。它主要体现在产品本身所具有的保障使用者人身安全的质量特性。例如，洗衣机等家用电器采用对地绝缘电阻，保护用户在使用过程中不发生电击事故。此外，还应考虑不对社会造成伤害及环境污染，如对汽车排放废气的控制，都属于产品安全性的范畴。

（5）适应性（Adaptability）　适应性指产品适应外界环境变化的能力。这里所说的环境包括自然环境和社会环境，前者指产品适应沙漠与山地、暴风雨与海浪、振动与噪声、灰尘与油污、电磁干扰、高温与高湿等自然条件的能力；后者指产品适应某地区、某国家、某类顾客等需求的能力。

（6）经济性（Economy）　经济性指产品整个寿命周期总费用的多少。具体表现为设计成本、制造成本、使用成本（如使用过程中的动力消耗、维护费用等）。产品的经济性即要求产品不但制造成本低，而且能使用户的使用成本也低，以达到产品寿命周期的总费用最低。

以上6个方面的质量特性属于产品的内在特性，体现其使用价值。随着社会经济的发展，消费者消费观念和消费水平的变化，人们已不满足产品所提供的使用价值，而要求它们在满足物质需要的同时，还要满足人们的精神需要。例如，对产品的造型、款式、手感、色彩、包装等表现出的偏好，这种特性被称为美学质量。对于那些与人们日常生活有密切关系的产品，尤其是出口产品，美学方面的质量对提高产品的竞争能力有极大的影响。

2. 服务质量（Quality of service）

服务质量指服务性行业各项活动或工业产品的销售和售后服务活动，满足规定或潜在需要的特征和特性的总和。

服务业指交通运输、邮电、商业、金融、旅游、饮食、宾馆、医疗、文化娱乐等，这些行业的业务主要表现为向顾客提供服务性劳务，它们产出的是无形产品。服务过程是在服务业员工与顾客的直接接触中进行的，且在产生服务的同时就被消费掉了。因此，服务的质量往往取决于服务的技能、服务的态度和服务的及时性等服务者与消费者之间的行为关系。

服务质量特性依行业而定，其主要的共同性质和特性有以下6个方面。

（1）功能性（Function） 功能性指某项服务所发挥的效能和作用。商店的功能是让顾客买到所需要的商品；交通运输包括铁路、民航、水运、公路等，其功能是运送旅客和货物到达目的地；邮电的功能是为用户传递信息；旅游的功能是让人们得到享受；而工业产品的销售和售后服务的功能是使用户满意地得到产品。能否使被服务者得到这些功能，是对服务最基本的要求。也就是说，功能性是服务质量中最基本的特性。

（2）经济性（Economy） 经济性指顾客为了得到不同的服务所需费用的合理程度。这里所说的费用指在接受服务的全过程中所需要的费用，即服务周期费用。经济性是相对于所得到的服务满足不同等级需要而言，它是每个被服务者在接受服务时都要考虑的质量特性。

（3）安全可靠性（Safety reliability） 安全可靠性指在服务过程中，用户感到准确、无危险。这是为了保证在服务过程中，顾客、旅客和用户等被服务者的生命不受到危害，健康和精神不受到伤害，及货物不受到损失。例如，医疗、乘坐交通工具、住宿等，用户主观上感觉可信、无差错、安全。

（4）时间性（Time service） 时间性指服务在时间上能够满足被服务者需求的能力。它包括及时、准时和省时3个方面。及时是当被服务者需要某种服务时，服务工作能及时提供；准时是要求某些服务在时间上是准确的；省时是要求被服务者为了得到所需要的服务所耗费的时间能够缩短。及时、准时、省时三者是相关的、互补的。

（5）舒适性（Comfortability） 舒适性指在满足了功能性、经济性、安全可靠性和时间性等方面的质量特性情况下，服务过程的舒适程度。它包括服务设施的适用、方便和舒服，环境的整洁、美观和有秩序。

（6）文明性（Civility） 文明性指顾客在接受服务过程中满足精神需求的程度。顾客期望得到一个自由、亲切、友好、自然及谅解的气氛，有一个和谐的人际关系。文明性充分展示了服务质量的特色。

3. 过程质量（Quality of processes）

过程质量指过程满足规定需要或潜在需要的特征和特性的总和，也可以说是过程的条件与活动满足要求的程度。上述产品质量和服务质量的特性要由"过程"或"活动"来保证。前面所讨论的产品或服务的6个方面的质量特性是在设计研制、生产制造、销售服务的全过程中实现并得到保证的。也就是说，这些质量特性受到了"过程"或过程中各项活动的影响，过程中各项活动的质量就决定了特性，从而决定了产品质量和服务质量。因此，产品质量和服务质量从形成过程来说，还有设计过程质量、制造过程质量、使用过程质量及服务过程质量之分。

（1）设计过程质量（Quality in designing） 设计过程质量指设计阶段所体现的质量，也就是产品设计符合质量特性要求的程度，它最终是通过图样和技术文件质量来体现的。

（2）制造过程质量（Quality in manufacturing） 制造过程质量指按设计要求，通过生产工序制造而实际达到的实物质量，是设计质量的实现，是制造过程中，操作工人、技术装备、原料、工艺方法以及环境条件等因素的综合产物，也称为符合性质量。

（3）使用过程质量（Quality in using） 使用过程质量指在实际使用过程中所表现的质量，它是产品质量与质量管理水平的最终体现。

（4）服务过程质量（Quality in servicing） 服务过程质量指产品进入使用过程后，生产企业（供方）对用户的服务要求的满足程度。

　　4. 工作质量（Working quality）

　　工作质量指与质量有关的各项工作，对产品质量、服务质量的保证程度。对一个工业企业来说也就是企业的管理工作、技术工作对提高产品质量、服务质量和提高企业经济效益的保证程度。工作质量涉及各个部门、各个岗位工作的有效性，还决定着产品质量和服务质量。然而，它又取决于人的素质，包括工作人员的质量意识、责任心、业务水平。其中，最高管理者（决策层）的工作质量起主导作用，广大的一般管理层和执行层的工作质量起保证和落实的作用。

　　工作质量能反映企业的组织工作、管理工作与技术工作的水平。工作质量的特点是它不像产品质量那样直观地表现在人们面前，而是体现在一切生产、技术、经营活动之中，并且通过企业的工作效率及工作成果，最终通过产品质量和经济效果表现出来。

　　工作质量不像产品质量那样具体、直观，属于无形产品。对它们的质量比较难以进行定量的衡量和考核，但有时可以利用某些综合性质量指标，如废品率和返修率等，来考核某些具体部门的工作质量。例如，合格率的提高，废品率、返修率的下降，就意味着工作质量水平的提高。然而，工作质量在许多场合是不能用上述指标来直接定量的，而通常是采取综合评分的方法来定量。例如，工作质量的衡量可以通过工作标准，把"需要"予以规定，然后通过质量责任制等进行评价、考核与综合评分。具体的工作标准，依不同部门、岗位而异。

　　二、提高质量的意义

　　质量问题是一个重大的战略问题。保证和提高产品质量与服务质量，直接关系到经济建设的健康发展和人民群众的切身利益，是经济工作的一项重大战略任务，对我国经济发展具有极为重要的保障和促进作用。提高质量的重大意义可以从以下 3 个方面加以论述。

　　1. 质量是我国经济健康发展的基本要求

　　经过半个世纪的实践和探索，我国国民经济终于走上了稳定、健康、快速、持续发展的轨道。走上健康发展轨道的根本举措是"实行两个根本性的转变，一是经济体制从传统的计划经济体制向社会主义市场经济体制转变；二是经济增长方式从粗放型向集约型转变。"所谓经济增长方式从粗放型向集约型的转变，就是要把过去的依靠生产要素投入的增长来发展经济的增长方式，转变为依靠生产要素生产率的增长来发展经济的增长方式。因此，集约型增长方式也就是效率型的增长方式，它通过提高生产要素的使用效率，力争以有限的投放取得尽可能大的产出，求得经济增长的质量和效率、效益的提高。按照集约型增长的特征，就要求经济发展必须以质量与效益为中心，在产品质量好、品种多、效益高的前提下，增加产量和产值，达到较快的发展速度。只有产品质量好，才能节约资源，降低消耗，提高生产要素的投入产出率，从而增加效益；只有以提高质量（包括增加产品品种）为目标，才能促进对科技的投入和推进管理的科学化及现代化，才能推动产业结构的调整和优化，实现集约型增长的既定目标。因此，提高质量是转变经济增长方式，保证国民经济稳定、健康、快速、持续发展的基本要求。

　　2. 质量是人民生活与工作的保证

　　在工业发展的今天，人们的衣食住行都直接或间接地依赖于工业产品的生产。无论是工作、学习、生活、身体健康都和质量密切相关。而且，随着社会经济的发展，人民生活水平的提高，人们已不满足于产品供应的数量，而更关注它们的质量。人们对产品的质量、服务的质量以及产品的花色品种都提出了越来越高的要求。

因此，如果企业能不断提高产品质量和服务质量，增加产品品种，为人民群众提供物美价廉、质量可靠的产品与周到的服务，并适应人们的需要向市场推出多种多样的花色品种，就能使人民群众得到实惠，不断改善和提高人民生活水平，推进社会经济的蓬勃发展。相反，如果企业不做好质量工作，产品的质量与品种长期没有改进，就不能满足人们日益增长的物质文化生活水平的需要。更有甚者，如果企业只顾赚钱不顾产品质量，甚至生产假冒伪劣产品，就将使人民群众蒙受极大的经济损失，甚至直接危害到人民群众的生命财产安全。

3. 质量是企业的生命线

当今世界已进入了全球经济一体化的新时代，任何国家、任何企业都面临着一个开放而又竞争激烈的大市场。在这个新的世界市场体系中，竞争的格局已从价格、质量的竞争转为时间、质量、价格和服务之间的竞争，更发展到科技之间的竞争。时间和价格的竞争优势是依靠质量取得的，而科学技术的竞争最终仍要体现在产品的质量上。因此，不论是时间、质量、价格、服务的竞争，还是科学技术的竞争，归根结底，仍都是质量的竞争。提高质量始终是一个企业提高竞争能力和取得竞争优势的主要手段。尤其是在今天的国际经济交往和合作中，正在大力推行质量管理的标准化。只有生产质量好的产品，通过国际质量标准的认证，才能顺利打入其他国家市场；产品质量不好，得不到国际质量标准的认证，就很难出口。这就是说，质量已成为产品进入国际市场的通行证。

总之，企业的竞争力在于质量，企业的经济效益来自质量，企业的形象也依靠质量来塑造，质量在任何时候都是企业的生命线。

第二节　质量管理的基本概念

一、质量管理的定义与任务

1. 质量管理的定义

质量管理是企业为了保证和提高产品与服务质量而开展的各项管理活动的总称。国际标准化组织质量管理和质量保证技术委员会在总结各国质量管理实践经验的基础上，对质量管理提出了如下的定义："确定质量方针、目标和职责，并通过质量体系中的质量策划、质量控制、质量保证和质量改进来使其实现的所有管理职能的全部活动。"

2. 质量管理的任务

对于一个企业来说，质量管理具有以下 3 项基本任务。

（1）制定质量方针目标及其实施规划　质量管理首先要确定企业在一定时期内的质量方针与目标，并制定出贯彻方针目标的实施规划。通过方针目标和规划来指导和组织各部门和各岗位的工作，激发他们为实现预期的质量目标而不断作出努力。

（2）实施质量保证　质量保证是为使人们确信企业能满足质量要求而开展的、并按需要进行证实的、有计划和有系统的活动。它一方面是向用户证实企业有能力保证质量，并对其产品及服务质量负责到底的一系列活动。例如，对产品质量实行"三包"；向用户提供满足合同要求的质量凭证；通过第三方的质量认证提供企业质量体系保证质量的能力的证据等。另一方面，对企业内部各部门的工作加强管理，使各项工作经常处于受控状态，而确保企业具备满足质量要求的一系列活动。例如，开展质量审核、质量评价、工序质量验证等。前者称为外部质量保证，后者则为内部质量保证。外部质量保证是对用户的质量保证，使用户能信赖企业的产品，相信企业具有保证质量的能力；内部质量保证可以说是对企业领导层的担保，使他们相信本企业具备满足质量要求的能力。

（3）实施质量控制　质量控制是对质量形成的过程进行监视、检测，并排除过程中影响质量的各种原因，以达到质量要求所采取的作业技术活动。其具体工作有下面几项：

1）确定控制计划与标准。

2）实施控制计划与标准。

3）发现质量问题并分析造成质量问题的原因。

4）采取纠正措施，使过程处于正常状态。

质量控制是企业最基本和最经常的质量管理活动，它是企业用来保证产品质量与服务质量的重要手段。

二、质量管理的发展历程

质量管理这一概念早在20世纪初就提出来了，它是伴随着企业管理与实践的发展而不断完善起来的，到现在已形成一门独立的学科。这门学科也是随着资本主义现代化工业生产的发展，而逐步形成、充实和发展的，它经历了一个长期的发展过程。同时，它又是与资本主义的竞争分不开的，是随着竞争而发展起来的。

从质量管理的发展历史可以看出，在不同时期，质量管理的理论、技术和方法都在不断地发展和变化，并且有着不同的发展特点。从一些工业比较发达的国家来看，质量管理的发展大致经历了3个阶段。

1. 产品质量检验阶段（20世纪20年代~20世纪30年代）

20世纪初，美国工程师泰勒总结了工业革命以来的经验，根据大工业管理实践，提出一套工业管理的理论，其中有一条就是主张：在企业中，要想提高效率，就必须把计划职能和执行职能分开，一部分人专门负责设计、计划，而另一部分人去执行（实施）。为保证这个环节协调及检查计划执行情况，其间必须有一个检查环节，使产品的检验从制造过程中分离出来，成为一个独立的工序。这是对手工业生产方式的一项重大改革。自此，在企业管理中产生了一支专职检验队伍，并由检验人员集中组成了专职检验部门。从20世纪初到20世纪40年代前，美国的工业企业普遍设置了集中管理的技术检验机构。

质量检验对手工业生产来说，无疑是一个很大的进步，因为它有利于提高生产率，有利于分工的发展。但从质量管理的角度来看，质量检验的效能较差，因为这一阶段的特点就是按照标准的规定，对成品进行检验，即从成品中挑出不合格品，这种质量管理方法的任务只是"把关"，即严禁不合格品出厂或流入下一工序，而不能预防废品产生。

1924年，美国贝尔电话研究所的统计学家休哈特（W. A. Shewhart）博士提出了"预防缺陷"的概念。他认为，质量管理除了检验外，还应做到预防，解决的办法就是采用他所提出的控制图。

与此同时，同属贝尔电话研究所的道奇（H. F. Dodge）和罗米格（H. G. Romig）又共同提出，在破坏性检验的场合采用"抽样检验法"，并提出了第一个抽样检验方案。此时，还有瓦尔德（A. Wald）的序贯抽样检验法等统计方法。当时，只有少数企业，如通用电器公司、福特汽车公司等采用他们的方法，并取得了明显的效果，而大多数企业仍然搞事后检验。这是由于 20 世纪 30 年代前后，资本主义国家发生了严重的经济危机，在当时生产力发展水平不太高的情况下，对产品质量的要求也不可能高，所以，用数理统计方法进行质量管理未被普遍接受。因此，第一阶段即质量检验阶段一直延续到 20 世纪 40 年代。

2. 统计质量管理阶段（20 世纪 40 年代~20 世纪 50 年代）

由于第二次世界大战对大量生产（特别是军需品）的需要，质量检验工作立刻显示出其弱点，检验部门成了生产中最薄弱的环节。由于事先无法控制质量，以及检验工作量大，军火生产常常延误交货期，影响前线军需供应。这时，几乎被人们遗忘的、未被普遍接受的休哈特提出的"防患于未然"的控制产品质量的方法及道奇、罗米格的"抽样检验法"被重新重视起来。因此，美国政府和国防部就组织数理统计学家去解决实际问题，制定战时国防标准，即 Z1.1《质量控制指南》、Z1.2《数据分析用的控制图法》、Z1.3《生产中质量管理用的控制图法》，这 3 个标准是质量管理中最早的标准。

在美国战时的质量管理方法的研究中，哥伦比亚大学的"统计研究组"作出了较大的贡献。该组是作为政府机关的应用数学咨询机构而成立的（1942 年 6 月成立，1945 年 9 月撤销），在其许多的研究成果中，具有特殊意义的是瓦尔德（A. Wald）提出的逐次抽检（序贯抽检）法。

第二次世界大战后，美国的产业界顺利地从战时生产转入到和平生产，统计方法在国民工业生产中得到了广泛的应用。随后，统计方法在欧美各国以至资本主义世界各国相继推行。

这一阶段的方法是利用数理统计原理，预防产生废品并检验产品的质量。在方式上是由专职检验人员转过来的专业质量控制工程师和技术人员承担。这标志着将事后检验的观念转变为预防质量事故的发生并事先加以预防的观念，使质量管理工作前进了一大步。

3. 全面质量管理阶段（20 世纪 60 年代至今）

从 20 世纪 60 年代开始，进入全面质量管理阶段。首先，20 世纪 50 年代以来，由于科学技术的迅速发展，工业生产技术手段越来越现代化，工业产品更新换代也越来越频繁。特别是出现了许多大型产品和复杂的系统工程，对质量要求大大提高了，特别是对安全性、可靠性的要求越来越高。此时，单纯靠统计质量控制，已无法满足要求。因为整个系统工程与试验研究、产品设计、试验鉴定、生产准备、辅助过程、使用过程等每个环节都有着密切联系，仅仅靠控制过程是无法保证质量的。这样就要求从系统的观点，全面控制产品质量形成的各个环节、各个阶段。

其次，由于行为科学在质量管理中的应用，其中主要一点就是重视人的作用，认为人会受心理因素、生理因素和社会环境等方面的影响。因而必须从社会学、心理学的角度去研究社会环境、人的相互关系以及个人利益对提高工效和产品质量的影响，发挥人的能动作用，调动人的积极性，去加强企业管理。同时，应认识到不重视人的因素，质量管理是搞不好的。因而在质量管理中，也相应地出现了"依靠工人"、"自我控制"、"无缺陷运动"和"QC 小组活动"等。

此外，由于"保护消费者利益"运动的发生和发展，迫使政府制定法律，制止企业生产和销售质量低劣、影响安全、危害健康的劣质品，要求企业对提供产品的质量承担法律责任和经济责任。制造者提供的产品不仅要求性能符合质量标准规定，而且要保证产品在售后的正常使用过程中，使用效果良好、安全、可靠、经济。于是，在质量管理中提出了质量保证和质量责任问题，这就要求企业建立全过程的质量保证系统，对企业的产品质量实行全面的管理。

基于上述理由，美国通用电器公司的费根堡姆（A. V. Feigenbaum）和质量管理专家朱兰博士等先后提出了全面质量管理的思想，或称为"综合质量管理"。费根堡姆于 1961 年出版了《全面质量管理》一书，主张用全面质量管理代替统计质量管理，提倡讲究质量成本，加强企业经营的全面质量管理。从统计的质量管理发展到全面的质量管理，是质量管理工作的又一个大的进步。全面质量管理阶段的标志是把企业的经营管理、数理统计等管理手段和现代科学技术密切地结合起来，建立一套质量管理工作系统，以保证经济地生产出满足用户要求的产品。这个时期的质量，无论是在深度上，还是在广度上均有所发展。美国人把这个时期的质量管理工作叫做质量管理工作"完善期"，而日本人则称为质量管理工作的"巩固期"。

三、全面质量管理

1. 全面质量管理的定义

全面质量管理（Total Quality Management, TQM）指企业单位开展以质量为中心，全员参与为基础的一种管理途径，其目标是通过使顾客满意，本单位成员和社会受益，而达到长期成功。

定义中的"全员"，指组织结构中所有部门和所有层次的人员。定义中"社会受益"，意味着满足社会的要求，取得好的效益。也就是说，"全面质量管理"是经营管理某一组织的一种方式，其目的是使全体成员持续地参加和协作，在符合社会需要的条件下，使用户满意，本组织长期盈利，成员也受益。

中国质量管理协会在《质量管理名词术语》（1982）中，对全面质量管理的内涵有如下表述：全面质量管理指"企业全体职工及有关部门同心协力，综合运用管理技术、专业技术和科学方法，经济地开发、研制、生产和销售用户满意产品的管理活动。"显然，它与国际标准的说法在本质上是一致的。

2. 全面质量管理的特点

全面质量管理的特点是"三全"、"一多样"。

（1）全面质量的管理　质量管理的对象不限于狭义的产品质量，而是扩大到工作质量、一切质量，即广义的质量。不仅要保证产品质量，还要保证低消耗、低成本、按期交货、服务质量等，以及对质量管理的各项工作质量实行全面的综合管理。

（2）全过程的管理　包括从市场调查、设计、生产、销售，直至售后服务等过程的质量管理。产品质量有一个产生、形成和实现的过程，要保证产品质量，不仅要搞好生产制造过程的质量管理，还要搞好设计过程和使用过程的质量管理。对产品质量形成的全过程各个环节加以管理，形成一个综合性的质量管理工作体系。做到以防为主，防检结合，重在提高。

（3）全员参加的管理　质量管理的全员性、群众性，是科学质量管理的客观要求。工业产品质量的好坏，是许多生产环节和各项管理工作的综合反映。企业任何一个环节、任何一个人的工作质量，都会不同程度地直接或间接地影响产品质量。因此可以说，质量第一，人人有责。企业要通过质量责任制将质量方针落实到全体职工，企业从厂长、技术人员、经营管理人员一直到每个工人，以及所有部门，人人都要为保证和提高产品质量而努力。

（4）质量管理方法多样化 全面、综合地运用多种多样的方法进行质量管理，是科学质量管理的客观要求。随着现代化大生产和科学技术的发展，以及生产规模的扩大和生产效率的提高，对产品质量也提出了越来越高的要求。影响产品质量的因素也越来越复杂，既有物质因素，又有人的因素；既有生产技术因素，又有管理的因素；既有企业内部的因素，又有企业外部的因素。要把如此众多的影响因素系统地控制起来，统筹管理，单靠数理统计方法是不可能实现的，必须根据不同情况，区别不同的影响因素，灵活运用各种现代化管理方法和措施加以综合治理。

第三节 产品质量形成规律及全过程管理

一、质量职能

质量管理是通过质量职能来实施和开展活动的。要认识质量管理首先应了解质量职能。质量职能指企业为实现质量目标，保证其产品、服务和过程满足规定的要求或用户需要而开展的活动的总称。一个企业的产品与服务质量是在与产品生产过程有关的各个部门的工作中产生、形成和实现的。因此，质量职能就是企业各部门、各岗位在确保质量方面应发挥的作用和应开展的活动。质量职能也只能通过企业各部门、各岗位应承担的质量职责加以具体明确和落实。

正确认识质量职能的含义是认识并理解质量形成全过程及其规律性的必要前提。对于产品质量的形成而言，直接影响产品质量的质量职能可以有不同的表述，但本质上是一致的。一般认为主要质量职能包括市场研究、产品实现的策划、设计和开发、采购、生产和服务提供、营销服务、测量、分析和改进等。

二、产品质量形成规律

产品质量是如何形成的？有没有规律性？这个问题直接关系到质量管理的理论基础。现在，人们已经认识到，产品质量不是检验出来的，也不是宣传出来的。如果只是依靠产品出厂前的严格检验来保证出厂产品的质量，那么可能会严重损害企业的经济效益；如果只是依靠媒体的宣传广告来塑造企业产品的质量形象，那么当产品质量名不副实的真实面貌被市场顾客识破后，产品的前途和企业的形象必将毁于一旦。

那么，产品质量能否被认为是生产出来的呢？如果产品设计和开发的创意和市场的实际需求有所偏离，或者产品设计的功能、质量目标的定位不当，或者产品的销售导向及服务不尽如人意，那么即使生产过程完全满足符合性要求，产品仍然不能很好地满足顾客明确和隐含的要求，从顾客的立场上来看，这种产品的质量还是不能令其满意。

显然，产品质量是产品实现全过程的结果。产品质量有一个从产生、形成到实现的过程，在这一过程中的每一个环节都直接或间接地影响到产品的质量。

1. 质量螺旋

为了表述产品质量形成的这种规律性，美国质量管理专家朱兰（J. M. Juran）曾经提出一个质量螺旋模型。所谓质量螺旋（Quality spiral），是表述影响质量的相互作用活动的概念模式，是一条呈螺旋上升的曲线，它把全过程中各个质量职能按照逻辑顺序串联起来，用以表征产品质量形成的整个过程及其规律性，通常称之为"朱兰质量螺旋"，如图1-1所示。朱兰质量螺旋反映了产品质量形成的客观规律，是质量管理的理论基础，对于现代质量管理的发展具有重大意义。

从朱兰质量螺旋可以看出：

1）产品质量形成全过程包括 13 个环节（质量职能）：市场研究、产品计划、设计、制定产品规格、制定工艺、采购、仪器仪表配置、生产、工序控制、检验、测试、销售、售后服务。

2）产品质量的形成和发展是一个循序渐进的过程。13 个环节构成一轮循环，每经过一轮循环，产品质量就有所提高。产品质量的提高在一轮又一轮的循环中总是在原有的基础上有所改进、有所突破，且连绵不断、永无止境。

3）作为一个产品质量系统，系统目标的实现取决于每个环节质量职能的落实和各个环节之间的协调。因此，必须对质量形成全过程进行计划、组织和控制。

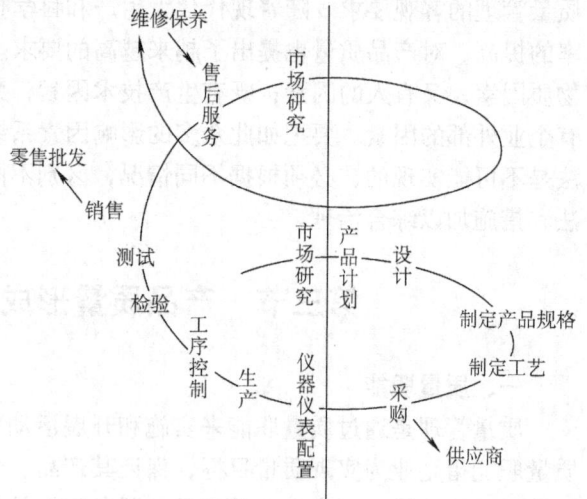

图 1-1　质量螺旋

4）质量系统是一个开放的系统，和外部环境有着密切的联系。这种联系有直接的（质量螺旋中箭头所指处），也有间接的，如采购环节和物料供应商有联系，销售环节和零售批发商有联系，服务和顾客有联系等。此外，市场研究环节需要研究产品市场，几乎所有环节都需要人来工作，而人力资源主要由社会来培养和提供，所以，产品质量的形成和改进并不只是企业内部行为的结果。质量管理是一项社会系统工程，需要充分考虑外部因素的影响。

5）产品质量形成全过程中的每一个环节均需依靠人员的参与和完成，人的质量以及对人的管理是过程质量和工作质量的基本保证。所以，人是产品质量形成全过程中最重要、最具能动性的因素。现代质量管理十分强调以人为本的管理，其理论根据即在于此。

2. 质量环

朱兰质量螺旋深刻而形象地揭示了产品质量形成的客观规律性，和它有异曲同工之妙的常见表述还有质量环。

质量环是在从认识市场需要直到评定能否满足这些需要为止的各个阶段中，影响产品或服务质量的相互作用活动的理论模式。也就是说，质量环指从了解和掌握用户对产品质量要求和期望开始，到质量实现的产品寿命周期内，将影响产品或服务质量的各项活动划分为若干个环节的一种理论模式。质量环是指导企业建立质量体系的理论基础和基本依据。从图形上看，质量环可以看成是质量螺旋曲线俯视的投影。质量环包括从市场调研一直到用户处置等 11 个环节，如图 1-2 所示。

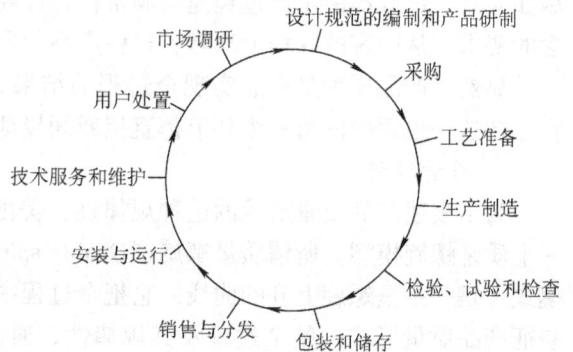

图 1-2　质量环

质量环与质量螺旋的比较如表 1-1 所示。

表 1-1　质量环与质量螺旋的比较

产品寿命周期各阶段	质 量 螺 旋	质 量 环
概念和定义阶段	1. 市场研究	1. 市场调研
设计阶段	2. 产品计划 3. 设计 4. 制定产品规格	2. 设计规范的编制和产品研制
生产阶段	5. 制定工艺 6. 采购 7. 仪器仪表配置 8. 生产 9. 工序控制 10. 检验 11. 测试	3. 采购 4. 工艺准备 5. 生产制造 6. 检验、试验和检查 7. 包装与储存
使用阶段	12. 销售 13. 售后服务	8. 销售与分发 9. 安装与运行 10. 技术服务和维护 11. 用户处理
特点	1. 运用系统思想，按产品质量形成过程，用质量螺旋上升方式表示，划分为 13 个环节阶段或活动 2. 突出影响产品质量有关环节，强调设计阶段，分为开发、设计和规范 3 个环节 3. 在生产阶段强调"工序控制"和"器具配备"	1. 运用系统思想，按产品质量形成全过程用质量螺旋的俯视图来表示，划分为 11 个环节阶段或活动 2. 站在用户立场和使用角度，突出了"安装和运行"、"用户处置"阶段 3. 在生产阶段，将"包装与储存"独立出来，成为一个阶段

三、朱兰三部曲

从产品质量形成过程来看，质量管理要贯穿于设计制造、销售、服务等环节的全过程；从管理的角度来看，要搞好质量管理，一般必须抓住以下 3 个主要环节，计划—控制—改进，即质量计划、质量控制和质量改进。这一管理模式是朱兰博士于 1987 年提出的，故称为朱兰三部曲，每一步都要按照固定的执行程序来实现。

1. 质量计划过程

这是一个为实现质量目标作准备的过程，其最终结果是按照质量计划开展质量活动。其主要内容有：

1）必须从外部和内部认识顾客。

2）确定顾客的要求。

3）开发出能满足顾客需要的产品（包括服务）。

4）制定能满足顾客需求的质量目标，并以最低的综合成本来实现。

5）开发出能生产所需产品的生产程序。

6）验证这个程序的能力，证明它在实施中能达到质量目标。

2. 质量控制过程

这是在经营中达到质量目标的过程，其最终结果是按照质量计划开展经营活动。其主要内容有：

1）选择控制对象。
2）选择测量单位。
3）规定测量方法。
4）确定质量目标。
5）测定实际质量特性。
6）通过实践与标准的比较找出差异。
7）根据差异采取措施。

3. 质量改进过程

这是一个突破计划，并达到前所未有的质量水平的过程，其最终结果是以明显优于计划性能的质量水平进行经营活动。其主要内容包括：

1）证明改进的需要。
2）确定改进的对象。
3）实施改进，并对这些改进项目加以指导。
4）组织诊断，寻找原因。
5）提出改进方法。
6）证明这些改进方法有效。
7）提供控制手段，以保持其有效性。

四、PDCA 循环

1. PDCA 循环的含义

要搞好质量管理，除了要有一个正确的指导思想外，还必须有一定的工作程序和管理方法。在质量管理中，常用的工作程序就是 PDCA 循环，这也是全面质量管理的基本工作方法。PDCA 循环中的 4 个字母是英文的缩写，P 表示计划（Plan），D 表示实施（Do），C 表示检查（Check），A 表示处理（Action），它反映了质量改进和完成各项工作必须经过的 4 个阶段。这 4 个阶段不断循环下去，故称为 PDCA 循环。PDCA 循环是提高产品质量的一种科学的管理工作方法，如图 1-3 所示。

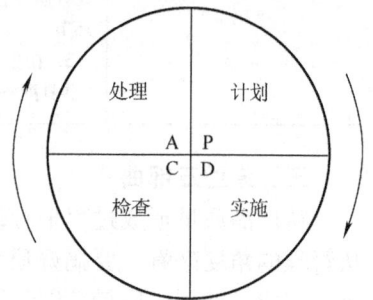

图 1-3　PDCA 循环

2. PDCA 4 个阶段的基本工作内容

PDCA 的工作程序一般可按 8 个步骤（4 个阶段）进行。

P 阶段：制订计划。就是确定质量目标、质量计划、管理目标和拟定措施。可分为以下 4 个步骤：

1）分析质量现状，找出存在的质量问题（第 1 步）。
2）分析产品质量问题的各种原因或影响因素（第 2 步）。
3）从各种原因中找出影响质量的主要原因（第 3 步）。
4）针对影响质量的主要原因制定对策，拟定管理、技术组织措施，提出执行计划和预计效果（第4步）。

D阶段：实施。就是按预定计划、目标和措施及其分工去执行（第5步）。

C阶段：检查。就是把实施的结果和计划的要求对比，检查计划的执行情况和实施的效果是否达到预期的目标（第6步）。

A阶段：处理。包括以下两个步骤：

1）总结经验教训。把成功的经验和失败的教训归纳、总结，形成一定的标准、制度和规定，以巩固已经取得的成绩，防止已经发生的问题再重复发生（第7步）。

2）提出这次循环尚未解决的问题，作为遗留问题转入下一次循环去解决，并为下一阶段制订计划提供资料和依据（第8步）。

用PDCA循环解决质量问题示意图（8个步骤）见图1-4。

3. PDCA循环的特点

1）PDCA管理循环是大环套小环，相互衔接，互相促进。

2）PDCA管理循环是一个不断上升的循环，如图1-5所示。

PDCA循环如同爬楼梯，螺旋式地上升，其4个阶段周而复始地循环。每循环一次就上升一个台阶，即一次循环解决了一些问题，使质量水平有了提高，下一次循环是在提高了的基础上进行，如此循环，使质量水平不断上升。

3）PDCA循环的关键在于A阶段。对于质量管理来说，经验和教训都是宝贵的，总结经验和教训，形成一定的标准、制度或规定，能使工作做得更好，使质量水平不断提高。

图1-4 PDCA循环的8个步骤图

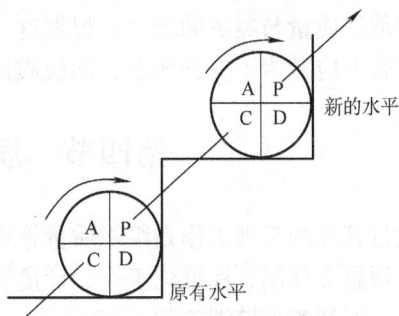

图1-5 不断上升的循环

五、质量管理的基本思想

1. 以预防为主不断改进的思想

好的产品质量是设计和生产出来的，不是靠最后检查出来的。根据这一基本道理，全面质量管理要求把管理工作的重点，从"事后把关"转移到"事先预防"上来。从"管结果"变为"管因素"，实行"预防为主"的方针。将不合格品消灭在产品形成过程之中，做到"防患于未然"，但仍要加强质量检验职能。

2. 为用户服务的思想

实行全过程管理，要求企业所有各个工作环节都必须树立"下道工序就是用户"，努力为下道工序服务的思想。现代工业生产是一环扣一环的，前道工序的质量影响后道工序的质量。一道工序出了质量问题，就会影响整个生产过程以至产品质量。因此，要求每道工序的工作质量，都要经得起下道工序（用户）的检验，满足下道工序的要求。有些先进企业在生产过程的许多工序，特别是一些关键工序，开展复查上道工序工作，保证本道工序质量，优质、准时为下道工序服务的活动，并经常组织上下工序、相关环节之间的互相访问和互提质量保证，已取得显著效果。

3. 用事实和数据说话的思想

这就是要求在全面质量管理工作中，具有科学的态度和作风，不能满足一知半解和表面现象；要对问题进行深入分析，除定性分析外，还要尽可能定量分析，做到心中有数，避免主观性、盲目性。

4. "质量第一"的思想

任何产品都必须达到所要求的质量水平，否则就没有或未完全实现其使用价值，从而给消费者及社会带来损失。从这个意义上讲，企业必须把质量放在第一位。

贯彻质量第一，要求全体职工，尤其是领导干部，要有强烈的质量意识；企业在确定经营方针时，首先应根据用户或市场的要求，科学地确定质量方针并安排人力、物力、财力，以保证生产出优质产品。

5. 以人为主体的思想

在质量管理诸要素中，人是最活跃、最重要的因素。质量是依靠人生产出来的，质量管理是人们有目的的活动。要搞好质量管理，应提高以人为主体的管理思想。

6. 质量与经济统一的思想

质量第一、质量至上，应是质量与成本统一，找出最适宜的质量。质量管理者应追求的是，在满足用户需要的前提下以尽可能少的投入，生产出质量"适宜"、物美、价廉的产品，以取得质量与经济的统一。根据这一思想，既不可以片面追求过剩质量，而使成本大大提高，也不应该为了降低成本，而使质量大大降低，影响质量的适宜性。

第四节　质量管理的基础工作

质量管理的基础工作是组织质量管理体系有效运行的基本保证，通常包括质量教育培训工作、质量责任制、标准化工作、计量管理工作和质量信息管理工作。

一、质量教育培训工作

质量教育培训工作是全面质量管理的一项重要的基础工作。国外有句名言："质量管理始于教育，终于教育"。企业推行全面质量管理，提高企业的素质，首先是要提高人的素质，把质量教育培训工作作为搞好全面质量管理的第一道工序。质量教育的内容主要有以下几项。

1. 质量意识教育

意识是人的自觉的心理活动，增强质量意识，牢固树立"质量第一"、"用户第一"的思想，是搞好质量管理，提高产品质量的思想基础。

2. 质量管理知识教育

全面质量管理是一门科学，要想应用它，首先要掌握它，这就需要学习它的基本思想、理论和方法。

3. 技术培训教育

技术培训教育是对职工所进行的技术基础知识和操作技能的培训。产品质量的好坏，归根到底取决于职工队伍的技术水平和管理水平。只有通过技术培训，使职工熟知产品性能、用途、生产工艺流程、岗位操作技能和检测方法等，才能提高职工素质，以保证生产出优质产品。

二、质量责任制

建立质量责任制，是企业建立经济责任制的首要环节。它要求明确规定企业每一个人在质量工作中的具体任务、责任和权力，以便做到质量工作事事有人管、人人有专责、办事有标准、工作有检查。一旦发现产品质量问题，就可以查清责任，有利于总结正反两方面的经验，更好地保证和提高产品质量。

实行经济责任制，必须首先实行质量责任制，把质量责任作为考核的主要内容。这样，才能增强职工的责任心，保证和提高产品质量。

三、标准化工作

国家标准 GB/T 20000.1—2002 对"标准"所下的定义是"为了在一定的范围内获得最佳秩序，协商一致制定并由公认机构批准，共同使用的和重复使用的一种规范性文件。"

在 GB/T 20000.1—2002 中，"标准化"的定义是"为了在一定范围内获得最佳秩序，对现实问题或潜在问题制定共同使用和重复使用的条款的活动。"

四、计量管理工作

计量工作（包括测试、化验、分析等）是工业生产的重要环节，是保证产品质量的重要手段和方法，是企业开展全面质量管理的一项重要基础工作。

计量工作的重要任务是统一计量单位制度，组织量值传递，保证量值的统一。没有单位制度和量值统一，制定和贯彻技术标准就成为一句空话，生产就不能正常进行，产品质量也就不能得到保证。

五、质量信息管理工作

质量信息指反映产品质量和产、供、销各环节工作质量的基本数据、原始记录以及产品使用过程反映出来的各种情报资料。

质量信息是质量管理的耳目、依据和资源，对于产品质量改进、质量策划具有重要的意义。质量信息管理工作主要是对质量信息进行收集、整理、分析、反馈、建档，并提供利用。

质量信息应具备价值性、适用性、正确性、等级性、可追踪性和可加工性。

六、质量管理小组活动

1. 质量管理小组的概念

凡在生产或工作岗位上从事各种劳动的职工，围绕企业的方针目标，以改进产品质量、运输质量、工程质量、服务质量、提高经济效益为目的，自愿组织起来，运用科学质量管理的理论和方法开展活动的小组，可统称为质量管理小组（简称为 QC 小组）。

2. 质量管理小组的组建

由于企业的特点与情况不同，以及企业内部各部门的生产、工作性质不同，所以质量管理小组的形式可以多种多样，不拘一格。目前我国主要有下列 3 种类型。

（1）攻关型　多数以跨部门的"三结合"的形式为主，这种以工人、工程技术人员、干部"三结合"组成的小组，人员搭配、知识互补，效果明显，值得提倡。

（2）现场型　多数以本岗位、本工序、本班次的人员为主组成，这类小组对现场的质量控制和保证起着持久的作用。在服务行业，现场型常被称为服务型。

（3）管理型　这主要是由计划、财务、供应、政工、后勤等各专业部门组成的，以改善或提高工作质量为目的的小组，这种形式也应大力发展。

不同类型的小组可以由不同的人员组成。对班组岗位的质量管理小组来说，基本上以工人为主，同时考虑到每个人的爱好、兴趣、志向，并且相互关系要融洽，以利于统一活动。对车间部门级的质量管理小组，可以实行领导干部、工程技术人员和工人"三结合"，以利于指导和协调。对联合攻关型的质量管理小组，一般也是采取"三结合"的形式，但是更要充分发挥工程技术人员的作用，以利于尽快取得成果。

质量管理小组的人数以 3～10 人为宜，最多不超过 15 人。质量管理小组建立后，要按照不同的级别活动范围，向上一级质量管理部门注册登记。

第五节　质量管理原则

在现代质量管理的理论和实践中，经过多年的探索，已经形成了一些基本的质量管理原则和思想，但不同的专家学者对这些原则和思想有不同的表述，如戴明提出的"质量管理十四要点"，朱兰的"质量三部曲"等，这些观念和思想已在质量界广为传播并用于指导实践。

为使全世界普遍接受 ISO9000 系列标准，更有效地指导组织实施质量管理，ISO/TC176 从 1995 年开始成立了一个工作组，用了大约两年的时间，基于 ISO9000 系列标准的实践经验以及理论分析，吸纳了国际上广泛认可的质量管理理念，整理并编撰了八项质量管理原则。其主要目的是希望帮助管理者，尤其是最高管理者系统地建立质量管理理念，深刻理解 ISO9000 系列标准的内涵，提高其管理水平。同时，ISO/TC176 将八项质量管理原则系统地应用于 2000 版 ISO9000 系列标准中，使得质量管理体系的内涵更加丰富，有力地支持了质量管理活动，这一成果得到了国际众多国家和专家的赞同。

八项质量管理原则是在总结质量管理实践经验的基础上，用高度概括的语言表述的关于质量管理的最基本、最适用的一般规律，是组织领导做好质量管理工作必须遵循的准则和应关注的重点，包含了质量管理的一般规律、思想方法、工作方法、领导作风和处理内外关系的正确态度。深刻理解并认真贯彻八项质量管理原则，对于每个组织，特别是组织领导和质量管理工作者均有十分重要的意义。

八项质量管理原则分别是以顾客为关注焦点；领导作用；全员参与；过程方法；管理的系统方法；持续改进；基于事实的决策方法；与供方互利的关系。

1. 以顾客为关注焦点

组织依然存在于顾客。因此，组织应当理解顾客当前和未来的需求，满足顾客要求并争取超越顾客期望。组织与顾客的关系是相互依存的关系。没有顾客，组织就失去了生存的基础，所以关注顾客也是关注组织本身。顾客的要求是不断地变化的，为了使顾客满意，以及创造竞争的优势，组织应了解顾客未来的需求，并争取超越顾客的期望。以顾客为关注焦点，可建立起对市场快速反应的机制，增强顾客的满意和信任，并为组织带来更大的利益。

2. 领导作用

领导者确立组织统一的宗旨及方向。他们应当创造并保持使员工能充分参与实现组织目标的内部环境。

组织的质量管理活动主要包括制定质量方针和质量目标、规定职责、建立体系、实现策划控制和改进等。质量方针和质量目标是组织宗旨的重要部分，它与产品实现有关的活动构成了组织的发展方向。当发展方向与组织的宗旨相一致时，组织才能实现其宗旨。领导者的作用主要体现在使组织的发展方向与宗旨一致，并创造一个全体员工均能充分参与实现组织目标的内部环境。

3. 全员参与

各级人员是组织之本，只有他们的充分参与，他们的才干才能为组织带来收益。

人是管理活动的主体，也是管理活动的客体。组织的质量管理是通过组织内各职能、各层次人员参与产品实现过程及支持过程来进行的。过程的有效性取决于各级人员的意识、能力和主动精神。人人充分参与是组织良好运作的必要条件。而全员参与的核心是调动人的积极性，当每个人的才干得到充分发挥并能实现创新和持续改进时，组织将会获得最大收益。

4. 过程方法

将活动和相关资源作为过程进行管理，可以更高效地得到期望的结果。

将输入转化为输出的活动，可以视为一个过程。一个过程的输出可直接形成下一个或几个过程的输入。为使组织有效运行，必须识别和管理众多相互关联的过程。系统地识别和管理组织运营中的各种过程，特别是这些过程之间的相互作用，称之为"过程方法"，过程的基本单元是活动。采用过程方法进行管理，可以对每个过程充分考虑其具体要求，对过程资源的投入、管理及改进活动都能相互有机地结合，从而可以有效地使用资源，降低成本，缩短过程执行时间。在应用过程方法时，要系统地识别和合理组织所有过程，特别是识别过程之间的相互作用，通过其控制活动获得可预测且具有一致性的结果，也可以使组织关注并掌握按优先次序改进的机会。

5. 管理的系统方法

将相互关联的过程作为系统加以识别、理解和管理，有助于组织提高实现目标的有效性和效率。

为了成功地领导和运作一个组织，需要采用一种系统和透明的方式进行管理。此处"系统"的含义指相互关联或互相作用的一组过程，过程的集合构成了系统。过程和系统是部分和整体的关系。一个系统相对于高它一级的系统，它自己又是过程。相互关联和相互作用是过程与过程，也包括过程和系统，甚至系统与所处环境的联系及影响。系统内的过程不是简单的排列，过程的顺序、关联及构成方式决定了系统的结构。

构成质量管理体系的基本单位是过程。一组完备的相互关联的过程有机地组合就构成了一个系统。对构成系统的过程予以识别、理解并加以管理，可以帮助组织提高实现目标的有效性和效率。这是一种管理的系统方法，其优点是可使过程以互相协调的方式最大限度地实现预期的结果。

6. 持续改进

持续改进组织的整体业绩是组织的永恒目标。

组织应建立持续改进体系。持续改进可以在各个过程上运用 PDCA 循环来实现。对于特定过程，应按系统的目标设定过程目标，确定并实施过程，对照目标和产品要求或顾客要求测量与监控过程实施并报告结果，通过对实施结果的分析，制定并采取措施，持续地改进过程业绩。从组织发展的战略角度上看，在所有层次上持续改进，就能增强组织对改进机会的快速反应，提高组织的业绩，增强其竞争能力。

7. 基于事实的决策方法

有效决策建立在数据和信息分析的基础上。

决策就是在活动实施之前选择最佳的运作方案。决策活动包括制定目标、确定需解决的问题和实现目标需进行的活动、方案的可行性评估等。决策基于一定的信息输入，正确的决策必须有正确的输入，即要输入可靠且数量足够的信息。

8. 与供方互利的关系

组织与供方是相互依存的，互利的关系可增强双方创造价值的能力。

随着生产社会化的不断发展，生产分工越来越细，专业化程度越来越高，一个产品往往要通过多个组织之间分工协作才能完成。因此，任何一个组织都有其供方。供方所提供的材料、零部件或服务对组织的最终产品有着重要的影响。只有供方提供高质量的产品，组织才能为顾客提供高质量的最终产品，并确保顾客满意；组织的市场扩大，则为供方增加了提供更多产品的机会。所以，供方与组织相互依赖，组织与供方的良好合作，联合起来对顾客要求作出灵活快速的反应，将最终促使组织与供方均增强创造价值的能力，使双方都获得更大的效益。

复习思考题

1. 质量的含义是什么？
2. 产品质量对国民经济有何重要意义？
3. 质量管理发展的各个阶段各有什么特点？
4. 什么是质量螺旋和质量环？它们有何异同？
5. 什么是朱兰三部曲？
6. 全面质量管理的含义是什么？它有什么特点？
7. 全面质量管理的基本思想是什么？
8. 什么是 PDCA 循环？它有何特点？
9. 质量管理主要有哪些基础工作？
10. 质量管理原则的内容是什么？

第二章　质量管理体系标准与质量认证

第一节　ISO9000 质量管理体系基础

一、ISO9000 质量管理体系标准的产生和发展

质量管理体系标准起源于第二次世界大战期间，是美国为了监管兵工厂质量系统而产生的。20 世纪 50 年代末，美国发布了 MIL-Q-9858A《质量大纲要求》，该质量大纲成为世界最早的有关质量保证方面的标准。之后，美国国防部又制定和发布了一系列的对生产武器和承包商进行评定的质量保证标准。

美国在军品生产质量保证活动的成功经验，在世界范围内产生了很大的影响。一些工业发达国家，如英国、美国、法国和加拿大等国在 20 世纪 70 年代末先后制定和发布了用于民品生产的质量管理和质量保证标准。随着世界各国经济的相互合作和交流，对供方质量管理体系进行审核已逐渐成为国际贸易和国际合作的共同需求。但是，由于各国制定的质量管理和质量保证标准的内容不同，给国际间的经济合作和贸易往来造成了阻碍，国际社会普遍要求建立全世界统一的"质量管理和质量保证标准"。

国际标准化组织（International Organization for Standardization, ISO）于 1979 年成立了质量管理和质量保证技术委员会（ISO/TC176），负责制定质量管理和质量保证标准，以避免国与国之间在质量标准上的差异。在求同存异的大前提下，ISO 于 1987 年 3 月发布了 ISO9000 系列国际标准，即"质量管理和质量保证标准"。该标准采纳了很多先进企业的优良运作模式。一经颁布，就成为质量管理体系建立和审核所遵循的统一规范，在全世界范围内掀起了 ISO9000 质量认证的热潮。

在使用过程中发现，1987 版的 ISO9000 系列标准存在一些问题。为此，ISO/TC176 工作组于 1994 年完成了对标准的修订，并发布了 1994 版的 ISO9000 系列标准。但在应用过程中，人们发现 1994 版 ISO9000 系列标准仍然存在着一些不足，与现代企业的运行模式存在很多不适应的地方。例如，1994 版的标准中采用"要素"描述体系，与现代企业基于过程的管理模式不适应。另外，1994 版的标准主要针对规模较大的制造企业制定的，而规模较小、机构简单的组织或其他行业采用时会带来一些问题。在这种情况下，ISO/TC176 工作组又对 1994 版的 ISO9000 系列标准进行了重新修订和完善，并于 2000 年 12 月 15 日发布了 2000 版的 ISO9000 系列标准。该系列标准可以帮助组织建立并有效运行质量管理体系，是质量管理体系通用的要求或指南，可广泛适用于各种行业、各种类型、不同规模和提供不同产品的组织，在国内、国际贸易中促进相互理解和信任。

我国对口 ISO/TC176 技术委员会的全国质量管理和质量保证标准化技术委员会（CS-BTS/TC151）是国际标准化组织（ISO）的正式成员，参与了有关国际标准的制定工作，并承担着将 ISO9000 系列标准化为国家标准的任务。1988 年 12 月，该委员会正式发布了等效采用 ISO9000—1987 系列标准的 GB/T10300《质量管理和质量保证》系列国家标准，并于

1989 年 8 月 1 日起在全国实施。1992 年 5 月，发布了等同采用 1987 版 ISO9000 系列标准的 GB/T 19000 系列标准；1994 年发布了新的 GB/T 19000（等同采用 ISO9000—1994 系列标准）；2000 年 12 月 28 日发布了 2000 版的 GB/T 19000（等同采用 ISO9000—2000 系列的 3 个核心标准）。

二、ISO9000 质量管理体系标准的作用

ISO9000 系列标准是世界上许多经济发达国家质量管理实践经验的科学总结，具有通用性和指导性。实施 ISO9000 系列标准，可以促进组织质量管理体系的改进和完善，对促进国际经济贸易活动，消除贸易技术壁垒，提高组织的管理水平和质量水平都能起到良好的作用。概括起来，主要有以下几个方面的作用。

1. 有利于提高产品质量，保护消费者的利益

现代科学技术的飞速发展，使产品向高科技、多功能、精细化和复杂化发展。但是，消费者在采购或使用这些产品时，一般都很难在技术上对产品加以鉴别。即使产品是按照技术标准生产的，但当技术标准本身不完善或组织的质量管理体系不健全时，就无法保证持续提供满足要求的产品。按 ISO9000 系列标准建立质量管理体系，通过体系的有效运行，促进组织持续地改进过程，提高产品质量和稳定性，这无疑是对消费者利益的一种最有效的保护，也增加了消费者对产品的可信度。

2. 为提高组织的运行能力提供了有效的方法

ISO9000 系列标准鼓励组织在制定、实施质量管理体系时采用过程方法，通过识别和管理众多相互关联的活动，以及对这些活动进行系统的管理和连续的监视与控制，以提高顾客的满意度。为此，质量管理体系提供了持续改进的框架，增加了顾客和其他相关方满意的机会。因此，ISO9000 系列标准为有效提高组织的运作能力和增强市场竞争能力提供了有效的方法。

3. 有利于增进国际贸易，消除技术壁垒

在国际经济技术合作中，ISO9000 系列标准被作为相互认可的技术基础，ISO9000 的质量管理体系认证制度也在国际范围内得到互认，并纳入合格评定的程序之中。世界贸易组织技术壁垒协议（WTO/TBT）是 WTO 达成的系列协议之一，它涉及技术法规、标准和合格评定程序。贯彻 ISO9000 系列标准为国际经济技术合作提供了国际通用的共同语言和准则；取得质量管理体系认证，已成为参与国内和国际贸易、增强竞争能力的有力武器。因此，贯彻实施 ISO9000 系列标准对消除技术壁垒，排除贸易障碍起到了十分积极的作用。

4. 有利于组织的持续改进及持续满足顾客的需求和期望

顾客要求产品具有满足其需求和期望的特性，这些需求和期望应在产品的技术要求或规范中表述。因为顾客的需求和期望是不断变化的，这就促使组织持续地改进产品和过程。而质量管理体系要求恰恰为组织改进其产品和过程提供了一条有效途径。因而 ISO9000 系列标准将质量管理体系要求和产品要求区分开来，它不是取代产品要求而是把质量管理体系要求作为对产品要求的补充。这样有利于组织的持续改进及持续满足顾客的需求和期望。

三、ISO9000—2000 系列标准的构成

1999 年 9 月召开的 ISO/TC176 第 17 届年会，提出了 2000 版 ISO9000 系列标准的结构，如表 2-1 所示。ISO9000 系列标准由 4 项核心标准和其他支持性的标准与文件组成。

表 2-1 2000 版 ISO9000 系列标准的结构

核心标准	ISO9000	质量管理体系——基础和术语
	ISO9001	质量管理体系——要求
	ISO9004	质量管理体系——业绩改进指南
	ISO19011	质量和环境管理体系审核指南
支持性标准和文件	ISO10012	测量控制系统
	ISO/TR10006	质量管理——项目管理质量指南
	ISO/TR10007	质量管理——技术状态管理指南
	ISO/TR10013	质量管理体系文件指南
	ISO/TR10014	质量经济管理指南
	ISO/TR10015	质量管理——培训指南
	ISO/TR10017	统计技术指南
		质量管理原则
		选择和使用指南
		小型企业的应用

2000 版 ISO9000 系列标准的 4 项核心标准分别如下：

1) ISO9000—2000《质量管理体系 基础和术语》，表述质量管理体系的基础知识，并规定质量管理体系术语。该标准首先明确了八项质量管理原则是组织改进其业绩的框架，能帮助组织获得持续成功，它也是 ISO9000 系列质量管理体系标准的基础。该标准还表述了建立和运行质量管理体系应遵循的 12 个方面的质量管理体系的基础知识。

2) ISO9001—2000《质量管理体系 要求》，规定质量管理体系的要求，用于证实组织具有提供满足顾客要求和适用法规要求的产品能力，目的在于增进顾客满意。组织可通过体系的有效应用，包括持续改进体系的过程及确保符合顾客与适用法规的要求，增强顾客的满意度。

3) ISO9004—2000《质量管理体系 业绩改进指南》，提供考虑质量管理体系的有效性和效率两方面的指南，目的是促进组织改进业绩和使顾客及其他相关方满意。此标准以八项质量管理原则为基础，帮助组织用有效和高效的方式识别并满足顾客和其他相关方的需求与期望，实现、保持和改进组织的整体业绩，从而使组织获得成功。

4) ISO19011—2000《质量和（或）环境管理体系审核指南》，提供审核质量和环境管理体系的指南。该标准是 ISO/TC176 与 ISO/TC207（环境管理技术委员会）联合制定的，以遵循"不同管理体系可以有共同管理和审核要求"的原则。标准对于质量管理体系和环境管理体系审核的基本原则、审核方案的管理、环境和质量管理体系审核的实施，以及对环境和质量管理体系审核员的资格要求提供了指南。它适用于所有运行质量和（或）环境管理体系的组织，指导其内审和外审的管理工作。

四、ISO9001—2000 与 ISO9004—2000 的关系

ISO9001—2000 和 ISO9004—2000 已制定为一对协调一致的质量管理体系标准。这两项标准相互补充，但也可以单独使用。尽管两项标准具有不同的适用范围，但具有相似的结构以便于使用。

ISO9001—2000 规定了质量管理体系的基本要求，可供组织内部使用，也可用于认证或合作目的。在满足顾客要求方面，ISO9001—2000 所关注的是质量管理体系的有效性，而 ISO9004—2000 对质量管理体系更宽范围的目标提供了指南。除了有效性，ISO9004—2000 还特别关注持续改进一个组织的总体绩效与效率，为希望通过追求业绩持续改进的组织提供了指南，它无意用做认证或合同的目的。

1. 两者的共同点

表2-2 简要地列出了 ISO9004—2000 和 ISO9001—2000 标准的共同点。

表2-2　ISO9004—2000 和 ISO9001—2000 标准的共同点

序　号	项　目	共　同　点
1	结构形式	共同的过程模式结构，结构相似，以方便使用
2	质量管理原则	遵循相同的八项质量管理原则
3	质量管理基本原理和术语	运用相同的术语和质量管理体系基本原理
4	目的	实现"持续的顾客满意"
5	质量管理体系的评价	内部审核和管理评审
6	措施	通过改进过程达到持续改进
7	结果	提高质量管理体系的适宜性、充分性和有效性
8	与其他标准的关系	与 ISO14000 兼容，结果、思路、基本思想均一致
9	供应链的组织关系	供方→组织→顾客

从表2-2 可以看出，两者的共同点主要表现在以下几个方面：

1）两者均采用以过程为基础的质量管理体系模式，具有相似的结构。

2）两者遵循相同的八项质量管理原则。

3）两者应用了相同的质量管理体系的基础和术语。

4）两者都是通过质量管理体系审核和管理评审对质量管理体系进行评价，从而提高质量管理体系的适宜性、充分性和有效性，促进组织以改进过程为手段达到持续改进，实现"持续的顾客满意"的基本目的。

5）两者的供应链的组织关系均是"供方→组织→顾客"。

2. 两者的区别

表2-3 简要地列出了 ISO9001—2000 和 ISO9004—2000 标准之间存在的区别。

表2-3　ISO9001—2000 和 ISO9004—2000 标准的区别

序　号	项目内容	ISO9001—2000	ISO9004—2000
1	目的	为证实组织具有满足顾客和适用的法规要求的能力	有助于组织使顾客满意和相关方受益，改进组织的总体业绩
2	性质	质量管理体系要求	质量管理体系业绩改进指南，不是 ISO9001 的实施指南
3	用途	根据要求，可用做审核和（或）认证依据	可帮助组织追求卓越，不用做审核和认证依据，可作为自我评定的依据
4	管理内容	规定使顾客满意所需的最低要求	为希望超越 ISO9001 最低要求，寻求更多业绩改进的组织提供改进的指南

（续）

序　号	项目内容	ISO9001—2000	ISO9004—2000
5	评价质量管理体系的方法	内部审核和管理评审	除内部审核和管理评审外，增加了自我评定
6	结果	提高组织质量管理体系的适宜性、充分性和有效性	除了提高组织质量管理体系的适宜性、充分性和有效性外，还提高组织的效率和总体业绩

两个标准的区别主要表现在以下 3 个方面：

1）ISO9001—2000 标准规定了质量管理体系要求，可供组织作为内部审核的依据，也可用于认证或合同的目的；而 ISO9004—2000 标准是指南，不以认证、法规或合同为目的。

2）在满足顾客的要求方面，ISO9001—2000 标准所关注的是质量管理体系的有效性，而 ISO9004—2000 标准除了有效性外，还特别关注持续改进一个组织的总体业绩和效率。

3）与 ISO9001—2000 标准相比，ISO9004—2000 标准将顾客满意度目标扩展为包括相关方满意和组织的业绩，适合希望通过追求业绩持续改进的组织使用。

第二节　ISO9000 质量管理体系基本原理

ISO9000—2000 标准给质量管理体系下了明确的定义：在质量方面指挥和控制组织的管理体系。管理体系指建立方针和目标并实现这些目标的体系，组织要实现质量管理的方针和目标，要有效地开展各项质量管理活动，就必须建立相应的管理体系。质量管理体系是以八项质量管理原则为基础制定的。

一、质量管理体系的目的

质量管理体系的主要目的是帮助组织增强顾客满意。

顾客要求产品具有满足其需要和期望的特性，这些需求和期望在产品规范中表述。顾客要求可以以合同方式规定或由组织自己确定。在任何情况下，产品是否可接受最终是由顾客决定的。顾客的需求和期望是不断变化的，市场竞争在加剧，技术也在不断发展，这些都促使组织持续地改进其产品和过程。

质量管理体系方法鼓励组织分析顾客要求，规定相关的过程，并使其持续受控，以实现顾客能接受的产品。质量管理体系能提供持续改进的框架，以增加顾客和其他相关满意的机会。组织通过提供持续满足要求的产品，向顾客及相关方提供信任。

二、质量管理体系要求与产品要求

ISO9000 系列标准区分了质量管理体系要求和产品要求。

ISO9001 规定了质量管理体系的基本要求。质量管理体系要求是通用的，适用于所有行业或经济领域，不论其提供何种类别的产品。ISO9001 本身并不规定产品要求。

产品要求可由顾客规定，或由组织通过预测顾客要求规定，或由法律规定。在某些情况下，产品要求和有关过程的要求可包含在诸如技术规范、产品标准、规程标准、合同协议和法规要求中。

三、质量管理体系方法

管理的系统方法应用在质量体系中就是质量管理体系方法。质量管理体系是组织为实现质量方针和质量目标而建立的,由一组相互关联或相互作用的过程组成的有机整体。评价质量管理体系的有效性和效率是以其能否顺利地达到质量目标来衡量的。2000版ISO9000系列标准可以帮助组织采取合适的方法,有计划、有步骤地建立和实施质量管理体系,并取得预期效果。建立和实施质量管理体系的方法包括以下步骤:

1）确定顾客和其他相关方的需求和期望。

2）建立组织的质量方针和质量目标。

3）确定实现质量目标必需的过程和职责。

4）确定和提供实现质量目标必需的资源。

5）规定测量每个过程的有效性和效率的方法。

6）应用这些测量方法确定每个过程的有效性和效率。

7）确定防止不合格并消除产生原因的措施。

8）建立和应用持续改进质量管理体系的过程。

采用上述方法的组织能对其过程能力和产品质量树立信心,为持续改进提供基础,从而增进顾客和其他相关方满意,并使组织成功。

四、过程方法

任何使用资源将输入转化为输出的活动可视为一个过程。为使组织有效运行,必须识别和管理许多相互关联和相互作用的过程。系统地识别和管理组织所应用的过程,特别是这些过程之间的相互作用,称为"过程方法"。

1. 系统地识别组织所应用的过程

系统的含义可以理解为从组织运作的总体角度来考虑可能涉及的所有过程,要求对每个过程都要进行识别。过程可大可小,一个过程可能再分为多个子过程或活动。这取决于过程应用的目的、过程的性质、识别过程的原则及希望达到的结果。

2. 具体识别每一个过程

对每一个过程的识别包括输入、输出和活动的识别,也应包括活动所需资源的识别。以来料检验过程为例:来料检验过程的输入为一组待检的物料,输出应为测试结果,通常以书面报告形式给出。该过程的资源应包括合格的检查员、检查活动所需的经校准的测量设备以及结果判定所使用的依据文件等。过程的活动应是对待检物料实施测量并判断结果合格与否的一系列有序的活动。

3. 识别和确定过程之间的相互作用

过程之间的相互作用体现在过程之间的联结关系和过程的输出与下一个过程或几个过程的输入的关系。对过程方法的要求应予以明确,以利于过程运行的管理。

4. 管理过程及过程的相互作用

管理过程及过程的相互作用是由多方面的活动构成的,如确定过程活动的职责和权限,过程相互作用活动中的沟通等,也包括对过程使用资源的管理。

五、质量方针和质量目标

建立质量方针和质量目标是质量管理的基础,二者确定了预期的结果,并帮助组织利用其资源达到这些结果。质量方针为建立和评审质量目标提供了框架。质量目标需要与质量方针和持续改进的承诺相一致,其实现是可测量的。质量目标的实现对产品质量、体系运行的有效性和财务业绩都会产生积极的影响,从而对相关方的满意和信任也产生积极影响。

质量方针和质量目标能够引导资源，尤其是优势资源的投入方向；质量方针和质量目标能够引导组织中全体员工形成共同奋斗的方向；质量目标的实现对产品质量、过程有效性和组织效率都具有积极的影响。

六、最高管理者在质量管理体系中的作用

最高管理者通过其领导作用及各种措施可以创造一个员工充分参与的环境，并使质量管理体系能够在各种环境中有效运行。最高管理者可以运用基本的质量管理原则发挥以下作用：

1）制定并保持组织的质量方针和质量目标。

2）确保整个组织关注顾客需求。

3）确保实施适宜的过程实现质量目标，以满足顾客的要求。

4）确保建立、实施和保持一个有效的质量管理体系。

5）确保获得必要的资源。

6）定期评审质量管理体系。

7）决定实现质量方针和质量目标的措施。

8）决定改进质量管理体系的措施。

七、文件系统

ISO9000 质量管理体系通常是以文件的形式来体现的。

1. 文件的作用

建立文件本身并不是目的，它是一个增值的活动。通过文件沟通意图、统一行动，将有助于实现质量的重复性和可塑性，为质量控制提供客观的证据，评价质量管理体系的有效性和持续性，实现质量改进。

2. 质量管理体系中的文件类型

在质量管理体系中使用文件的类型包括质量管理体系手册、程序文件、作业指导书、各种记录。

每个组织可自行确定其所需文件的多少和详略程度及使用的媒体。这取决于下列因素：组织的类型和规模、过程的复杂性和相互作用、产品的复杂性、顾客要求、适用的法规要求、人员能力以及满足质量管理体系要求所需证实的程度。

八、质量管理体系评价

在评价质量管理体系时，应对每个评价的过程提出如下 4 个基本问题：① 过程是否已被识别并适当规定？② 责任是否已被分配？③ 程序是否得到实施和保持？④ 在实现所要求的结果方面，过程是否有效？综合上述问题的答案可以确定评价结果。对质量管理体系的评价包括审核、管理评审和内审，各种审核涉及的范围和要求有所不同。

（1）审核　审核用于确定质量管理体系符合要求的程度。通过审核可以评定质量管理体系的有效性，发现存在的问题，识别改进的机会。根据审核的实施者和目的的不同，质量管理体系审核通常分为第二方审核和第三方审核。第二方审核由组织的顾客或由其他人以顾客的名义进行；第三方审核由外部独立的组织进行，这类组织提供符合要求的认证或注册。

（2）管理评审　最高管理者的任务之一就是质量方针和质量目标，有规则、系统地评价质量管理体系的适宜性、充分性、有效性和效率。这种评审可包括考虑修改质量方针和质量目标以响应相关方需求和期望的变化。

（3）内审　内审是一种参照质量管理体系或优秀模式对组织的活动和结果所进行的全面系统的评审。内审可提供对组织业绩和质量管理体系成熟程度的总的看法。它还有助于识别组织中需要改进的领域，并确定优先开展的事项。

九、持续改进

改进指为改善过程的特征及特性，以提高组织的有效性和效率所展开的活动。持续改进是一种渐进的循环活动。持续改进中经常使用的对象是质量管理体系，通过持续改进积极地寻求提升业绩的机会。在持续改进中，经常使用各种审核手段和数据分析发现存在的问题，指明产生问题的原因，并采取纠正或预防措施。持续改进质量管理体系的目的在于增加顾客和其他方满意的机会，包括下述改进活动：

1）分析评价现状，识别改进机会。

2）确定改进目标。

3）寻求可能解决的办法，以实现上述目标。

4）评价上述解决办法并作出选择。

5）实施选定的解决办法。

6）测量、验证、分析和评价实施的结果，以确定目标已经实现。

7）正式采纳已证明有效的改进方法，并实现标准化。

十、统计技术的应用

在产品的整个寿命周期（从市场调研到顾客服务和最终处置）的各个阶段均存在各种变异。应用统计技术有助于发现这些变异，从而提高解决问题的有效性和效率。

统计技术是质量管理中最有效的方法。利用统计技术对过程进行测量、描述、分析和解释，即使在数据相对有限的情况下也可以为更好地理解变异的性质、程度和原因提供帮助，从而有助于解决甚至防止变异引起的问题，并促进持续改进。

十一、质量管理体系与其他管理体系的异同

一个组织的管理体系非常复杂，包括财务、人力资源、生产、供应、销售、服务等各方面的管理，质量管理体系仅是组织管理体系的一部分，它致力于使与质量目标有关的结果满足相关的需求、期望和要求。组织的质量目标和其他目标，如业绩增长、资金、利润、环境、职业卫生与安全等相辅相成，共同组成一个有机的整体。使各种管理体系保持一致，将有利于提高组织的整体有效性。

十二、质量管理体系与优秀模式之间的关系

优秀模式的代表是美国波多里奇质量奖。ISO9000系列标准与组织优秀模式具有以下共同的原则：

1）使组织能够识别它的强项和弱项。

2）包含对照通用模式进行评价的规定。

3）为持续改进提供基础。

4）包含社会认可的规定。

ISO9000系列标准的质量管理体系与优秀模式之间的差别在于它们的应用范围不同。ISO9000系列标准提出了质量管理体系要求和业绩改进指南，质量管理体系评价可确定这些要求是否得到满足。优秀模式包含能对组织业绩进行比较评价的准则，并能适用于组织的全部活动和所有相关方。优秀模式评定准则提供了组织与其他组织的业绩相比较的基础。

第三节 质量管理体系的建立和运行

建立、完善质量管理体系并保持其有效运行，是提高企业产品和服务质量的重要环节，也是一项复杂而又具有相当难度的系统工程。建立和运行质量管理体系一般包括 4 项内容：体系策划与设计、体系文件编制、体系试运行、体系的内审和管理评审，每项内容又可分成若干步骤，如图 2-1 所示。

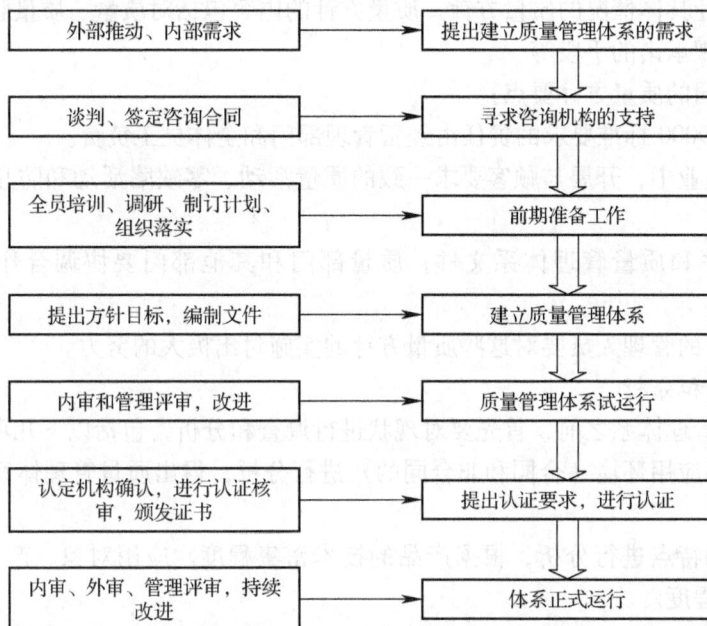

外部推动、内部需求	提出建立质量管理体系的需求
谈判、签定咨询合同	寻求咨询机构的支持
全员培训、调研、制订计划、组织落实	前期准备工作
提出方针目标，编制文件	建立质量管理体系
内审和管理评审，改进	质量管理体系试运行
认定机构确认，进行认证核审，颁发证书	提出认证要求，进行认证
内审、外审、管理评审，持续改进	体系正式运行

图 2-1 质量管理体系的建立和运行

一、质量管理体系的策划与设计

在对质量管理体系进行策划与设计时，主要应做好以下工作：教育培训，统一认识；现状调查和分析；组织落实，拟订计划；确定质量方针，制定质量目标；调整组织结构，配备必要的资源等。

1. 教育培训，统一认识

质量管理体系建立和完善的过程，是始于教育、终于教育的过程，也是提高认识和统一认识的过程。教育培训要分层次、循序渐进地进行。特别是企业领导层要有一个统一的意见和清醒的认识，亲自参与，坚持不懈，一抓到底。

2. 组织落实，拟订计划

尽管质量管理体系的建立涉及一个组织的所有部门和全体员工，但对多数单位来说，成立一个精干的工作班子是绝对需要的。这个班子一般可分为以下 3 个层次。

第一层次是成立以行政主要领导（厂长、总经理等）为组长、质量主管为副组长的质量管理体系建设领导小组（或委员会）。其主要任务包括设计体系建设的总体规划，检查、协调重大活动，制定质量方针和目标。

第二层次是成立由职能部门领导（或代表）参加的工作班子。这个班子一般由质量管理部门和计划部门的领导共同牵头。其主要任务是按照体系建设的总体规划具体组织实施质量管理体系。

第三层次是成立部门小组。根据各职能部门的分工，明确质量管理体系各部分的责任单位。

3. 确定质量方针，制定质量目标

质量方针是由组织的最高管理者签发并正式发布的该组织的质量宗旨和质量方向，是企业精神的重要体现。各企业的情况不同，对社会作出贡献的方式、程度和内容也不相同，应该制定出符合企业具体情况的质量方针。质量方针的内容包括对质量、质量管理的态度，对质量的承诺，实现承诺的手段等。

以下是某公司的质量方针要点：

1）对应 ISO9000 标准要求的责任由经营管理部门和全体员工负责。

2）在整个企业中，开展与顾客要求一致的质量活动、零缺陷活动和防止缺陷再发生的活动。

3）制定工序和质量管理体系文件，质量部门和其他部门要协调合作，并搞好维护活动。

4）经理以下的管理人员要对这些质量方针的实施付出极大的努力。

4. 现状调查和分析

在建立质量管理体系之前，首先要对现状进行调查和分析，包括以下几项。

1）对体系的应用环境（合同和非合同的）进行分析，得出质量管理体系应用范围和深度的要求。

2）对产品的特点进行分析，根据产品的技术密集程度、应用对象、产品安全特性等，确定要素的采用程度。

3）对组织结构进行分析，明确企业的管理机构设置是否适应质量管理体系的需要，建立与质量管理体系相适应的组织结构，并确定各机构之间的隶属关系、质量职能和联系方法。

4）研究生产设备和检测设备的技术水平能否适应质量管理体系的有关要求。

5）对技术、管理和作业人员的知识结构及能力状况进行分析。

6）对企业管理的基础工作情况，如标准化、技术管理、计量、设备、质量责任制、质量教育和质量信息工作等进行分析。

5. 调整组织机构，配备必要的资源

为了完成质量管理体系要求的质量活动，必须将与这些活动相应的工作职权和权限分配与落实到各职能部门。另外，在质量活动展开过程中，必然会涉及相应的硬件、软件和人员配备，应根据需要进行适当的调配和充实。

6. 质量管理体系的总体设计

在完成上述诸项工作后，应对组织的质量管理体系进行总体设计，作为最终建立和完善质量管理体系的大纲与指南。总体设计方案应由最高管理者或管理者代表领导下的体系设计小组负责提出，由最高管理者主持的决策会议审定。其主要内容包括以下几项。

1）确定质量方针和质量目标。

2）确定质量管理体系覆盖的范围。

3）确定组织结构及质量职能的分配。

4）明确质量管理体系涉及的产品和过程。

5）明确质量管理体系过程网络及接口关系。

6）明确质量管理体系文件结构及编制要求。

7）制订资源配置计划。

二、质量管理体系文件的编制

在编制质量管理体系文件时，应注意以下问题。

1）质量管理体系文件既是对现有管理活动的规范化，又是为进一步的改进和创新奠定基础。作为一个管理标准，质量管理体系文件既有规范的功能，又有制约的机制。从某种意义上讲，产品质量的改进，总是伴随着质量管理体系的创新，而这些又都会伴随着质量管理体系文件的实施和文件的更改。

2）在编制质量管理体系文件时，"体系建立的合理性"和"体系运行的有效性"是应当遵守的两个基本原则。体系文件应符合 ISO9000 系列标准的适用性要求，符合组织的实际情况，注重实效，不搞表面文章。一个质量管理体系有效运行的前提是有一套适用的质量管理体系文件，使之成为开展各种质量活动的依据。

3）组织可以运用灵活的方式将其质量管理体系形成文件。文件与组织的全部活动或所选择的部分活动有关，可采用任何形式或类型的媒体。没有文件不行，但并不是文件越多越好或越细越好。组织所制定的文件的多少和详略程度取决于组织的规模、活动的类型、过程及其相互作用的复杂程度以及人员的能力。

4）为了使质量管理体系文件协调统一，在文件编制时应对现有的各种文件进行收集和整理，与相应的质量管理体系要求进行比较，并在此基础上编制"质量管理体系文件明细表"，确定新编、修订、合并及废止的文件目录，落实所编文件的责任人、编制要求和完成日期。体系文件的编制要制定统一的规范，做到结构层次、编写格式的规范、统一和完整。

5）除质量手册应由组织统一编写外，其他层次的文件可按分工要求由相关部门分别编制，一般是"谁主管谁编制，谁实施谁修改"。提出草案再统一由组织印制，贯彻"把质量方针与目标写实，职责和权限写准，过程展开及质量活动写全"的原则。

三、质量管理体系的试运行

质量管理体系文件编制完成后，质量管理体系将进入试运行阶段。其目的是通过试运行考验质量管理体系的有效性和协调性，并对暴露出来的问题采取改进措施，以达到进一步完善质量管理体系的目的。

在质量管理体系试运行过程中，要重点抓好以下工作：

1）有针对性地宣传贯彻质量管理体系文件，使全体职工都认识到，新建立的质量管理体系是对过去质量管理体系的改进和完善，是为了与国际标准接轨，要适应新的质量管理体系就必须认真学习，努力贯彻落实质量管理体系的各项程序和标准。

2）实践是检验真理的唯一标准。体系文件在试运行阶段必然会出现一些问题，要随时把实践中发现的问题和改进意见如实地反馈给有关部门，以便采取纠正措施。

3）体系建设的工作班子对体系试运行中暴露出的问题，如体系设计不周、项目不全、程序不优化、体系与环境不适应等进行协调和改进。

4）加强信息管理不仅是体系试运行本身的需要，也是保证体系运行成功的关键。所有与质量活动有关的人员都应按照体系文件的要求，做好质量信息的收集、分析、传递、反馈、处理和归档等工作，在信息管理中应充分发挥计算机的作用。

四、质量管理体系的内审和管理评审

质量管理体系的内审和管理评审是为保证质量管理体系有效运动的一项有力措施。不论在体系的试运行中，还是在以后的正常运行阶段都必须周期性地开展体系的内审和管理评审。

在质量管理体系试运行阶段，体系内审和管理评审的目的主要是对新建立的体系的有效性和合理性进行验证，以便及时发现问题，采取纠正措施。

1）正常情况下的内部体系审核，一般是按计划进行的；试运行阶段的体系审核则灵活得多，可以视试运行的情况，临时安排内部审核。

2）试运行阶段要对所有选择的体系过程全面审核一遍，即审核的内容要覆盖体系的所有过程。

3）参加审核的人员应由与审核领域无直接关系的人员担任。但仅此还不够，企业领导还应发动参与体系试运行的人员主动提供体系试运行过程中存在的问题，特别是接口和不协调的问题。

4）只有当体系试运行通过审核和评审且取得一定成效后，由单位领导为主体的体系评审（也称为管理评审）的效果才能更好。

5）虽然质量管理体系审核和评审的目的是验证体系的有效性和适宜性，但也必须考虑质量管理体系对产品质量的保证作用。必要时可以对产品或关键过程进行质量审核，作为对质量管理体系的内审和管理评审的一种补充。

五、质量管理体系建立和运行中应注意的问题

1）每个企业在客观上都存在一个质量管理体系，但应明确这个体系需要不断地加以改进和完善。

2）一个企业只能建立一个质量管理体系，这个体系可以覆盖多种产品，适应不同环境的要求，但有时可以根据不同的产品建立不同的质量保证模式。

3）质量管理体系的建立和运行过程是一项复杂的系统工程，涉及企业的每一级领导、每一名员工、每一个部门和每一项质量活动，所以必须得到各级领导的高度重视和每一名员工的积极参与，以及各个部门间的通力合作。

4）必须根据企业的实际情况制定方针和质量目标，并层层分解到部门和个人，使之得到贯彻和落实。

5）体系文件必须上下协调，接口清晰，可操作性强。文件应该是实际工作成功经验的体现，各项工作都应严格按照有关文件执行。体系不仅包括质量管理性文件，也包括与产品质量和工作质量有关的技术文件与作业指导书，以及工作完成后的证实性文件，即质量记录。

6）确定一名熟悉质量管理业务、了解企业实际、具有较强组织协调指挥能力的管理者代表，建立一个业务能力强、具有较高权威的工作机构，对能否顺利建立和运行质量管理体系是十分重要的。

7）必须制订严密的工作计划，使一切工作都"按部就班"地进行，达到预期目标。

8）质量管理体系文件一旦发布，必须严格实施，照章办事。如果在执行过程中发现文件本身有问题，应该按规定对文件进行修改，使体系文件更加完善。

第四节　质量管理体系的审核和认证

一、质量管理体系的审核

1. 质量审核的概念

审核指对某项工作进行独立的审查，即由与被审查者无直接关系并具有相应资格的法人进行的一种检查活动。在 ISO9000—2000 标准中，审核的定义是"为获得审核证据并对其进行客观的评价，以确定满足审核准则的程度所进行的系统的、独立的并形成文件的过程。"质量审核分为产品质量审核和质量体系审核，本节主要介绍质量体系审核。

审核准则是"用做依据的一组方针、程序或要求。"例如，质量手册、形成文件的程序、其他相关质量管理体系文件等都是审核的主要依据，包括质量管理体系要求、质量方针、目标、政策、承诺、程序、作业指导、记录等，这些内容一般反映在质量管理体系文件中，但也可以以其他形式存在。

2. 质量体系审核的原则

质量体系审核是支持质量管理方针和控制手段的一种高效、可靠的工具，为组织实施、改进其业绩提供信息。为确保审核的有效性和效率，质量审核要遵循审核的独立性、客观性和系统方法 3 个核心原则。

（1）独立性　指执行审核的机构和审核人员具有独立性，依据审核准则进行客观的评定，得出客观的结论，而不应该掺杂任何主观意愿、主观臆造的东西，更不能根据主观想象来得出结论。

（2）客观性　审核员应采用正当手段获得客观依据，并在此基础上形成审核证据。审核应将收集的证据对照审核准则进行客观评价。审核是一个形成文件的过程，包括审核计划、审查表、现场审查记录、不符合项报告、审核报告和首末次会议记录等。通过文件形成以确保审核的客观性和有效性。

（3）系统方法　审核包括文件审核和现场审核两个方面，在文件审核符合情况下，才能进行现场审核。

审核包括符合性、有效性和达标性 3 个层次。符合性指质量活动及其有关结果是否符合审核准则；有效性指审核准则是否被有效实施；达标性指审核准则实施的结果是否达到预期目标。

3. 质量体系审核的分类

质量体系审核可以按照不同的角度和方法进行分类。此处主要介绍审核主体分类法和审核对象分类法。

（1）审核主体分类法　站在组织的立场，可以从审核主体的角度来进行审核分类。这种分类法可以把审核分为第一方审核、第二方审核和第三方审核 3 种。

第一方审核指组织用于内部目的，由组织自己或以组织的名义进行的对自身的产品、过程或质量管理体系的审核。第一方审核的主要目的是保持组织质量体系正常持续地运行，通过审核可以综合评价自身质量管理体系的运行状态，评价各项质量活动及其结果的有效性，同时对审核中所发现的不符合项采取纠正和改进措施。第一方审核的结果可以作为组织声明自身合格的基础。第一方审核的审核员通常是本组织内部经过培训的内审员，必要时也可聘请外部人员参加。第一方审核通常分为内审和管理评审。

第二方审核指组织的用户、顾客等需方对组织进行的审核。在市场经济中，组织总是要不断寻求新的市场和需方；而需方也要在众多可供选择的组织中挑选合格的供应商，或对新的潜在供应商进行审查，以此作为最终采购的依据。第二方审核通常由需方派出审核人员或委托外部代理机构对供方组织的质量管理体系进行审核评定。

第三方审核指公正的第三方（认证/注册机构）对申请审核或认证的组织所进行的审核。但第三方审核的目的不一定是认证注册。第三方审核的要害是公正的第三方，与组织和需方（顾客）均无利益关系。

（2）审核对象分类法　依据审核对象进行分类，可将审核分为质量管理体系审核、产品质量审核、过程/工序质量审核和服务质量审核 4 类。

质量管理体系审核是独立地对一个组织质量管理体系所进行的审核。质量管理体系审核应覆盖组织所有的部门、区域和过程，应围绕质量形成的全过程进行。通过对质量形成相关各个部门、区域和过程的审核，来全面、准确地评价质量体系的符合性、有效性和适宜性。

产品质量审核是通过对产品形成过程各阶段的质量和成品质量进行实物评价的活动，用以确定产品质量的符合性和适用性。产品质量审核可以由组织内部的审核人员独立地进行，也可委托第三方进行。

过程/工序质量审核一般指针对产品形成过程中的特殊或关键过程进行的审核，重点是检查过程/工序能力的可靠性和适宜性以及过程的受控状态。过程/工序审核可以从工程的 5M1E（人、机、料、法、测、环）各因素分析入手，也可以进行必要的计算，如工序能力指数计算等。

服务质量审核通常以产品的技术服务为主，重点是服务的适用性和适宜性。

二、质量管理体系认证

1. 质量认证的概念

质量认证也称为合格性认证。在国际标准化组织 1991 年出版的第 2 号指南《标准化、认证与实验室认可的一般术语的定义》中，对"合格性认证"的定义是"第三方依据程序对产品、过程或服务符合规定的要求给予书面保证（合格证书）"。该定义主要用于对产品质量认证。当用于质量管理体系认证时，只需将"质量管理体系"取代上述定义中的"产品、过程或服务"即可。

2. 质量管理体系认证的概念

自 ISO9000 系列标准问世以来，已被世界上 100 多个国家和地区所采用。贯彻 ISO9000系列标准并获得第三方质量管理体系认证，已成为当今质量管理的一股潮流。我国自 1992年等同采用 ISO9000 质量管理体系的要求。其目的在于通过审核、评定和事后监督等活动，对供方的质量保证能力给予证实。从其性质来讲，它来源于质量认证中的"企业质量保证能力评定"，是质量认证基本形式中的一种。从其活动方式和对企业质量管理体系的作用来讲，它又是质量审核中的第三方质量管理审核，由第三方权威机构派出的国家注册的质量管理体系审核员负责开展的活动。质量管理体系认证除核动力、压力容器等安全性要求特别高的产品外，一般以企业自愿申请为原则。

3. 质量管理体系认证的实施程序

质量管理体系认证一般要经过认证申请、审核准备、实施审核、编写审核报告、注册和注册后的管理等过程。

(1) 认证申请阶段

1) 提出认证申请。申请认证的单位（申请方）首先要与认证机构交换信息，并按认证机构要求和规定的表格填写申请书，提供所需的附件。申请书一般包括以下内容：①申请方名称、地址、邮政编码、负责人姓名，以及联系人姓名、职务、电话、传真等。②企业质量管理体系及过程的一般信息。③申请方表示愿意遵循认证管理办法规定的声明。④申请书的填报日期、申请方负责人签名等。申请书的附件指说明申请方质量管理体系状况的文件，一般包括以下几个方面：①覆盖所申请认证质量管理体系的质量手册。②申请认证质量管理体系所覆盖的产品。③申请方的基本情况，如申请方的性质经营状况，主要产品及生产特点，人员、生产设施和装备、验证手段状况，其他足以说明申请方质量保证能力的证明。

2) 认证申请的审查与批准。认证机构收到申请方正式申请后，将对申请方的申请文件进行审查。经审查符合规定的申请要求，决定接受申请，由认证机构向申请方发出"接受申请通知书"，并通知申请方作好下一步与认证有关的工作安排，预交认证费用。若经审查不符合规定要求，认证机构将及时与申请方联系，要求申请方进行必要的补充或修改，符合规定后，再发出"接受申请通知书"。如果确定不能符合规定的申请要求，决定不接受申请，则认证机构将向申请方发出"不接受申请通知书"，说明不接受的理由，并退回有关文件。

3) 非正式访问。如果有必要，认证机构可以派人去申请单位进行非正式访问。这种访问的目的是了解申请方的规模、产品和生产特点、认证准备情况、是否需要聘请专家等。

(2) 审核准备阶段

1) 组织审核组。审核组长由认证审核机构提名，选定的审核组长将负责审核计划的制订、审核的组织实施及控制、签署审核报告和不合格项报告等工作。审核组成员由审核组长与认证机构领导商定。必要时，可聘请对审核范围所涉及的技术熟悉的专业人员参加审核工作，审核员确定后，审核组长应在征求有关审核员的意见后，为每一位审核员指派由其负责审核的具体质量管理体系过程或职能部门。

2) 制订审核计划。审核计划是对审核活动的具体安排，由审核组长负责编制，审核机构批准确认，一般在审核前10~30天通知受审核方，使其有充分的时间按审核计划的要求作好安排。审核计划内容包括审核的目的和范围，审核依据的标准，审核涉及的部门、人员和场所，审核组成员，审核日程安排，审核路线，保密事项和要求等。

3) 审核员准备工作文件。审核组长按审核计划要求将任务分配给审核员，审核员按照分工进一步审查申请方的质量管理体系文件并编制检查表。编制检查表的依据包括选定的质量管理模式标准，受审单位的质量管理体系文件，有关支持性标准，受审单位的质量管理历史。

(3) 实施审核阶段

1) 首次会议。首次会议是实施审核的开端，是审核组全体成员与审核方领导及有关人员共同参加的会议，是第三方审核必须召开的第一次重要会议。首次会议由审核组长主持。其作用和内容包括双方相互介绍，重申审核的范围和目的，介绍审核的方法和程序，建立双方的正式联系，明确审核组的陪同人员或联络人员，确认审核组所需要的资源和设施，确认中间会议和末次会议的时间，澄清审核计划中不明确的内容，保密原则声明等。

2）现场审核。首次会议结束后，即进入现场审核阶段。现场检查的主要目的是验证受审单位质量管理体系的有效性。在现场检查时，应注意搜集证据，要从适用性和有效性两个方面取证。对收集到证据要进行分析和整理，以确定哪些是不符合项。发现有重大不合格项，明显不能通过审核时，审核组长应及时告知审核方，并停止审核。如果审核方要求继续审核，可视情况决定是否进行。

3）审核组内部会议。在全部检查结束后，召开审核组内部会议。会议内容是审查不符合项报告，判定质量管理体系的有效性，为末次会议作准备。

4）末次会议。实施审核以末次会议结束。末次会议的主要目的是向受审核方说明审核结果，宣读审核报告。以使他们能够清楚地理解审核结论。审核组长就受审核方的质量管理体系宣布审核结论。审核结论包括推荐注册、不推荐注册和纠正措施有效实施后推荐注册 3 种。若有要求时，审核员还可以对改进质量管理体系提供建议，这些建议对受审核方不是约束性的，由受审核方决定采取改进措施的程度、方式和方法。向委托方或受审核方提交审核报告后，审核即告结束。

（4）编写审核报告

1）审核报告的内容。审核报告的内容包括报告的唯一性标志（编号），受审核方的名称、地点、审核日期，目的与范围，依据性文件，审核组成员，审核计划（作为附件），对不符合项的说明（不符合项报告作为附件），总结和建议等。

2）对不符合项的说明。对不符合项的说明应是综合性的，包括不符合项总数、按重要性分类、按原因分类等。

3）综合分析。综合分析可按不符合 ISO9001 质量管理体系要求的条款和部门作矩阵分析。

4）总结。在总结中，应明确给出的结论包括提出主要问题以及薄弱环节的部门和环节；未发现问题的部门和好的方面；针对审核目的明确给出结论意见：是否同意推荐注册；经采取纠正措施后推荐注册；不同意推荐注册。

（5）审核报告的提交、分发和存档。审核报告应由审核组长提交审核机构，并附以观察结果记录、凭证材料表及其他文件。审核报告的进一步发放，应征得受审核方的意见后再确定。审核报告应尽可能及时发布，向委托方和受审核方说明推迟的理由，并确定新的发布日期。向委托方递交审核报告之后，审核即告结束。

（6）注册和注册后的管理

1）审批与注册。认证机构对审核组提出的审核报告进行全面审查。若批准通过认证，则认证机构予以注册并颁发注册证书。所谓注册，指认证机构通过认证的供方的特点和已评定的能力范围登记在注册表中。注册证书一般包括证书号，注册供方的名称、地址，所认证质量管理体系覆盖的产品范围，颁发证书的机构、签发人和日期。获准体系认证的供方可以利用认证机构的注册证书及准予使用的注册标志进行广告宣传，表明本组织具有的质量信誉。经审查，若需改进后方可批准通过认证的，应由认证机构书面通知申请方需要纠正的问题及完成纠正的期限，到期再进行必要的复查和评价。证明确实达到了规定的条件后，方可批准认证，并注册发证。经检查，若决定不予批准认证，则由认证机构书面通知申请方，并说明未予以通过认证的理由。

2）注册后的监督管理。注册有效期一般为 3 年。在有效期内，认证机构应对注册单位实施监督管理，包括供方通报、监督检查、认证暂停、认证撤销、认证有效期的延长等。

第五节　ISO/TS16949 标准简介

一、ISO/TS16949 的产生背景

目前，全球汽车产业质量体系的特殊要求主要有美国三大汽车公司的 QS9000—1998、德国汽车工业的 VDA6.1、法国汽车工业质量的 EAQ94、意大利汽车工业的 AVSQ 94。这几家公司制定的标准各有其特点，在这些标准的基础上，国际标准化组织（ISO）于 2002 年 3 月公布了一项专门针对汽车行业的质量管理标准，它的全称为"质量管理体系——汽车行业生产件与相关服务件的组织实施 ISO9001—2000 的特殊要求"，英文为 ISO/TS16949。

ISO/TS16949 标准是由美国、德国、法国、意大利和英国 5 个国家汽车工业部门联合起草的，由国际汽车工作组（International Automotive Task Force，IATF）下属的各国汽车联合会（ANFIA、AIAG、CCFA、FIEV、SMMT 和 VDA）共同制定，并与各个国家的汽车标准等同采用。目前，各家大型汽车制造商已强制要求其供应商通过 ISO/TS16949 认证。

二、ISO/TS16949 的特点

1. ISO9000—2000 是 ISO/TS16949 的基础

ISO/TS16949 是国际汽车行业的行业性技术规范，以 ISO9001 为基础，增加了汽车行业的特殊要求。该标准完全与 ISO9000—2000 保持一致，但更着重于缺陷预防，减少在汽车零部件供应链中容易产生的质量波动和浪费。因此，要想达到 ISO/TS16949 标准要求的基本条件是满足 ISO9000—2000 标准的要求。

2. 面向汽车整车和零部件企业

ISO/TS16949 是国际汽车行业的一个技术标准，其针对性和使用性都非常明确。此标准只适用于汽车整车厂及其直接的零配件制造商。这些厂家必须是直接与生产汽车有关的，能开展加工制造活动，并能通过这种活动使产品增值，对所认证的厂家资格有着严格的限定。那些只具备支持功能的单位，如设计中心、公司总部和配送中心等，不能独立获得 ISO/TS16949 认证。对那些为整车厂或零部件厂家制造设备和工具的厂家，也不能获得 ISO/TS16949 认证。

3. 注重管理系统的有效性

ISO/TS16949 特别注重厂家完成品的质量及实现这个完成品的质量保证能力。它认为这是整个制造过程的基础，它特别注重一个机构管理系统的有效性。

4. 关注用户需求

ISO/TS16949—2002 质量体系的审核，主要是对过程的审核并将审核的重点放在以用户为中心上。它是根据用户的要求来评估厂家的活动，围绕用户的满意度来衡量厂家的表现。另外，各大汽车制造商对其供应商都提出了产品的特殊要求，而 ISO/TS16949—2002 的审核，也包括了对满足这些要求的过程审核。

三、ISO/TS16949 的基本内容

ISO/TS16949 的总结构可以用图 2-2 来进行说明。由图 2-2 可以看出，由于 ISO/TS16949 标准结合了汽车行业的实际，所以在具体内容上有如下一些变化：

1）ISO/TS16949 术语和定义增加了针对汽车行业的专门术语和定义。

2）ISO/TS16949 增加了多个关于关注绩效的要求，如"最高管理者必须确保过程的效果和效率"、"必须关注供方的绩效"以及组织在顾客眼里的绩效等。

3）ISO/TS16949 将标准的适用范围扩大到整个汽车供应链。

4）ISO/TS16949 要求申请第三方认证的组织必须在审核前满足以下条件：至少实施一次完整的内审和管理评审循环；有 12 个月的运行绩效；支持场所必须包括在初审和监督审核中；明确产品设计责任（顾客责任或是组织责任）；明确顾客特殊要求并提供清单；监视顾客投诉的状态。

5）ISO/TS16949 认证有以下要求：多于一个严重不符合项将可能导致审核中止；不符合项不能被变为改进机会，即使现场已立即纠正；不符合项应记录到审核报告上；每个不符合项必须在 90 天内 100% 解决，并提供文件证据。

6）ISO/TS16949 在 ISO9001—2000 基础上增加统一协调的汽车行业特殊要求：增加多个行业特殊要求（来源于 QS、VDA 等），如"控制计划"要求、产品批准和过程批准等；供方需首先进行 ISO9001—2000 注册。

7）ISO/TS16949 在实施时，要求使用以下核心工具：产品先期质量策划（APQP）或项目管理、产品和制造过程批准、统计过程控制（SPC）、潜在失效模式和效果分析（FMEA）、测量系统分析（MSA）、控制计划等。

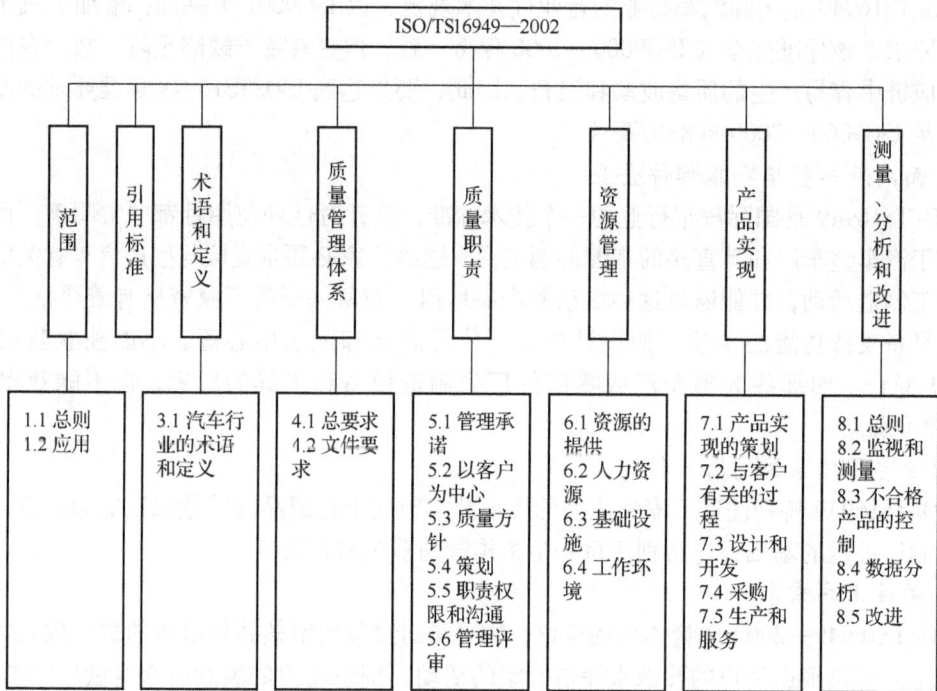

图 2-2　ISO/TS16949 的总结构图

四、ISO/TS16949 体系审核

1. 对受审核方的要求

ISO/TS16949 认证注册只适用于汽车整车厂和其直接的零配件制造商。这些厂家必须是直接与生产汽车有关的，具有加工制造能力，并通过这种能力的实现能够使产品增值。要求获得 ISO/TS16949—2002 认证注册的企业，必须具备至少 12 个月的生产和质量管理记录，包括内部评审和管理评审的完整记录。

对于一个新设立的加工场所，没有 12 个月的记录也可进行评审。经评审符合标准要求的，认证公司可签发一封符合要求的信件。当具备了 12 个月的记录后，再进行认证审核注册。经认证取得证书的机构，如果不能继续保持质量管理体系的正常运转和产品质量的一致性，将有被吊销证书的危险。

2. 对审核方的要求

认证公司（审核方）必须事先得到国际汽车署的审核、批准和授权。认证公司的审核活动将始终处在国际汽车署的严格监督之下。国际汽车署有权监督认证公司的审核活动，并对认证公司实行记分制。扣分的规则十分严厉（包括用户对其认证的供应商的投诉）。违规分达到一定程度，认证公司将会被取消认证资格。

3. 审核方式的要求

ISO/TS16949 对审核方式有以下要求：第三方认证评审必须采用 ISO/TS16949 检查清单作为审核输入；应用汽车行业统一的过程方法即建立一种追踪审核的方法（从顾客要求到作业指导书，又回到向顾客交付的产品基准）；对于顾客要求采用 ISO/TS16949 的组织只获得 ISO9001—2000 注册是不充分的；认证机构必须被 IATF 认可；审核员必须通过 IATF 考核；整个质量管理体系评定至少每 3 年进行一次；在评审中如果未发现任何不符合项时，将给出"通过"的结论；当存在一个严重或有一般不符合项时，将给出"待定"的结论；当在 90 天内收到符合证据并认可后，结论可转为"通过"；在 90 天内未对不合格项进行整改，会给出"不通过"的结论；所有的制造场所必须在一张证书中覆盖，支持场所必须通过审核；每个场所至少在每 12 个月接受一次监督审核。

复习思考题

1. ISO9000 质量管理体系标准的基本概念是什么？
2. ISO9000 质量管理体系标准的作用是什么？
3. 质量管理体系原理包括哪些内容？
4. 如何建立和运行质量管理体系？
5. 质量管理体系审核的步骤是什么？
6. 简述质量管理体系认证的基本过程。
7. ISO/TS16949 的特点是什么？

第三章 质量管理工具

第一节 质量管理应用的数据

数据是描述企业经营管理状况、设备及工装使用状况、产品质量特征的语言，它是质量管理的基础。通过收集数据来发现影响产品质量的因素，便于分析原因，采取措施，从而达到改善管理，保证和提高产品质量，提高企业经济效益的目的。

一、数据的种类

无论在工厂、车间还是生产班组，都会碰到各种各样的数据。这些数据中，有的是可以测量出来的，如直径、重量、温度、时间等；有的是可以直接数出来的，如铸件气孔数、喷漆件的色斑数、电镀件的斑点数、废品件数等；有的既不能测量也不能直接数出来，如轻工产品的色、香、味以及机械产品的外观质量等，但可以通过评分的办法来评定。尽管质量数据形形色色，而且多种多样，但按其性质和使用目的不同，可分为两大类，即计量值数据和计数值数据。

1. 计量值数据

计量值数据是可以连续取值的数据，通常是使用量具、仪器进行测量而取得的，如长度、温度、重量、时间、压力、化学成分等。对于长度，在 $1 \sim 2mm$ 之间，就可以连续测出 $1.1mm$、$1.2mm$、$1.3mm$ 等数值；而在 $1.1 \sim 1.2mm$ 之间，还可以进一步连续测出 $1.11mm$、$1.12mm$、$1.13mm$ 等数值。

2. 计数值数据

计数值数据是不能连续取值，而只能以个数计算的数据。这类数据一般不用量仪进行测量就可以"数"出来，它具有离散性，如不合格品数、铸件砂眼数、气孔数等。

计数值数据可以细分为计件值数据和计点值数据。计件值数据指按件计数的数据，如不合格品件数等；计点值数据指按点计数的数据，如疵点数、单位缺陷数等。

计量值数据与计数值数据的划分并非绝对的。例如，轴的直径用量仪检查时所得到的质量特性值的数据是计量值数据；而用通止量规检查时，得到的就是以件数表示产品质量的计数值数据。

计数值为离散性数据，虽以整数值来表示，但它不是划分计数值数据与计量值数据的尺度。计量值是具有连续性的数据，往往表现为非整数，但也不能由此得出只要是非整数值就一定是计量值数据的结论。例如，某产品不合格品率为 3.25%，是一个非整数，但此数据的取得并非是量仪取得的结果，也不具备连续性质，而是计算不合格品率[（不合格品数/产品总数）$\times 100\%$]得到的。它是计数值的相对数性质的数据。

对于上述相对数，判断其是计数值数据还是计量值数据，通常依照下述原则：依照分子的数据性质来确定，如果分子数据性质是计数值，则其分数值为计数值；如果分子数据性质为计量值，则其分数值为计量值。

二、总体和样本

1. 总体

"总体"一词，是统计学中常用的一个术语。一批产品、一台设备或在某段时间内生产的同类产品的全体等，都可以叫做一个总体。例如，某灯泡厂3月份生产的全部灯泡，某纺织厂生产的布匹，或一道工序加工后的半成品，制造产品的原材料等，都能成为一个总体。

构成总体的基本单位，叫做个体。这个基本单位又可以叫做单位产品。单位产品有时可以很自然地划分出来，如果总体是一批电灯泡，那么其中的每只灯泡都可以看做一个个体。有些单位产品却不能自然地进行划分。例如，把一匹布作为一批产品，即叫做一个总体，那么这个总体的每个个体可以是1m布、10m布或20m布，在这种情况下，个体的划分需要由具体问题而定。

总体中的每个个体肯定要与某一个（组）数值相对应，这是确定无疑的事实。这个数值就是每个个体的质量表征，如电阻元件与阻值、电灯泡与其使用寿命、1m棉布与其上的疵点数等。由于这个数的具体取值因个体的不同而异，所以通常称它为随机变量，并记作 X。

综上所述，可以说总体是问题所涉及的全体对象，总体就是随机变量 X 的全体取值，也可以说总体就是随机变量 X。

2. 样本

从一批产品中抽取一部分进行检验，被抽取的这一部分单位产品的全体，就叫做一个样本。换句话说，样本就是从总体中抽取的一部分个体的全体。

例如，我们要了解即将出厂的一批螺钉的长度是否合格，现从中抽取 n 个个体 X_1, X_2, $\cdots$, X_n，我们就称 $\{X_1, X_2, \cdots, X_n\}$ 为总体的一个样本。这里的 n 通常称为样本容量或样本大小，其中 X_1, X_2, $\cdots$, X_n 分别表示 n 个螺钉的长度。n 个螺钉被抽取后，客观上就有 n 个长度与其对应。当长度未被测定，则都用随机变量表示。待具体测定它们的长度后，所得值记作：$\{x_1, x_2, \cdots, x_n\}$，称它为样本值。

样本中的每一个个体叫做一个样品。今后，如果说抽取了样本大小为 n 的一个样本，实际上就是抽取了 n 个样品，即抽取了 n 个单位产品。如果在有限总体中，包含个体的总数 N，则常称 N 为总体的批量。

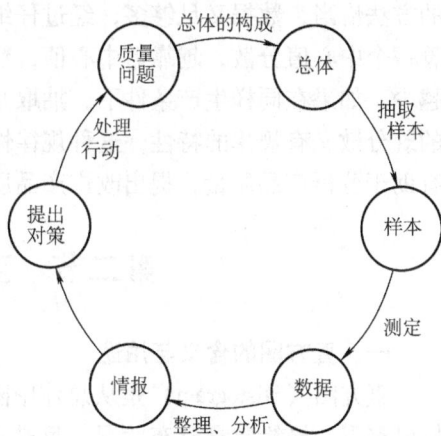

图3-1　总体、样本、数据间的关系

上述总体、样本、数据间的关系，可用图3-1表示。

三、数据的收集

1. 收集数据的目的

1）为了掌握和了解生产现状，如调查零件特性值的波动，推断生产状态。

2）为了分析质量问题，找出产生问题的原因，以便找到问题的症结所在。

3）为了对工序进行分析、调查，判断其是否稳定，以便采取措施。

4）为了调节、调整生产，如测量电炉温度，然后使之达到规定的标准状态。

5）为了对一批产品的质量进行评价和验收。

2. 收集数据的方法

运用现代科学方法，开展质量管理，需要认真收集数据。在收集数据时，应当如实记录，根据不同的数据，选用合适的收集方法。在质量管理中，主要通过"抽样法"或"试验法"获得数据。

（1）抽样法　收集数据一般采用的是抽样方法，即先从一批产品（总体）中抽取一定数量的样品，然后经过测量或判断，作出质量检验结果的数据记录。

收集的数据应能客观地反映被调查对象的真实情况。因此，对抽样总的要求是随机的抽取，即不挑不拣，使一批产品里每一件产品都有相等的机会被抽到。

（2）试验法　试验法是用来设计试验方案，分析试验结果的一种科学方法，它是数理统计学的一个重要分支。能在考察范围内以最少的试验次数和最合理的试验条件，取得最佳的试验结果，并根据试验所获得的数据，对产品或某一质量指标进行估计。

四、数据的分散性

在生产过程中，尽管所用的设备是高精度的，操作是很谨慎的，但产品质量还会有波动。因此，反映产品质量的数据也相应地表现出波动，即表现为数据之间的参差不齐。例如，同一批机加工零件的几何尺寸不可能完全相等；同一批材料的机械性能各有差异；同一根金属管各段的疲劳寿命互不相同等。总之，我们所收集到的数据，都具有这样一个基本特征，即它们毫不例外的都具有分散性。数据的分散性乃产品质量本身的差异所致，是由生产过程中条件变化和各种误差造成的。即使条件相同、原料均匀、操作谨慎，生产出来的产品质量数据也是不会相同的，但这仅仅是数据特征的一个方面。另一方面，如果我们收集数据的方法恰当，数据又足够多，经过仔细观察或适当整理，将会发现它们都在一定范围内围绕着一个中心值分散，越靠近中心值，数值出现的机会越多；而离中心值越远，出现的机会就越少。如果在同样生产条件下，抽取几批数据，它们的分散情况是十分相似的，这就是数据的既分散又有规律的特性，这种规律性被称为"统计规律性"。了解数据的"统计规律性"，有助于分析产品质量，提出改进产品质量的措施。

第二节　直方图法与质量特征数

一、直方图的含义与用途

直方图（Histogram）是从总体中随机抽取样本，将从样本中经过测定或收集来的数据加以整理，描绘质量分布状况，反映质量分散程度，进而判断和预测生产过程质量及不合格品率的一种常用工具。直方图是连续随机变量频率分布的一种图形表示。它以有线性刻度的轴上的连续区间来表示组，组的频率（或频数）以相应区间为底的矩形表示，矩形的面积与各组频率（或频数）成比例，如图3-2所示。

直方图的主要用途有以下几点：

1）能比较直观地看出产品质量特性值的分布状态，判断工序是否处于稳定状态，并进行工序质量分析。

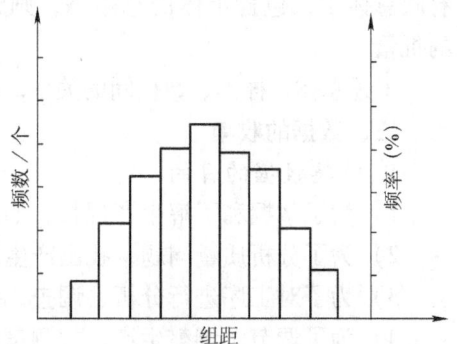

图3-2　直方图形式

2）便于掌握工序能力及工序能力保证产品质量的程度，并通过工序能力来估算工序的不合格品率。

3）用以简练及较精确地计算质量数据的特征值。

二、直方图的作图步骤

（1）收集数据 数据个数一般为 50 个以上，最低不少于 30 个。

（2）求极差 R 在原始数据中找出最大值和最小值，计算两者的差就是极差，即

$$R = x_{max} - x_{min}$$

（3）确定分组的组数和组距 一批数据究竟分多少组，通常根据数据个数的多少来定。具体内容参考表 3-1。

需要注意的是，如果分组数取得太多，每组里出现的数据个数就会很少，甚至为零，做出的直方图就会过于分散或呈现锯齿状；若组数取得太少，则数据会集中在少数组内，而掩盖了数据的差异。分组数 K 确定以后，组距 h 也就确定了，$h = R/K$。

表 3-1 数据个数与组数

数据个数 N	分组数 K	一般使用 K
50 ~ 100	6 ~ 10	
100 ~ 250	7 ~ 12	10
250 以上	10 ~ 20	

（4）确定各组界限值 分组的组界值要比抽取的数据多一位小数，以使边界值不致落入两个组内。因此先取测量值单位的 1/2。例如，测量单位为 0.001mm，组界的末位数应取 0.001/2 = 0.0005mm。然后用最小值减去测定单位的 1/2，作为第一组的下界值；再加上组距，作为第一组的上界值，依次加到最大一组的上界值（即包括最大值为止）。为了计算的需要，往往要决定各组的中心值。每组的上下界限相加除以 2，所得数据即为组中值，组中值为各组数据的代表值。

（5）制作频数分布表 将测得的原始数据分别归入到相应的组中，统计各组的数据个数，即频数。各组频数填好以后检查一下总数是否与数据总数相符，避免重复或遗漏。

下面结合实例来说明直方图的作图步骤。

例 3-1 某厂测量钢板厚度，尺寸按标准要求为 6mm，现从生产的批量中抽取 100 个样品的尺寸如表 3-2 所示，试画出直方图。

表 3-2 钢板厚度尺寸数据 （单位：mm）

组 号	尺 寸					组 号	尺 寸				
1	5.77	6.27	5.93	6.08	6.03	11	6.12	6.18	6.10	5.95	5.95
2	6.01	6.04	5.88	5.92	6.15	12	5.95	5.94	6.07	6.00	5.75
3	5.71	5.75	5.96	6.19	5.70	13	5.86	5.84	6.08	6.24	5.61
4	6.19	6.11	5.74	5.96	6.17	14	6.13	5.80	5.90	5.93	5.78
5	6.42	6.13	5.71	5.96	5.78	15	5.80	6.14	5.56	6.17	5.97
6	5.92	5.92	5.75	6.05	5.94	16	6.13	5.80	5.90	5.93	5.78
7	5.87	5.63	5.80	6.12	6.32	17	5.86	5.84	6.08	6.24	5.97
8	5.89	5.91	6.00	6.21	6.08	18	5.95	5.94	6.07	6.00	5.85
9	5.96	6.05	6.25	5.89	5.83	19	6.12	6.18	6.10	5.95	5.95
10	5.95	5.94	6.07	6.02	5.75	20	6.03	5.89	5.97	6.05	6.45

解 1）收集数据。本例取 100 个数据，即 $N = 100$。

2）求极差值。找出数据的最大值与最小值，计算极差 R。本例中：

$$最大值 \; x_{max} = 6.45mm$$

$$最小值 \; x_{min} = 5.56mm$$

$$极差 \; R = x_{max} - x_{min} = 6.45mm - 5.56mm = 0.89mm$$

3）确定分组的组数 K 和组距 h。组数 K 的确定可根据表 3-1 选择。本例 $K = 10$，组距

$$h = \frac{R}{K} = \frac{0.89}{10} \approx 0.09$$

4）确定各组的界限值。分组的组界值要比抽取的数据多一位小数，以使边界值不致落入两个组内。因此，先取测定单位的 1/2，然后用最小值减去测定单位的 1/2，作为第一组的下界值；再加上组距，作为第一组的上界值，依次加到最大一组的上界值（即包括最大值为止）。

本例中测量单位为 0.01，所以第一组的下界值为

$$x_{min} - \frac{测量单位}{2} = 5.56 - \frac{0.01}{2} = 5.56 - 0.005 = 5.555$$

第二组的上界值为　　　　　　　　$5.645 + 0.09 = 5.735$

……

5）记录各组中的数据，整理成频数表（见表 3-3）并记入组界值，频数标志，各组频数。

6）在方格纸上，横坐标取分组的组界值，纵坐标取各组的频数，用直线连成直方块，即成直方图，如图 3-3 所示。

7）在直方图上，要注明数据数 N 以及平均值 $\bar{x}$ 和标准偏差 s（下面将介绍），采集数据的日期和绘图者等可供参考的项目也要注明。

8）规格或公差标准（公差上限用 T_U，下限用 T_L 表示）也要在图上画出。

表 3-3　频数表

组　号	组　界　值	组中值 x_i	频 数 标 志	频数 f_i	变换后组中值 u_i	$f_i u_i$	$f_i u_i^2$
1	5.555 ~ 5.646	5.60	丅	2	−4	−8	32
2	5.645 ~ 5.735	5.69	丅	3	−3	−9	27
3	5.735 ~ 5.825	5.78	正正丅	13	−2	−26	52
4	5.825 ~ 5.915	5.87	正正正	15	−1	−15	15
5	5.915 ~ 6.005	5.96	正正正正正一	26	0	15	0
6	6.005 ~ 6.095	6.05	正正正	15	1	0	15
7	6.095 ~ 6.185	6.14	正正正	15	2	30	60
8	6.185 ~ 6.275	6.23	正丅	7	3	21	63
9	6.275 ~ 6.365	6.32	丅	2	4	8	32
10	6.365 ~ 6.455	6.41	丅	2	5	10	50
			Σ	100		26	346
			Σ/Σf			0.26	3.46

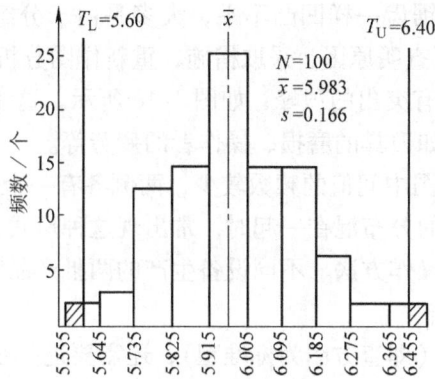

图 3-3 钢板厚度直方图

三、直方图的判断

直方图的观察、判断主要从以下两方面进行。

1. 形状分析

观察直方图的图形形状，看是否属于正常的分布，分析工序是否处于稳定状态，判断产生异常分布的原因。不同形状的直方图如图 3-4 所示。

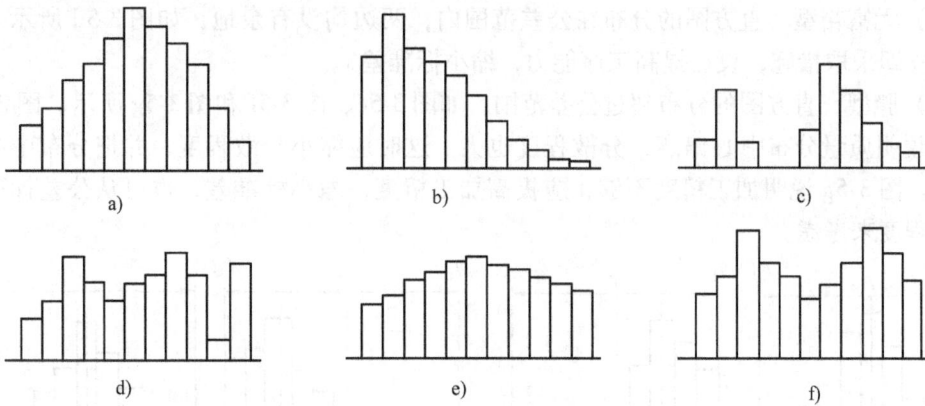

图 3-4 不同形状的直方图

a）标准型　b）偏态型　c）孤岛型　d）锯齿型　e）平顶型　f）双峰型

（1）标准型　标准型又称为对称型。数据的平均值与最大值和最小值的中间值相同或接近，平均值附近的数据频数最多，频数在中间值向两边缓慢下降，并且以平均值左右手对称，如图 3-4a 所示。这种形状是最常见的。这时判定工序处于稳定状态。

（2）偏态型　数据的平均值位于中间值的左侧（或右侧），从左至右（或从右至左），数据分布的频数增加后突然减少，形状不对称，如图 3-4b 所示。一些有形位公差等要求的特性值是偏向型分布，也有的是由于加工习惯而造成的。例如，由于加工者担心产生不合格品，在加工孔时常常偏小，而呈左偏型；加工轴时常常偏大，而呈右偏型。

（3）孤岛型　在直方图的左边或右边出现孤立的长方形，如图 3-4c 所示。这是测量有误，或生产中出现异常因素而造成的，如原材料一时的变化、刀具严重磨损或混入不同规格产品等。

（4）锯齿型　直方图如锯齿一样凹凸不平，大多是由于分组不当或是检测数据不准而造成的，如图 3-4d 所示。应查明原因，采取措施，重新作图分析。

（5）平顶型　直方图没有突出的顶峰，如图 3-4e 所示。这主要是在生产过程中有缓慢变化的因素影响而造成的，如刀具的磨损、操作者的疲劳等。

（6）双峰型　靠近直方图中间值的频数较少，两侧各有一个"峰"，如图 3-4f 所示。当有两种不同的平均值相差大的分布混在一起时，常出现这种形式。这种情况往往是由于把不同材料、不同加工者、不同操作方法、不同设备生产的两批产品混在一起而造成的。

2. 与规格界限比较分析

当工序处于稳定状态时（即直方图为标准型），还需要进一步将直方图与规格界限（即公差）进行比较，以判断工序满足公差要求的程度。

（1）理想型　直方图的分布中心 $\bar{x}$ 和公差中心 T_m 近似重合，其分布在公差范围内，且两边有些余量，如图 3-5a 所示。这种情况，一般来说是很少出现不合格品的。根据概率计算，公差范围 T 大约等于数据标准差 s 的 8 倍，这是最理想的情况。

（2）偏心型　直方图的分布在公差范围内，但分布中心和公差中心有较大偏移，如图 3-5b 和图 3-5c 所示。这种情况，工序如稍有变化，就可能出现不合格品。因此，应调整使分布中心和公差中心近似重合。

（3）无富裕型　直方图的分布在公差范围内，两边均没有余地，如图 3-5d 所示。这种情况应立即采取措施，设法提高工序能力，缩小标准差 s。

（4）胖型　直方图的分布超过公差范围，如图 3-5e、图 3-5f 和图 3-5g 所示。图 3-5e 和图 3-5f 说明质量分布中心偏离，分散程度也大。这时应缩小分散程度，并把分布中心移到中间来。图 3-5g 说明加工精度不够，应提高加工精度，缩小标准差，也可从公差标准制定的严松程度来考虑。

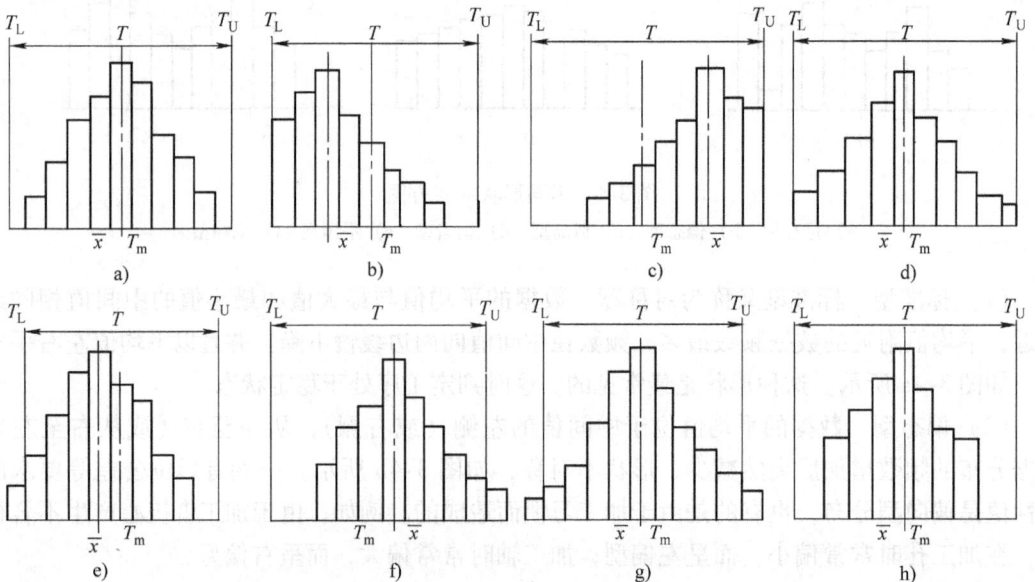

图 3-5　直方图分布与规格界限比较

（5）瘦型 直方图的分布在公差范围内，且两边有过大的余地，如图 3-5h 所示。这种情况表明，虽然不会出现不合格品，但很不经济，属于过剩质量。除特殊精密、主要的零件外，一般应适当放宽材料、工具与设备的精度要求，或放宽检验频次以降低鉴别成本。

四、质量特征数

在质量管理统计方法中，数据的特征数可分为两类。一类是表示数据集中位置的特征数，如平均值和中位数；一类是表示数据离散的特征数，如极差、标准偏差、方差等。下面只介绍常用的几个重要特征数。

1. 表示数据集中位置的特征数

（1）平均值 它是表示数据集中位置最常用、最基本的特征数之一，常用符号 $\bar{x}$ 表示。其计算公式为

$$\bar{x} = \frac{x_1 + x_2 + x_3 + \cdots + x_n}{n} = \frac{1}{n}\sum_{i=1}^{n} x_i$$

例如，表 3-2 中第一组有 5 个数据：5.77、6.27、5.93、6.08、6.03，其平均值为

$$\bar{x} = \frac{5.77 + 6.27 + 5.93 + 6.08 + 6.03}{5} = 6.016$$

（2）中位数 将一组数据从小到大顺序排列，位于中间位置的数叫做中位数，常用符号 $\tilde{x}$ 表示。

设一组数据从小到大依次排列，记为 x_1，x_2，$\cdots$，x_n。其中，x_1 为最小值，x_n 为最大值，则中位数的计算公式为

当 n 为奇数时，$\qquad\qquad \tilde{x} = x_{\left(\frac{n+1}{2}\right)}$

当 n 为偶数时，$\qquad\qquad \tilde{x} = \frac{1}{2}\left[x_{\left(\frac{n}{2}\right)} + x_{\left(\frac{n}{2}+1\right)}\right]$

式中 $\quad x_{\left(\frac{n+1}{2}\right)}$ ——第 $\left(\dfrac{n+1}{2}\right)$ 个数；

$\qquad x_{\left(\frac{n}{2}\right)}$ ——第 $\left(\dfrac{n}{2}\right)$ 个数；

$\qquad x_{\left(\frac{n}{2}+1\right)}$ ——第 $\left(\dfrac{n}{2}+1\right)$ 个数。

例如，样本数据为 5、6、10、15、8，则 $\tilde{x} = 8$；若样本数据为 2、4、6、9、5、10，则 $\tilde{x} = 5.5$。

在质量管理中，平均值 $\bar{x}$ 和中位数 $\tilde{x}$ 表示质量分布中心，即表明产品的平均质量水平，它代表大部分数据所取得的数值的大小。当质量形成波动时，大部分质量密集在平均值或中位数的上下附近，因此，平均值或中位数是反映质量稳定程度的一个参数。

2. 表示数据离散程度的特征数

（1）极差 极差指一组数据中最大值与最小值之差，常用符号 R 表示。其计算公式为

$$R = x_{\max} - x_{\min}$$

例如，样本数据为 3、5、8、12，极差 $R = 9$。

极差常被应用于描述数据离散程度比较直观，而且计算简单的场合。但由于它的计算只

用了一组数据中的两个极端值（最大值与最小值），当样本较大时，它损失的质量信息较多，因而不能精确地反映出数据离散程度，故只适用于小样本的条件下。

（2）方差与标准偏差　方差是一组数据中的每一个数值与平均值之差的平方和的平均值，通常记作 s^2，即

$$s^2 = \frac{1}{n}[(x_1 - \bar{x})^2 + (x_2 - \bar{x})^2 + \cdots + (x_n - \bar{x})^2] = \frac{1}{n}\sum_{i=1}^{n}(x_i - \bar{x})^2$$

式中，x_1，x_2，x_3，$\cdots$，x_n 为一组样品值，n 为样本大小；$\bar{x}$ 为样本均值。

标准偏差 s 是方差 s^2 的平方根，它的实际意义与方差完全一样，是反映一组数据离散程度的特征数。所不同的是，标准偏差 s 的量纲与平均值的量纲完全一样，也和数据本身的量纲一样。标准差的计算公式为

$$s = \sqrt{\frac{1}{n}\sum_{i=1}^{n}(x_i - \bar{x})^2}$$

对于前例：表 3-2 中第一组的 5 个数据，有

$$s = \sqrt{\frac{(5.77 - 6.016)^2 + \cdots + (6.03 - 6.016)^2}{5}} = 0.124$$

方差和标准偏差也常定义为

$$s^2 = \frac{1}{n-1}\sum_{i=1}^{n}(x_i - \bar{x})^2$$

$$s = \sqrt{\frac{1}{n-1}\sum_{i=1}^{n}(x_i - \bar{x})^2}$$

从上式可以看出，标准偏差 s 反映了数据的离散程度。由于它的计算利用了每个数据的值，所以它比极差 R 能更精确地反映数据离散程度的实际情况。同时，标准偏差也客观上刻画了平均值代表性。例如，s 值大，$\bar{x}$ 代表性差；s 值小，说明 $\bar{x}$ 的代表性好，如图 3-6 所示。也就是说，s 值反映一组数据以什么样的密集程度集中在平均值周围。s 值大，数据密集程度低，离散程度大；s 值小，数据密集程度高，离散程度小。所以，标准差在实际工作中应用十分广泛。

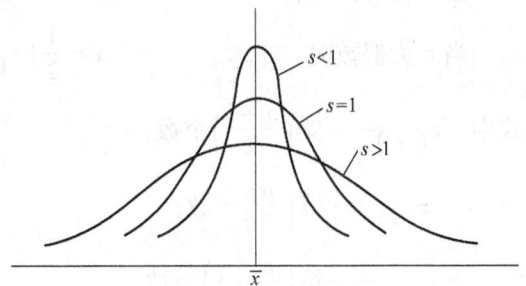

图 3-6　标准偏差与平均值的关系

3. 平均值与标准偏差的简便求法

当数据个数超过 50 个时，用上述方法计算平均值和标准偏差非常麻烦，这时可采用简便的求法——变换组中值计算法。

利用组中值的变换值计算平均值和标准偏差，是一种近似的计算方法。当采用这种方法计算时，先将数据按数值的大小分为若干组，然后统计数据落入各组的频数，并计算每一组的组中值（代表值）。再用每组变换的组中值（代表值）与频数的乘积来代替这一组内数据之和；用每组变换的组中值的平方与频数乘积来代替这一组内数据的平方和。最后，由各变换组中值与频数乘积之和及各变换组中值的平方与频数乘积之和，分别求出平均值 $\bar{x}$ 和标准偏差 s。其具体步骤如下（仍以表 3-2 中的数据为例。前 5 个步骤与作直方图时完全相同，

在此略）：

（1）～（5）略。

（6）计算各组变换组中值 u_i　将频数最大的一栏组中值记为 x_a，用下式确定各组的 u_i 值。则

$$u_i = \frac{各组组中值 \ x_i - x_a}{h}$$

本例中，$x_a = 5.96$。故

第1组变换组中值　　$u_1 = \frac{x_1 - x_a}{h} = \frac{5.60 - 5.96}{0.09} = -4$

第2组变换组中值　　$u_2 = \frac{x_2 - x_a}{h} = \frac{5.69 - 5.96}{0.09} = -3$

……

其余各组计算依次类推（见表3-3）。

（7）计算各组的 $f_i u_i$ 和 $f_i u_i^2$（见表3-3）

第1组　　　　　　　$f_1 u_1 = 2 \times (-4) = -8$

第2组　　　　　　　$f_2 u_2 = 3 \times (-3) = -9$

　　　　　　　　　　……

第1组　　　　　　　$f_1 u_1^2 = 2 \times (-4)^2 = 32$

第2组　　　　　　　$f_2 u_2^2 = 3 \times (-3)^2 = 27$

……

（8）计算 $\sum f_i u_i$ 和 $\sum f_i u_i^2$（见表3-3）

$$\sum f_i u_i = f_1 u_1 + f_2 u_2 + \cdots + f_{10} u_{10} = (-8) + (-9) + \cdots + 10 = 26$$

$$\sum f_i u_i^2 = f_1 u_1^2 + f_2 u_2^2 + \cdots + f_{10} u_{10}^2 = 32 + 27 + \cdots + 50 = 346$$

$$\sum f_i = N = 100$$

（9）计算平均值 $\bar{x}$

$$\bar{x} = x_a + h \frac{\sum f_i u_i}{\sum f_i} = 5.96 + 0.09 \times \frac{26}{100} = 5.983$$

（10）计算标准偏差 s

$$s = h \sqrt{\frac{\sum f_i u_i^2}{\sum f_i} - \left(\frac{\sum f_i u_i}{\sum f_i}\right)^2} = 0.09 \times \sqrt{\frac{346}{100} - \left(\frac{26}{100}\right)^2} = 0.166$$

第三节　散布图法

一、散布图的概念和用途

将具有相关关系的两个变量的对应观察值作为平面直角坐标系中点的坐标，并把这些点描绘在平面上，于是就能得到一张具有相关关系的分布图，通常称这种反映两个变量之间关系的图为散布图或相关图。

图3-7是表示某汽车组装检验工序上，检验时间 x（min）与对应的错检率 y（%）的点画在坐标上所形成的显示二者之间关系的图形。它表明，随着检验时间 x 的增加，错检率 y

相应减小的明显趋势。二者之间的关系，虽然不像圆的面积 S 与半径 R 之间存在关系 $S = \pi R^2$ 那样完全确定，但却是相互依赖、紧密相关的，即二者之间存在相关关系。

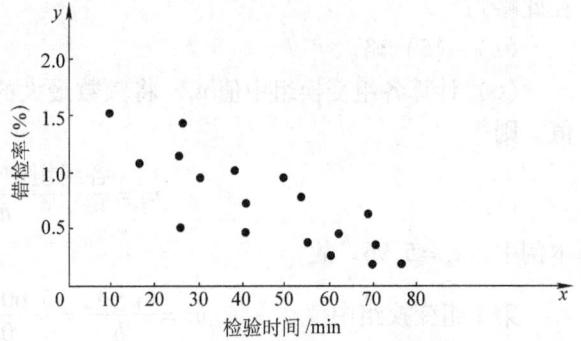

图3-7　检验时间与错检率散布图

在质量管理中，散布图是用来分析和判断质量问题中质量特性与某一变化的因素之间，或两个因素之间是否存在相关关系，进而确定影响产品质量因素的有效手段。

二、散布图的绘制

在质量管理活动中，经常需要绘制散布图。现根据下面的实际问题，具体给出绘制散布图的步骤和注意事项。

例3-2　某厂为了调查某种规格的机器零件的淬火温度与硬度之间的相关关系，于是从最近的生产日报表上收集了30组有关该机器零件的淬火温度 x（单位：℃）与硬度 y（HRC）之间的对应数据，如表3-4所示。试绘出散布图。

表3-4　淬火温度与硬度数据表

组　　号	淬火温度 x/℃	硬度 y（HRC）	组　　号	淬火温度 x/℃	硬度 y（HRC）
1	810	47	16	820	48
2	890	56	17	860	55
3	850	48	18	870	55
4	840	45	19	830	49
5	850	54	20	820	44
6	890	59	21	810	44
7	870	50	22	850	53
8	860	51	23	880	54
9	810	42	24	880	57
10	820	53	25	840	50
11	840	52	26	880	54
12	870	53	27	830	46
13	830	51	28	860	52
14	830	45	29	860	50
15	820	46	30	840	49

具体的绘制步骤如下：

（1）选定分析对象　分析对象的选定，可以是质量特性值与因素之间的关系，也可以是质量特性值与质量特性值之间的关系，还可以是因素与因素之间的关系。本例选定分析对象是钢的淬火温度和硬度，它们是因素和质量特性值之间的关系。

（2）收集数据，填入数据表　数据一般要在30组以上，且数据必须是对应的，并记录收集数据的日期、取样方法、测定方法等有关事项。本例收集的30组对应数据如表3-4所示。

（3）在坐标纸上建立直角坐标系

1）为便于分析相关关系，两个坐标数值的最大值与最小值之间的范围应基本相等。

2）若分析对象的关系属于因素与质量特性值的关系，则 x 轴表示因素，y 轴表示质量特性值。

（4）描点　把数据组 (x, y) 分别标在直角坐标系相应的位置上，如图 3-8 所示。如果两组数据相同，其点必重合，用"⊙"表示。

（5）检查　当散布图上出现明显偏离其他数据点时，应查明原因，以便决定是否删除或校正。

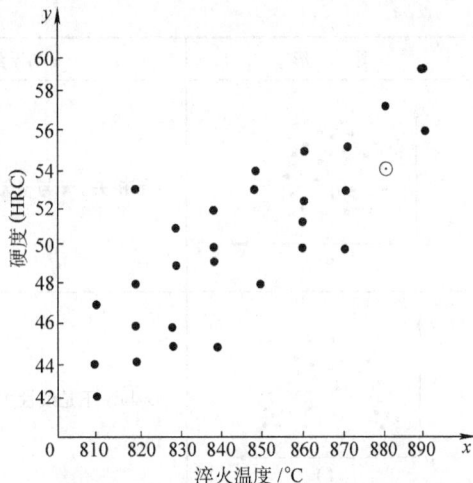

图 3-8　淬火温度与钢的硬度关系散布图

三、散布图的判断

散布图的分析判断主要有以下两种方法。

1. 简易判断法

首先，把画出的散布图与典型图（见表 3-5）对照，判断两个变量之间是否相关及属于哪一种相关。其次，通过符号检定法（又称为中值法）进一步检验其相关性。

表 3-5　散布图的典型形状与分析

图　形	x 与 y 的关系	说　明
a)	强正相关。x 变大 y 也变大	x、y 之间，可以用直线表示。对此，一般控制住 x，y 也得到相应的控制
b)	强负相关。当 x 变大时，y 变小；当 x 变小时，y 变大	
c)	弱正相关。当 x 变大时，y 大致变大	除 x 因素影响 y 外，还要考虑其他的因素（一般可进行分层处理，寻找 x 以外的因素）
d)	弱负相关。当 x 变大时，y 大致变小	

（续）

图　形	x 与 y 的关系	说　明
e)	不相关。x 与 y 无任何关系	不必要计算其相关系数 r
f)	x 与 y 不是线性关系	

符号检验法的检验步骤如下：

（1）绘制散布图（见图 3-9）。

（2）作中值线　在散布图上分别画一条与横坐标和纵坐标平行的中位线 $\tilde{y}$ 和 $\tilde{x}$（中位线 $\tilde{y}$ 和 $\tilde{x}$ 将散布图分成 Ⅰ、Ⅱ、Ⅲ、Ⅳ 4 个区域），使 $\tilde{y}$ 线上下和 $\tilde{x}$ 线左右点数基本相等。若点数为奇数，有些点会落在线上。

（3）统计落入各区的点数　本例中 $n_1 = 12$，$n_2 = 3$，$n_3 = 12$，$n_4 = 3$。

（4）计算对角区域点数之和　本例中 $n_1 + n_3 = 24$，$n_2 + n_4 = 6$，$n_线 = 0$（$\tilde{y}$、$\tilde{x}$ 中位线上点数）。

（5）分布在区域内的数据点数总和

图 3-9　符号检验法的散布图

$$N = \sum n - n_线 = 30 - 0 = 30$$

（6）用符号检定表判定　在符号检定表 3-6 中，N 为分布在区域内的数据点数总和，对应 N 给出 $\alpha = 0.01$ 和 $\alpha = 0.05$ 两个显著水平的判定值。判定时把（$n_1 + n_3$）与（$n_2 + n_4$）中点数少的一项点数值与判定值进行比较。该点数值少于或等于某个判定值，就判定其在这个水平下相关。

显著水平就是发生判断错误的可能性大小，也称为风险率。α 值越小说明显著水平越高，风险越小，把握性越大。$\alpha = 0.01$ 就是有（$1 - 0.01$）= 99% 的把握判断这两个变量相关；$\alpha = 0.05$ 就是有 95% 的把握判断这两个变量相关。本例 $N = 30$，查表 $\alpha = 0.01$ 时，判定值为 7，（$n_2 + n_4$）的点数值为 6，比（$n_1 + n_3$）点数值少，且小于 7，此时两个变量之间相关，且判断把握性是 99%。

当两个变量相关时，符号检定法规定：（$n_1 + n_3$）>（$n_2 + n_4$）为正相关，反之为负相关。本例（$n_1 + n_3$）>（$n_2 + n_4$），故两个变量之间存在显著水平为 $\alpha = 0.01$ 下的正相关。

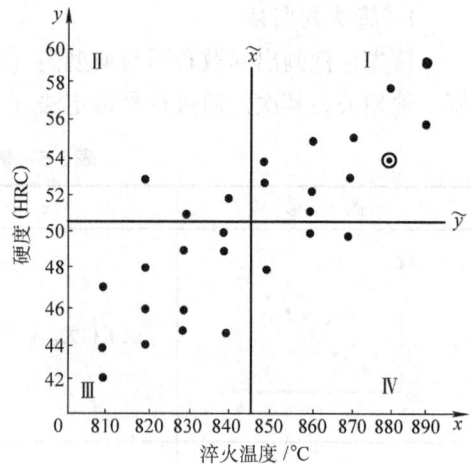

表3-6　符号检定表

N	α 0.05	0.01	N	α 0.05	0.01	N	α 0.05	0.01
≤8	0	0	36	11	9	64	23	21
9	1	0	37	12	10	65	24	21
10	1	0	38	12	10	66	24	22
11	1	0	39	12	11	67	25	22
12	2	1	40	13	11	68	25	22
13	2	1	41	13	11	69	25	23
14	2	1	42	14	12	70	26	23
15	3	2	43	14	12	71	26	24
16	3	2	44	15	13	72	27	24
17	4	2	45	15	13	73	27	25
18	4	3	46	15	13	74	28	25
19	4	3	47	16	14	75	28	25
20	5	3	48	16	14	76	28	26
21	5	4	49	17	15	77	29	26
22	5	4	50	17	15	78	29	27
23	6	4	51	18	15	79	30	27
24	6	5	52	18	16	80	30	28
25	7	5	53	18	16	81	31	28
26	7	6	54	19	17	82	31	28
27	7	6	55	19	17	83	32	29
28	8	6	56	20	17	84	32	29
29	8	7	57	20	18	85	32	30
30	9	7	58	21	18	86	33	30
31	9	7	59	21	19	87	33	31
32	9	8	60	21	19	88	34	31
33	10	8	61	22	20	89	34	31
34	10	9	62	22	20	90	35	32
35	11	9	63	23	20			

2. 相关系数判断法

前述散布图的简易判断法虽然比较简便、直观，但是一个近似的、粗略的方法，没有进行严格的计算。为了更精确地进行相关判断，要计算出相关系数，以免产生判断的错误。

相关系数就是两个变量之间相互关系密切程度的度量值，用符号 r 表示。r 的取值范围为 $-1 \leqslant r \leqslant 1$。

当 $r > 0$ 时，x 与 y 为正相关；

当 $r < 0$ 时，x 与 y 为负相关；

当 $r \approx 0$ 时，x 与 y 为不相关；

当 r 趋近 1 时，x 与 y 为强正相关；

当 r 趋近 -1 时，x 与 y 为强负相关；

当 $r = \pm 1$ 时，x 与 y 完全相关；

当 $|r|$ 越大时，x 与 y 的相关性越强。

相关系数 r 的计算公式为

$$r = \frac{L_{xy}}{\sqrt{L_{xx}L_{yy}}}$$

式中　L_{xx}——x 的偏差平方和；

$\quad\quad L_{yy}$——y 的偏差平方和；

$\quad\quad L_{xy}$——x 与 y 之间的影响。

$$L_{xx} = \sum x_i^2 - \frac{\left(\sum x_i\right)^2}{N}$$

$$L_{yy} = \sum y_i^2 - \frac{\left(\sum y_i\right)^2}{N}$$

$$L_{xy} = \sum x_i y_i - \frac{\left(\sum x_i\right)\left(\sum y_i\right)}{N}$$

下面结合上述绘制淬火温度与硬度之间关系散布图的例子，来说明 r 的计算方法步骤。

如果收集的数据较大，计算起来就比较烦琐。为此，可首先对收集的较大数据进行更换处理，即将原 x 与 y 值更换为 X，Y。通常用下式进行更换。

$$X = (x - a)c; \quad\quad Y = (y - b)d$$

其中 a、b、c、d 根据数据情况自己选择，但最好使变换后的数据 X、Y 要小且为整数，以便计算。

（1）作好计算数据表格（见表 3-7）　本例由于数据过大，需要对数据进行变换。表 3-7 中 X、Y 是对 x、y 变换以后的数据。如果数字小，可不必进行变换，表中数据仍可以是原来的 x 与 y。

表 3-7　相关系数计算数据表

组　　号	X	Y	X^2	Y^2	XY	组　　号	X	Y	X^2	Y^2	XY
1	1	7	1	49	7	16	2	8	4	64	16
2	9	16	81	256	144	17	6	15	36	225	90
3	5	8	25	64	40	18	7	15	49	225	105
4	4	5	16	25	20	19	3	9	9	81	27
5	5	14	25	196	70	20	2	4	4	16	8
6	9	19	81	361	171	21	1	4	1	16	4
7	7	10	49	100	70	22	5	13	25	169	65
8	6	11	36	121	66	23	8	14	64	196	112
9	1	2	1	4	2	24	8	17	64	289	136
10	2	13	4	169	26	25	4	10	16	100	40
11	4	12	16	144	48	26	8	14	64	196	112
12	7	13	49	169	91	27	3	6	9	36	18
13	3	11	9	121	33	28	6	12	36	144	72
14	3	5	9	25	15	29	6	10	36	100	60
15	2	6	4	36	12	30	4	9	16	81	36
							$\sum X = 141$	$\sum Y = 312$	$\sum X^2 = 839$	$\sum Y^2 = 3778$	$\sum XY = 1716$

（2）计算 X、Y、X^2、Y^2、XY 本例取 $a=800$，$b=40$，$c=\dfrac{1}{10}$，$d=1$，则

$$X_1=(x_1-a)c=(810-800)\times\frac{1}{10}=1$$

$$X_2=(x_2-a)c=(890-800)\times\frac{1}{10}=9$$

$$\cdots$$

$$Y_1=(y_1-b)d=(47-40)\times1=7$$

$$Y_2=(y_2-b)d=(56-40)\times1=16$$

$$\cdots$$

$$X_1^2=1^2=1,\quad X_2^2=9^2=81,\cdots$$

$$Y_1^2=7^2=49,\quad Y_2^2=16^2=256,\cdots$$

$$X_1Y_1=1\times7=7,\quad X_2Y_2=9\times16=144,\cdots$$

（3）计算 $\sum X_i$，$\sum Y_i$，$\sum X_i^2$，$\sum Y_i^2$，$\sum X_iY_i$（见表3-7）

（4）计算 L_{XX}，L_{YY}，L_{XY}，本例中

$$L_{XX}=\sum X_i^2-\frac{(\sum X_i)^2}{N}=839-\frac{(141)^2}{30}=176.3$$

$$L_{YY}=\sum Y_i^2-\frac{(\sum Y_i)^2}{N}=3778-\frac{(312)^2}{30}=533.2$$

$$L_{XY}=\sum X_iY_i-\frac{(\sum X_i)(\sum Y_i)}{N}=1716-\frac{141\times312}{30}=249.6$$

（5）计算相关系数 r，本例中

$$r=\frac{L_{XY}}{\sqrt{L_{XX}L_{YY}}}=\frac{249.6}{\sqrt{176.3\times533.2}}=0.814$$

（6）相关系数 r 的检验 前已叙述，r 是检验两个变量之间相互关系密切程度的度量值。但在实际中，即使两个变量 x 与 y 在理论上并不相关，可往往计算得到的相关系数并非等于零，这不能说 x 与 y 就是相关的。正因为有这种现象存在，在计算出相关系数 r 后，应对其进一步检验，才能对两个变量之间是否相关作出判断。就上述的例子，说明 r 的检验方法。

1）计算出相关系数 r。本例 $r=0.814$。

2）计算自由度 ϕ。$\phi=N-2=30-2=28$。

3）确定显著水平 α（$\alpha=0.01$ 或 $\alpha=0.05$）。本例中，确定 $\alpha=0.05$。

4）查相关系数检验表（见表3-8）。本例中 $\phi=28$，查表得 $r_a=0.361$。

5）判断。当 $|r|>r_a$ 时，x 与 y 两者相关；当 $|r|<r_a$ 时，x 与 y 两者不相关。本例中 $r_a=0.361$，$r=0.814$。所以，$|r|>r_a$。

结论：钢的淬火温度与硬度是强正相关。

表 3-8　相关系数检验表

α / $N-2$	0.05	0.01	α / $N-2$	0.05	0.01
1	0.997	1.000	21	0.413	0.526
2	0.950	0.990	22	0.404	0.515
3	0.878	0.959	23	0.366	0.505
4	0.811	0.917	24	0.388	0.496
5	0.754	0.874	25	0.381	0.487
6	0.707	0.834	26	0.374	0.478
7	0.666	0.798	27	0.367	0.470
8	0.632	0.765	28	0.361	0.463
9	0.602	0.735	29	0.355	0.456
10	0.576	0.708	30	0.349	0.449
11	0.553	0.684	35	0.325	0.418
12	0.532	0.661	40	0.304	0.393
13	0.514	0.641	45	0.288	0.372
14	0.497	0.623	50	0.273	0.354
15	0.482	0.606	60	0.250	0.325
16	0.468	0.590	70	0.232	0.302
17	0.456	0.575	80	0.217	0.283
18	0.444	0.561	90	0.205	0.267
19	0.433	0.549	100	0.195	0.254
20	0.423	0.537	200	0.138	0.181

第四节　分层法和调查表法

一、分层法

1. 分层法的概念

分层法又称为分类法，是质量管理中用来分析影响质量因素的重要方法。所谓分层法，就是把收集来的数据，根据一定的使用目的和要求，按其性质、来源、影响因素等进行分类整理，以便分析质量问题及其影响因素的一种方法。

分层的目的是将杂乱无章的数据和错综复杂的因素系统化和条理化，以便进行比较分析，找出主要的质量原因，并采取相应的技术措施。分层的依据和方法是根据问题的需要自由选择确定的，但应掌握其基本要领。分层时，不能随意地分，而是要根据分层的目的，按照一定的标志加以区分，把性质相同、在同一条件下收集的数据归在一起。分层时，应使同一层内的数据在性质上差异尽可能小，而层与层间的差别尽可能大，这是做好分层的关键所在。

2. 分层原则

在企业质量管理活动中，质量数据分层的标志多种多样，一般按以下原则进行。

（1）按不同的时间分层　如按不同的日期、不同的班次分层。

（2）按不同的操作者分层　如按男工、女工、新工人、老工人，男、女不同工龄，操作技术水平高低进行分层。

（3）按操作方法分层　如按不同的工艺方法、不同的切屑用量、温度、压力等工作条件进行分层。

（4）按原材料分层　如按不同的进料时间、不同的供料单位及不同的材料成分分层等。

（5）按使用设备分层　如按不同型号的设备、不同的工夹具、不同的新旧程度分层。

（6）按检测手段分层　如按不同的测量仪器、不同的测量者分层。

（7）按产生废品的缺陷项目分层　如按铸件的裂纹、气孔、缩孔、砂眼等缺陷项目分层。

（8）其他分层　如按不同的工厂、不同的使用单位及不同的使用条件分层。

3. 分层法的应用

分层法广泛应用于各行各业、各种生产类型的企业。分层法可以通过表格来表示，也可以通过图形来表示。

例 3-3　表 3-9 列出了某轧钢厂某月份的生产情况数字。如果只知道甲、乙、丙班共轧制 6000t 钢材，其中轧废钢为 169t，仅这个数据，则无法对质量问题进行分析。如果对废品产生的原因等进行分类，则可以看出甲班产生废品的主要原因是"尺寸超差"，乙班的主要原因是"轧废"，丙班的主要原因是"耳子"。这样就可以针对各自产生废品的原因采取相应的措施。

表 3-9　某轧钢厂某月份废品分类

废品数量 废品项目	班　次			合　　计
	甲	乙	丙	
尺寸超差	30	20	15	65
轧废	10	23	10	43
耳子	5	10	20	35
压痕	8	4	8	20
其他	3	1	2	6
合计	56	58	55	169

二、调查表法

1. 调查表法的概念

调查表法是利用统计表来进行数据整理和粗略原因分析的一种方法。调查表又称为检查表或核对表，它是为了收集和整理数据而设计的图表，是一种可以根据调查的目的不同，自由选择或自行设计的统计图表。

2. 调查表的种类

调查表的类型很多，可以根据调查的目的不同，使用不同的调查表。常用的调查表主要有以下几种。

（1）缺陷位置调查表　这种调查表是调查产品各部位的缺陷情况，可将其发生缺陷的位置标记在产品示意图或展开图上，不同缺陷采用不同的符号或颜色标出，如表 3-10 所示。

表 3-10　缺陷位置调查表

型　号		检查部位	外　表
工序	冰箱组装	检查者	年　月　日
检查目的	涂装缺陷	检查件数	500 台

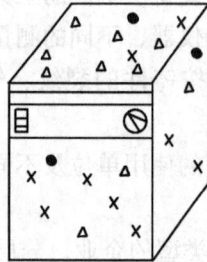

色斑 ●
流漆 ×
尘粒 △

　　(2) 不良项目调查表　为了调查生产中出现的各种不良品，以及各种不良品的比率有多大，以便在技术上和管理上采取改进措施，并加以控制，可以采用这种调查表，如表3-11所示。

　　(3) 不良原因调查表　要弄清楚各种不良品产生的原因，就需要按设备、操作者、时间等标志进行分层调查，填写不良原因调查表。

表 3-11　不良品分项调查表

检　查　表		1986—2—2 表
零件名称（代号）AZ105—004	检查日期	1987 年 5 月 10 日
工　序　　最终检查	加工单位	1 车间 3 工段
检查总数　　2420	生产令号	1987—5—3
检查方式　　全数检查	生产批号	1987—1—3
	检查者	童祥

不良品种	检查记录	小　计
表面缺陷	正正正正正正正	35
裂　纹	正正正正正丁	27
加工不良	正正正正正正正丁	37
形状不良	正丁	7
其　他	正正	9
总　计		115

　　(4) 工序分布调查表　在能够测量产品的尺寸、重量、纯度等的计量值数据的工序中，为了掌握这些工序的产品质量状况，可用这种调查表。

第五节　排 列 图 法

一、排列图法的概念

　　排列图又称为主次因素分析图或帕累托图（Pareto）。排列图最早是由意大利经济学家帕累托用来分析社会财富分布状况的。他发现少数人占有社会上的大量财富，而绝大多数人则处于贫苦的状态，这些少数人却左右着国家的经济命脉，即所谓"关键的少数与无关紧要的多数"的关系。后来，美国质量管理专家朱兰博士把它应用于质量管理中，成为常用的工具。它是用来找出影响产品质量主要因素的一种有效工具。

排列图是由两个纵坐标、一个横坐标、几个直方块和一条折线所构成，如图3-10所示。排列图的横坐标表示影响产品质量的因素或项目，按其影响程度的大小，从左至右依次排列。排列图的左纵坐标表示频数（如件数、金额、工时、吨位等），右纵坐标表示频率（以百分比表示），直方块的高度表示某个因素影响大小，从高到低，从左到右，顺序排列。折线表示某个影响因素大小的累积百分数，是由左到右逐渐上升的，这条折线就称为帕累托曲线。

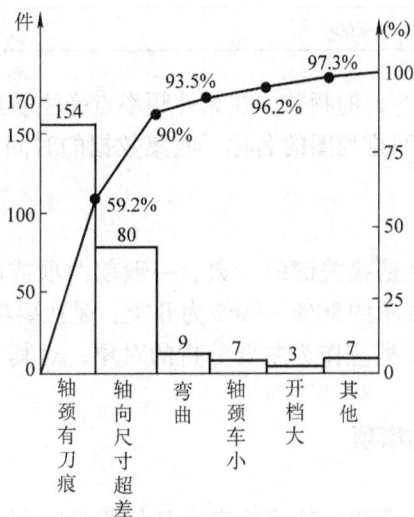

图3-10 曲轴主轴颈车削加工不合格品排列图

二、排列图的画法

1）收集一定期间的数据。本例中收集了某厂1985年4月~6月曲轴主轴颈车削加工不合格品数260个。

2）将收集的数据进行整理，并填入统计表，如表3-12所示。

3）计算各类项目的累计频数、频率及累计频率（见表3-12）。

例如，计算序号2的累计频数、频率及累计频率，具体方法如下：

$$累计频数 = 序号1的频数 + 序号2的频数 = 154 + 80 = 234$$

$$频率 = \frac{序号2的频数}{不合格品总数} \times 100\% = \frac{80}{260} \times 100\% = 30.8\%$$

$$累计频率 = \frac{序号2的累计频数}{不合格品总数} \times 100\% = \frac{234}{260} \times 100\% = 90\%$$

或 $$累计频率 = 序号1的频率 + 序号2的频率 = 59.2\% + 30.8\% = 90\%$$

4）按一定的比例，画出两个纵坐标和一个横坐标。左纵坐标代表频数，右纵坐标代表累计频数。

5）按各项目不合格品数的大小，依次在横坐标上画出柱形条。

6）按右纵坐标的比例，找出各类项目的累计频率点，从原点0开始，逐一连接各点，画出帕累托曲线。

表 3-12　曲轴主轴颈车削加工不合格品数统计表

序　号	项　目	不合格品数（频数）	累计不合格品数（累积频数）	频率（%）	累积频率（%）
1	轴颈有刀痕	154	154	59.2	59.2
2	轴向尺寸超差	80	234	30.8	90
3	弯曲	9	243	3.5	93.5
4	轴颈车小	7	250	2.7	96.2
5	开档大	3	253	1.1	97.3
6	其他	7	260	2.7	100
	合计	260			

7）在柱形条的上方注明各自的频数，在累计频率点旁注明累计频率值。

8）在排列图的下方要注明排列图的名称、收集数据的时间、绘图者等。按上述步骤绘制的排列图，如图 3-10 所示。

三、排列图的观察分析

排列图的观察分析，主要是找关键的少数。一般前两项或前 3 项（累计频率约 80%）为 A 类，是主要问题；累计频率约 80% ~ 90% 为 B 类，是次要项；累计频率约 90% ~ 100% 为 C 类，是一般项。其中，A 类应作为主要分析的对象，对其采取必要的措施，以求解决问题。

四、绘制排列图应注意的事项

1. 要做好因素的分类

在做排列图时，不仅是为了找出某项特定产品的质量问题，而且要在合理分类的基础上，分别找出各类的主要矛盾及其相关关系。

2. 主要因素不能过多

一般找出主要因素以两项为宜，最多不超过 3 项。当采取措施解决了这些主要因素之后，原先作为次要的因素，则上升为主要因素，这可以通过做排列图来分析处理。

3. 数据要充足

为了找到影响产品质量因素的规律，必须收集充足的数据，以便从大量数据中找出统计规律来。当件数不多时，最好进行全面分析，必要时也可采用随机抽样分析法。

4. 适当合并一般因素

不太重要的因素可以列出很多项，为简化作图，常将这些因素合并为其他项，放在横坐标的末端。

5. 合理选择计量单位

对于同一项质量问题，由于计量单位不同，主次因素的排列顺序有所不同。要看哪一种计量单位能更好地反映质量问题的实质，便采用哪一种。

6. 重新画排列图

在采取措施之后，为验证其实施效果，还要重新画排列图，以便进行比较。

五、排列图的适用范围

由于排列图法可以指出进行改善工作的重点，因此，不仅适用于各行业、各类型的工业企业的质量改进活动，而且也适用于各种企业、事业单位以及各方面的工作。只要想进行改善工作，就可以用排列图找出主要影响因素，以便重点进行有成效的改善。

使用排列图法，不仅可以使所分析的问题主次因素分明、系统、形象，而且能逐步培养用数据说话的科学分析的习惯。排列图可根据不同的目的灵活运用，通常应用时主要的形式有分析主要缺陷形式；分析造成不合格品的主要工序原因；分析产生不合格品的关键工序；分析不合格品的主次地位；分析经济损失的主次；用于对比采取措施前后的效果等。

第六节　因果分析图法

一、因果分析图的含义及用途

因果分析图（因果图），有时也称为特性因素图或鱼刺图。它是寻找造成质量问题的原因的一种简明有效的方法。

在进行质量分析时，如果想用直观方法找出属于同一层的有关因素的主次关系，可以用排列图法对它进行分析。但是，若因素在层间还存在着纵向因果关系，这就要求有一种方法能同时整理出这两种关系。因果分析图就可以解决这个问题，它是整理和分析影响质量（结果）的各因素之间的一种工具。因果分析图形象地表示了探讨问题的思维过程，利用它分析问题能取得顺藤摸瓜、步步深入的效果，即利用因果分析图可以首先找出影响质量问题的大原因，然后寻找到大原因背后的中原因，再从中原因找到小原因和更小的原因，最终查明主要的直接原因。这样有条理地逐层分析，可以清楚地看出"原因——结果"、"手段——目标"的关系，使问题的脉络完全显示出来。

因果分析图是整理和分析影响质量问题各因素之间关系的一种常用工具。它是以质量问题的结果作为特性，以产生原因作为因素，在它们之间分层次地用箭头联系起来，表示因果关系的图。因果图的基本格式由特性、原因、枝干3个部分构成，如图3-11所示。

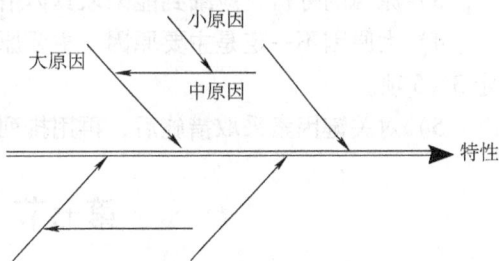

图 3-11　因果关系图

二、因果分析图的作图步骤

1. 确定分析对象

把要分析的质量特性问题，填入主干线箭头指向的方块中。

2. 记录分析意见

把大家针对质量特性问题所提出的各种原因，用长短不等的箭线排列在主干线的两侧。属于大原因的，用较长的箭线指向主干线；属于某大原因内次一级的中原因，用略短的箭线指向该大原因的箭线；属于小原因的箭线指向与它关联的中原因的箭线。

3. 检查有无遗漏

对所分析的种种原因检查一下，看有无遗漏，若有遗漏可及时补上。

4. 记上必要事项

注明绘图者、参加讨论分析人员、时间等可供参考事项。

例3-4　某企业铸出的某种产品表面有明显裂纹，其原因可能有4类：浇铸温度、铸模、金属成分和铸模温度。每一类原因可能又是由若干个因素造成的。与每一因素有关的更深入的考虑因素还可以作为下一级分支。当所有可能的原因都找出来以后，就完成了第一步工作，下一步就是要从其中找出主要原因，如图3-12所示。

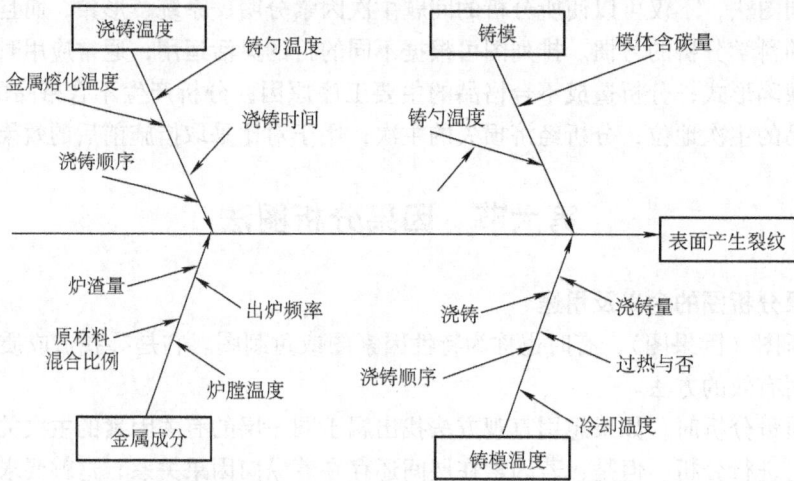

图3-12　因果分析图

三、因果分析图作图注意事项

1）所要分析的质量特性问题，应提得尽量具体、明确、有针对性。

2）要集思广益。一般是以召开各种质量分析会形式，共同分析、整理出因果分析图。

3）原因的分析，应细到能采取具体措施为止。

4）大原因不一定是主要原因。主要原因可用与会者投票表决的办法确定，一般可以确定3~5项。

5）对关键因素采取措施后，再用排列图等方法来检查其效果。

第七节　关联图法

一、关联图法的含义和用途

关联图法是把几个问题与其主要因素之间的因果关系用图加以标示，以找出关键问题与因素的方法。

1. 关联图的特点

1）适用于多种因素交织在一起的复杂问题的整理。

2）有益于发动群众，使参加者各抒己见，畅所欲言，相互启发，扩大思路，集思广益。

3）有益于抓住主要矛盾，找到核心问题。

4）方式灵活、直观，能把因果联系在一起，便于归纳、研究和分析问题。

5）有利于解放思想，破除固有成见，提出对问题的新认识、新发现，并不断增加新内容。

6）有利于明确各部门、各环节之间的协作关系，便于进行协调工作，促进整体工作的完成。

2. 关联图法的主要用途

1）用于工厂方针的制订和展开。

2）用于制订质量管理的推进计划。

3）用于制订质量改进的活动方案。

4）用于改进和提高质量职能及部门的工作质量。

5）用来寻找解决工序管理上的多种问题。

二、关联图的做法及注意事项

1. 关联图的做法

1）成立研究小组，广泛收集情报。

2）充分讨论分析，寻找全部因素。

3）整理好分析结果，初步绘制关联图。

4）明确重点项目，不断修改补充。

5）找出关键问题，抓住根本要素。

6）针对关键问题和要素，制定措施与计划。

7）发现问题，不断修改，使关联图趋于完善。

2. 注意事项

1）充分发扬民主，广泛搜集资料、情报和数据。

2）语言文字表达要准确、简练。

3）不怕麻烦，要通过反复的分析、研究及修改，才能找到真正的重点问题并画出切实可行的关联图。

4）重视评价。要重视措施的执行和结果的评价，以便不断地修改关联图。

三、关联图法的应用实例

某厂针对在制品非正常流失问题进行了广泛调查，并召开了"在制品流失"问题因果分析会，为了找出主要因素，采用了关联图法。本例是单一目的型实例。

在分析会上，根据调查材料提出了 24 个与在制品流失有关的问题，其中有 5 个因素与流失有直接关系，如图 3-13 所示。

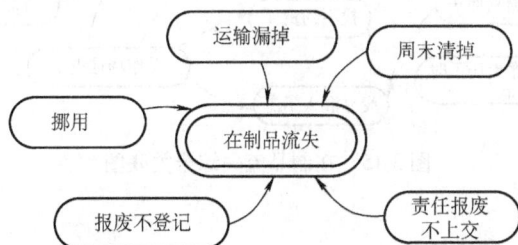

图 3-13　在制品流失关联图

将 5 个因素分别绘制关联图，得到了一个关联图群，如图 3-14a ~ 图 3-14e 所示。检查 24 个因素有无遗漏，然后将 5 个图中的公共因素用符号标明。例如，思想不重视，其中 abe 表示该因素在关联图群中的图 3-14a、图 3-14b、图 3-14e 中重复出现。

在制品流失综合关联图如图 3-15 所示。

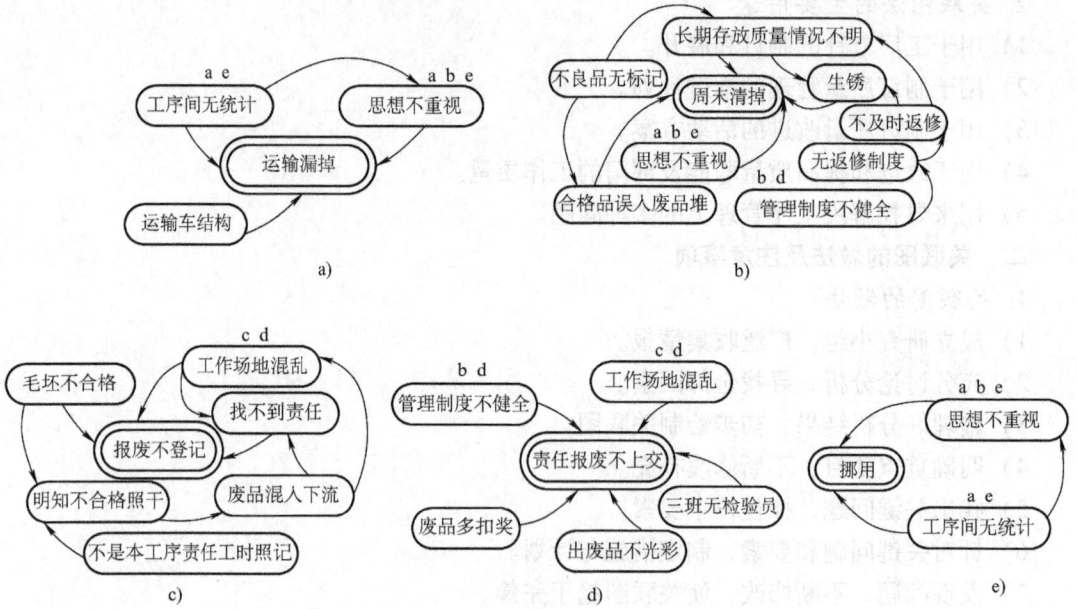

图 3-14　在制品流失关联图群

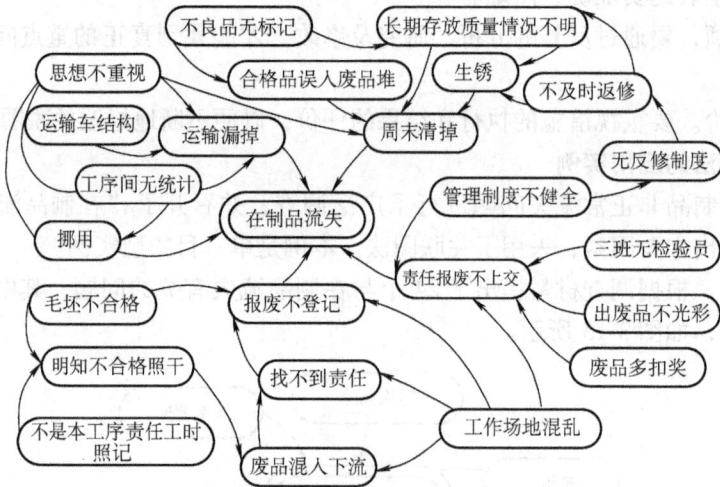

图 3-15　在制品流失综合关联图

第八节　6σ 质量管理

　　六西格玛（6σ）质量管理思想起源于摩托罗拉公司，在摩托罗拉公司取得了令人瞩目的应用效果，后传入到通用电器、IBM 等一些大公司，也同样获得了成功并很快成为新的质量标准。现在，6σ 系统和方法因其良好的经济性和可操作性，已被世界上许多先进的大公司所接受和采用。

一、6σ 的基本概念

6σ 有两层含义：一层是基于统计角度；另一层是基于管理角度。

1. 6σ 的统计含义

σ 在数理统计中表示"标准偏差"，是用来表征任意一组数据或过程输出结果离散程度的指标，是一种评估产品和过程特性波动大小的统计量。由于 σ 的大小可以反映出质量水平的高低，所以在 6σ 管理中采用"σ 水平"的尺度来衡量过程绩效。σ 水平越高，过程满足顾客要求的能力就越强，产生缺陷的概率就越低，过程的首次通过率 YFT 就越高，产品质量也就越高。不同 σ 水平下的过程不合格率 DPMO 和过程首次通过率 YFT 的值如表 3-13 所示。

由表 3-13 可知，当 σ 从一个水平提高到另一个水平，缺陷会按指数规律降低。特别指出的是，在均值无偏的条件下，6σ 的 DPMO 是 3σ 的 DPMO 的 135 万分之一；在均值偏移 1.5σ 的条件下，6σ 的 DPMO 是 3σ 的 DPMO 的 2 万分之一。

表 3-13　不同 σ 水平下的过程不合格率 DPMO 和过程首次通过率 YFT

σ 水平	均值无偏条件下		均值偏移 1.5σ 条件下	
	DPMO	YFT	PPM	YFT
1σ	317300	68.27	697770	23.23
2σ	45500	95.54	308770	69.13
3σ	2700	99.73	66810	93.32
4σ	63	99.9937	6210	99.3790
5σ	0.57	99.999943	233	99.97670
6σ	0.002	99.9999998	3.4	99.999660

2. 6σ 管理的含义

6σ 管理是一套系统的业务改进方法，是一种旨在持续改进企业业务流程，实现客户满意的管理方法。它通过质量改进流程，实现无缺陷的过程设计，并对现有过程进行定义、测评、分析、改进和控制，消除过程缺陷和无价值作业，从而提高产品和服务质量，降低成本，缩短运转周期，达到客户完全满意，增强企业的竞争力。目前，6σ 管理已成为一种理念、文化和方法体系的集成。换句话说，6σ 就是一个代名词，其含义是客户驱动下的持续改进。其方法体系的运用并不局限于解决质量问题，还包括业务改进的各个方面，如时间、成本、服务等。其方法体系也不仅仅是统计技术，而是一系列的管理技术和工业工程技术的集成。

1）6σ 已成为一种基于客户驱动的连续质量改进计划，其目的在于综合运用质量管理的理念和方法，以连续改进为基本策略，达到并超越 6σ 水平。

2）6σ 已成为一种质量文化或企业文化，它强调以客户满意为宗旨，以持续改进为策略，以统计数据为依据，以全员参与为方式的质量改进理念。6σ 不仅适用于制造业，同样也适用于非制造业和非制造过程，因此，对一个企业而言，各个部门都应建立 6σ 质量目标、具体考核指标和考核方式。从某种意义上讲，6σ 已成为一种新的质量理念。

3）尽管 6σ 从统计上表示百万出错机会缺陷率为 2，但并不意味着 6σ 质量水准允许有缺陷，这一点和克劳斯比的零缺陷计划并无本质上的冲突。6σ 计划的本质在于通过持续改进，消除一切可能的缺陷，不要把 6σ 看成一个绝对静止的目标。

二、6σ 方法与传统方法的比较

6σ 方法与传统方法的比较如表3-14所示。从表3-14可知，传统方法在管理方面偏重于经验、直觉，其关注的是最终产品，着眼点在本公司，其组织结构是基于授权、集约制。总之，6σ 方法更依赖于系统、数据和设计，其关注的是活动过程，着眼点在客户，其组织结构是基于研究的。相比之下，6σ 系统更客观、高效和准确。

表 3-14　6σ 方法与传统方法的比较

序　号	项　目	传统方法特点/着眼点	6σ 方法特点/着眼点
1	分析方法	估计	变化点
2	管理重点	成本和时间	质量和时间
3	生产能力	实验和误差	全面设计
4	公差	最差项	均方根
5	变量分析	同一时间单个因子	实验设计
6	过程调查	经验	SPC 图
7	问题解决	基于专家	基于系统
8	分析	靠经验	靠数据
9	焦点	产品	工艺/过程
10	行动	反应	灵活行动
11	供方	成本	相关能力
12	原因	基于经验	基于统计
13	思路	短期	长期
14	决策	印象、直觉	概率
15	处理	现象	问题
16	设计	性能	生产性
17	目标	公司	客户
18	组织	授权	研究
19	培训	奢侈	必需项目

三、企业引入 6σ 管理应具备的条件

具备以下条件，企业可以尝试引入 6σ 管理。

1）已经奠定了传统管理（主要内容为劳动纪律和工艺纪律）坚实的基础。

2）已经通过 ISO90000 的认证，取得合格证书。

3）已经成功推行统计过程控制（SPC）与统计过程诊断（SPD）或其他统计方法，且产品或服务的质量目前至少已经达到 3σ 水平。

4）第一把手及其高层领导对 6σ 有足够的认识并有坚定的决心加以推广。

5）具有可担任 6σ 过程负责人和黑带长（Master Black Belt）的人才（即骨干中的骨干）。

6）具有足够启动 6σ 活动的资金。

四、6σ 项目选择

6σ 管理是以项目的方式展开的，只要发现值得改进的地方，就可以列为 6σ 项目。一个企业可能同时有几十、上百个 6σ 项目，但这些项目都必须采用项目管理机制。6σ 管理就是通过有组织、有计划地实施这些 6σ 项目而实现其经济效益的。6σ 项目的选择与实施是 6σ 管理的一个关键环节。

1. 6σ 项目的选择原则

（1）有意义、有价值

1）支持顾客满意度的改善。关注顾客是 6σ 项目的核心价值观之一。6σ 质量的定义有两个基本点：一是产品特性让顾客满意直至忠诚；二是减少产品缺陷甚至消除缺陷。因此，6σ 项目所解决的问题必须来自于顾客的需求及反馈等信息的分析，找出顾客的期望和需求，确定关键质量特性，使项目的完成能满足或超出顾客的关键需求。

2）支持企业战略目标的实现。6σ 管理是实现企业战略目标的有效手段，每个项目都应与企业战略的目标相一致。

3）为企业带来较大的经济效益。6σ 管理的一大特点就是用财务语言阐述现状水平和改进后的绩效。

（2）可管理

1）问题可测量。6σ 改进不仅关注产品的质量，还包括缩短周期、提高效率、提高生产能力等，无论针对哪种问题，都必须先定义"缺陷"。也就是说，要先定义好标准及其衡量方法，然后才能评估问题的现状水平。

2）范围清晰、可控。应对每个项目所要解决的问题的范围作出明确的界定。如果一个问题涉及多个方面，那么可将此项目分解为几个小项目，在相对可控范围内解决。

3）项目得到管理层的支持和批准。项目只有获得管理层的支持和批准才能获得适当的资源支持。

2. 6σ 项目选择的流程

一般来说，项目选择需要经过以下 4 个步骤。

步骤 1：确定项目的大方向——项目的最终目标。此阶段常用的工具包括基准比较法、平衡记分卡等。

步骤 2：确定影响过程输出 Y 的主要方面，并确定本项目针对哪个方面进行改善。由于 Y 是综合因素的反映，涉及的方面太广，应将其分解为范围可控、难度较小的项目。

步骤 3：针对选择项目的需要，改善 Y，明确关键顾客需求和关键质量特性。

步骤 4：根据关键质量特性确定项目的主题。

五、6σ 改进模式——DMAIC

6σ 自 20 世纪 80 年代诞生于摩托罗拉公司以来，经过 20 多年的发展，现在已经演变成为一套行之有效的解决问题和提高企业绩效的系统方法论，而推动企业不断持续改进的 6σ 具体实施模式是 DMAIC，它已成为世界上持续改善的标准流程。DMAIC 代表了 6σ 改进的 5 个阶段。

1. 界定阶段（Define）

界定阶段的主要内容是确认顾客的关键需求，识别需要改进的产品或流程，决定要进行测量、分析、改进和控制的关键质量因素（CTQ），将改进项目界定在合理的范围内。

从整体上讲，界定阶段是 6σ 项目 DMAIC 流程的第一阶段。此阶段，项目团队必须明确一些问题：项目团队在做什么工作？为什么要解决这个问题？顾客是谁？顾客的需求是什么等。

界定阶段的主要任务包括找出业务机会，制定团队宪章，明确过程并绘制过程图，明确快速取胜的过程和过程整理，将顾客的需求转化为顾客的关键需求及起草团队准则。

2. 测评阶段（Measure）

通过对现有过程的测量和评估，制定期望达到的目标及业绩衡量标准，识别影响过程输出 Y 的 X 因子，并验证测评系统的有效性。

测评阶段是 DMAIC 过程的第二阶段，既是界定阶段的后续活动，也是连接分析阶段的桥梁。测评是项目工作的关键环节，是以事实和数据驱动管理的具体表现。

从测评阶段开始就要进行过程数据的收集和分析工作。通过测评阶段的数据收集和评估工作，可以获得对问题和改进机会的定量化认识，并在此基础上获得项目实施方向的信息。

测评阶段的主要任务包括明确输入、处理、输出等指标，起草操作和测评计划，采集并分析数据，确定是否存在特殊的原因，确定 σ 的水平，收集其他基准业绩数据。

测评阶段的工作重点是在界定阶段工作的基础上，进一步明确过程输出 Y 的测量，并通过收集 Y 的测量数据，定量化地描述过程输出 Y，特别是过程分析，认识过程输出 Y 的波动规律，揭示过程改进的空间，识别实现项目目标的可能途径和改进方向。

3. 分析阶段（Analyze）

通过数据分析确定影响过程输出 Y 的关键因子 X，即确定过程的关键影响因素。

分析阶段是 DMAIC 各阶段中最难以"预见"的阶段。团队所使用的方法在很大程度上取决于其所涉及的问题与数据的特点。在分析阶段，团队整理和分析的目的是找出具体存在的问题，并定义一个便于理解的问题陈述；找出并确认产生问题的根本原因，以保证消除"真正"的根本原因，同时找出并确认本团队应该重点分析的问题；确定波动源和导致顾客不满的潜在失效模式。

分析阶段的主要任务包括整理过程、整理数据并找出具体问题，起草问题陈述，找出根本原因，确认和分析根本原因，比较方法，波动源（SOV）研究，失效模式与效应分析，回归分析，过程控制与过程能力和实验设计等。

4. 改进阶段（Improve）

改进阶段的主要目标是寻找最有效的改进方案，优化过程输出 Y 并消除或减小造成波动的因子，使过程的缺陷或变异降至最低。

在改进阶段，团队要明确如何才能改进过程的输出 Y，这里包括过程中哪些变量会对过程输出 Y 产生显著的影响，团队应怎样设定这些变量的值才能使过程输出 Y 达到最优。通过找出过程变量与输出之间的关系，选择合适的解决方案，实施改进。

改进阶段的主要任务包括进行试验设计，解决方案构思，确定解决方案的影响或好处，评估并选择解决方案，起草过程图和粗计划，起草并讲解纲要，向所有利益相关方沟通解决方案。

5. 控制阶段（Control）

控制阶段的主要目标是使改进成果体制化。通过修订文件使成功经验制度化，通过有效的监测方法维持过程改进的成果，并寻求进一步提高改进效果的持续改进方法。

控制阶段是项目团队维持改进成果的重要步骤。一旦改进完成，团队还应持续地监控过程的实施情况。

控制阶段的主要任务包括起草试运行计划和试运行解决方案，确认由于解决方案触及根本原因而产生的 σ 水平的改进，确定实现目标必需的其他解决方案，找出类似的情况，对机会进行标准化处理，将解决方案融入日常工作过程并对之进行管理，集中学到的经验，明确团队下一步的行动以及针对其他机会的计划。

图 3-16 介绍了 DMAIC 各阶段应用的主要方法和工具。

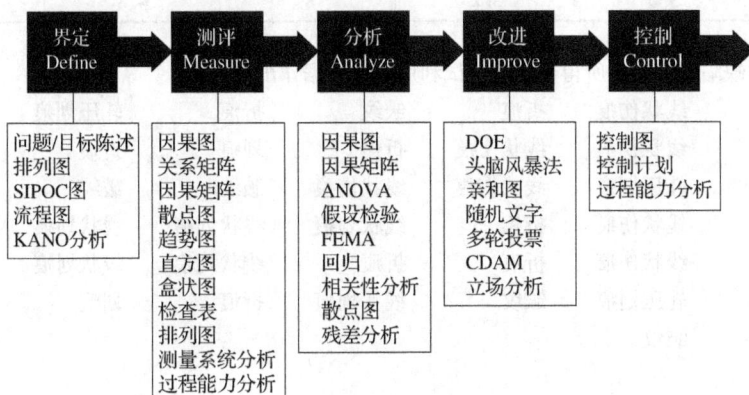

图 3-16 DMAIC 各阶段应用的主要方法和工具

复习思考题

1. 试述总体和样本的概念，以及它们与数据之间的关系。

2. 什么是直方图？它有何用途？如何用它进行分析判断？

3. 质量特征数主要有哪些？平均数与标准偏差如何计算？有何意义？

4. 散布图的主要用途是什么？相关性的判断方法有哪些？

5. 分层法与调查表法的主要用途是什么？

6. 排列图和因果分析图的做法如何？有何用途？

7. 关联图法的主要用途及其类型有哪些？

8. 什么是 6σ 管理？

9. 企业引入 6σ 管理应具备的条件有哪些？

10. 根据某轧钢厂生产的钢板厚度测量值作频数表及频数直方图，并求出标准偏差 s 与平均值 $\bar{x}$。测量值如下，给定标准为 $(6 \pm 0.4)\,\mathrm{mm}$。

5.77	6.27	5.93	6.08	6.03
6.01	6.04	5.88	5.92	6.15
5.71	5.75	5.96	6.19	5.70
6.19	6.11	5.74	5.96	6.17
6.42	6.13	5.71	5.96	5.78
5.92	5.92	5.75	6.05	5.94
5.87	5.63	5.80	6.12	6.32
5.89	5.91	6.00	6.21	6.08
5.96	6.05	6.25	5.89	5.83
5.95	5.94	6.07	6.02	5.75

11. 某产品两个质量特性值 x、y 的测量数据如表 3-15 所示，试作出散布图，并说明是否相关。用相关系数进行检验。

表 3-15　质量特性值 x、y 的测量数据

序　号	x	y	序　号	x	y
1	1.2	2.8	5	3.8	3.3
2	1.5	2.9	6	4.0	3.7
3	2.0	3.0	7	4.9	4.1
4	3.0	3.2	8	4.8	4.3

12. 某种钢材缺陷调查结果所得数如下，试利用这些数据作出排列图。

线状伤痕	折痕	皱纹	折痕	轧压划痕
线状伤痕	线状伤痕	折痕	划痕	折痕
轧压划痕	线状伤痕	线状伤痕	皱纹	皱纹
线状伤痕	折痕	线状划痕	线状划痕	线状划痕
线状伤痕	折痕	折痕	线状划痕	线状划痕
轧压划痕	皱纹	线状划痕	折痕	划痕
皱纹				

第四章 质量成本管理

质量成本是美国质量管理专家朱兰和费根堡姆在 20 世纪 50 年代提出的概念。这个概念把质量工作与企业的经济效益联系起来，为质量的改进和提高树立了经济性评价的准则，从而给质量管理工作注入了新的动力。此后，质量成本管理在许多国家得到了迅速的发展，迄今已形成了一整套系统的管理制度，成为全面质量管理的重要组成部分。通过对质量成本的统计、核算、分析、报告和控制，有助于发现降低成本的途径，从而提高企业的经济效益。质量成本管理对深化全面质量管理的理论和方法，改进企业的经营观念，帮助企业走质量效益型的发展道路都具有十分重要的意义。

第一节 概 述

一、质量成本的概念

质量成本（Quality-related costs）指将产品质量保持在规定的水平所需的有关费用。它包括企业为保证和提高产品质量所进行的质量活动应支付的费用以及因未达既定质量水平，由于质量不良所造成损失的费用的总和。

质量成本是产品质量经济性的重要体现，它从经济的角度反映了质量体系的运行情况。因此，开展质量成本管理能为评价质量体系的有效性提供手段，并为制订内部改进计划提供依据，对不断完善质量体系、提高经济效益都具有重要意义。

质量成本是国外一些企业从 20 世纪 60 年代以来在质量管理活动实践中逐步形成和发展起来的一个新概念。这一概念现已成为许多企业确定产品质量水平、改进产品质量、提高工作质量和评价全面质量管理效果等方面的一种重要工具。最近几年，我国已有一些企业在推行全面质量管理活动中，开展了质量成本核算，对促进全面质量管理工作的深入开展，提高产品质量，降低产品成本起到了很大的作用。

二、质量成本的构成

质量成本由两部分组成，一部分为运行质量成本，一部分为外部质量保证成本，如图 4-1 所示。

1. 运行质量成本

运行质量成本是企业为保证和提高产品质量而支付的一切费用以及因质量故障所造成的损失费用之和。运行质量成本又分为 4 类成本，即企业内部损失成本、鉴定成本、预防成本和外部损失成本。

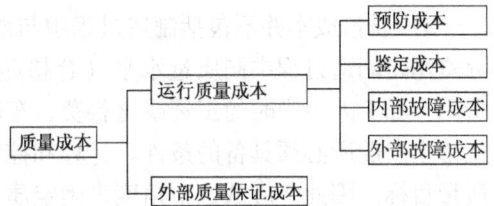

图 4-1 质量成本的构成

（1）企业内部损失成本 企业内部损失成本或内部故障成本指产品出厂前因不满足规定的质量要求而支付的费用。一般包括以下项目：废品损失费用、返修损失费用、复试复验费用、停工损失费用、处理质量缺陷费用、减产损失费用和产品降级损失费用等。

（2）鉴定成本　鉴定成本是评定产品是否满足规定的质量水平所需要的费用。一般包括以下的费用项目：进货检验费用、工序检验费用、成品检验费用、质量审核费用、保持检验及试验设备精确性的费用、试验及检验损耗费用、存货复试复验费用、质量分级费用、检验仪器折旧费用和计量工具购置费用等。

（3）预防成本　预防成本指用于预防产生不合格品与故障等所需的各种费用。一般包括质量计划工作费用、质量教育培训费用、新产品评审费用、工序控制费用、质量改进措施费用、质量审核费用、质量管理活动费用、质量奖励费用以及专职质量管理人员的工资及其附加费用等。

（4）外部损失成本　企业外部损失成本指成品出厂后因不满足规定的质量要求，导致索赔、修理、更换或信誉损失等而支付的费用。一般包括以下几项费用：申诉受理费用、保修费用、退换产品的损失费用、折价损失费用、产品责任损失费用等。

2. 外部质量保证成本

外部质量保证成本是为用户提供所要求的客观证据所支付的费用，其费用项目有以下3种。

1）为提供特殊附加的质量保证措施、程序、数据所支付的费用。

2）产品的验证试验和评定的费用，如经认可的独立试验机构对特殊的安全性能进行试验所发生的费用。

3）为满足用户要求，进行质量体系认证所发生的费用。

三、质量成本的特点

质量成本属于企业生产总成本的范畴，但它又不同于其他的生产成本，如材料成本、运输成本、设计成本、车间成本等，因而需要有不同的核算方法。概括起来，质量成本具有以下特点。

1）质量成本只是针对产品制造过程的符合性质量而言的。也就是说，在设计已经完成、标准和规范已经确定的条件下，才开始进入质量成本计算。因此，它不包括重新设计和改进设计以及用于提高质量等级或质量水平而支付的费用。

2）质量成本是那些与制造过程中出现不合格品密切相关的费用。例如，预防成本就是预防出现不合格品的费用；鉴定成本是为了评定是否出现不合格品的费用；内、外损失成本是因成品不合格而在厂内阶段或厂外阶段所产生的损失费用。

3）质量成本并不包括制造过程中与质量有关的全部费用，而只是其中的一部分。这部分费用是制造过程中同质量水平（合格品率或不合格品率）最直接、最密切的费用。其他费用，如工人生产时的工资或材料费、车间或企业管理费等，都不计入质量成本，它们都是正常生产前所必须具备的条件。计算和控制质量成本，目的在于用最经济的手段达到预定的质量目标。因此，应从这个角度来确定质量成本的项目和成本量。

第二节　质量成本分析与报告

一、质量成本分析

质量成本分析是质量成本管理的重要环节。企业质量成本分析是为了找出产品质量的主要缺陷和质量管理体系的薄弱环节，为提出质量改进建议提供依据，为降低成本、调整质量成本结构、寻求最佳质量水平指出方向，并为撰写质量成本报告提供素材。

1. 质量成本分析的理论依据

开展质量成本管理的目的是力求在质量、成本和效益三者之间取得经济效果，确定适宜的质量水平是质量成本管理的首要任务。质量成本的构成项目之间以及质量成本与相关指标之间的相互关系都客观地存在着一定的规律性。通过数据积累，经过系统的比较分析就能发现这些规律，从而确定适宜的质量成本水平。为了确定适宜的质量水平，首先要了解质量成本特性曲线。

质量成本中 4 类费用的大小与产品合格质量水平（即合格品率或不合格品率）之间存在一定的变化关系。反映这种变化关系的曲线称为质量成本特性曲线。其基本形式如图 4-2 所示。图中的曲线 C_1 表示预防成本与鉴定成本之和，它随着合格品率的增加而增加；曲线 C_2 表示内部损失与外部损失成本之和，它随着合格品率的增加而减少；曲线 C 为上述 4 项成本之和的质量总成本曲线，即质量成本特性曲线。

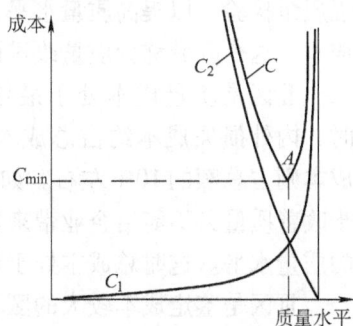

图 4-2　质量成本特性曲线

由图 4-2 可知，质量成本与制造过程符合性质量水平密切相关，它是合格品率的函数。设不合格品率为 p，合格品率为 q，则 $p + q = 1$。在图 4-2 中，当合格品率为 100% 时，不合格品率为 0%；反之，当不合格品率为 100% 时，合格品率为 0%。在质量成本特性曲线 C 的左右两端的质量成本都很高（理论上为无穷大），中间有一个最低点，即 A 处，它就是质量成本的最低值，与 A 相对应的不合格品率 p^*，称为最适宜的质量水平，A 处的质量成本称为最佳质量成本。

曲线 C 所表现的变化趋势与质量成本构成关系是一致的。当不合格品率很高，即处于曲线 C 左端时，内外损失成本都很大，质量总成本当然也很大。当逐步加大预防和鉴定成本时，不合格品率降低，内外损失成本与质量总成本都将随之降低。但如果继续增加预防成本，达到接近 100% 的预防，则不合格品率趋于 0。内外损失成本虽然可以接近于 0，但这时的预防成本会非常高，从而导致总成本的急剧增加。理论上讲，当要求不合格品率为 0 时，预防和鉴定成本将趋于无穷大。当然这也是不经济的。曲线 C 从大变到小，又从小变到大，中间出现一个最低点，即存在着一个最低的质量成本值。将质量水平选择在与最低质量成本相对应的（不合格品率）区域内，可以认为是最适宜的质量水平。

从图 4-2 还可以看出，曲线 C_1 的左面部分的变化趋势比较平缓，这说明当符合性质量水平低时，即不合格品率高时，略微增加一些预防和鉴定成本就可使不合格品率大幅度降低，即这时采取加强预防和鉴定的措施会取得十分显著的效果。可是，当超过某个限度后，再要提高质量水平，即要求不合格品率进一步降低时，即使稍有一点变化，也要在预防和鉴定成本上付出很大的代价，如图 4-2 中 C_1 曲线的右面部分，在过了 A 点后急剧上升的变化。

曲线 C_2 则是另外的一种情况。当不合格品率为 0 时，曲线交于横轴，即内外损失成本也为 0。但随着不合格品率的增加，这部分成本急剧上升。可以认为，内外损失成本的上升速度这么快，是由于产品质量恶化，使其信誉下降而造成的严重损失，这方面的损失往往比材料报废和维修费用的支出要大得多。

为了便于分析和探求质量总成本的最佳状态，我们将图 4-2 中曲线 C 的最低点 A 处的一段图形局部放大，如图 4-3 所示。在图 4-3 中，把 A 点处附近的曲线划分为 Ⅰ、Ⅱ、Ⅲ 等 3 个区域，它们分别对应着质量成本各项费用的不同比例。

　　Ⅰ区是质量损失成本较大的区域，一般地，内外部损失成本占质量总成本的 70% 以上，而预防成本低于总额的 10%。这时，损失成本是影响达到最佳质量成本的主要因素。因此，质量管理工作的重点应放在加强质量预防措施，并加强质量检验，以提高质量水平，降低内外部损失成本。这个区域称为质量改进区。

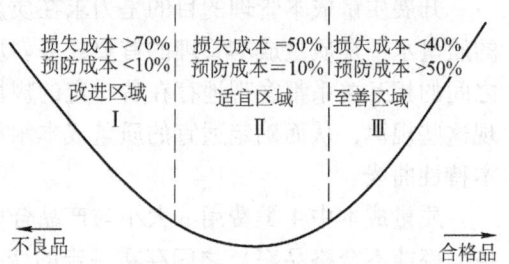

损失成本 >70%　损失成本 =50%　损失成本 <40%
预防成本 <10%　预防成本 =10%　预防成本 >50%
改进区域　　适宜区域　　至善区域
Ⅰ　　　　Ⅱ　　　　Ⅲ

←不良品　　　　　　　　　　合格品→

图 4-3　质量成本曲线最佳点的局部放大图

　　Ⅱ区是质量成本处于最佳水平的区域。这时，内外损失成本约占总成本的 50%，而预防成本则占总额的 10% 左右。如果用户对这种质量水平表示满意，认为已达到要求，而进一步改善质量又不能给企业带来新的经济效益，则这时的质量管理的重点应是维持或控制现有的质量水平。这时总成本处于最低点 A 附近的区域，这个区域称为质量适宜区。

　　Ⅲ区是鉴定成本较大的区域。于是，鉴定成本成为影响质量总成本的主要因素。这时，质量管理的重点在于分析现有的质量标准，降低质量标准中过严的部分，减少检验程序和提高检验工作效率，使质量总成本趋近于最低点 A。这个区域被称为质量至善区或质量过剩区。

　　要使质量总成本降低到最低限度，不能孤立地只降低质量成本构成中的每项成本，还必须分析各项成本之间的相互关系。质量成本的最佳区域的确定，应遵循以下原则。

　　1）在规定的时间内，在一定的生产技术条件下，再也找不到能够改进质量和降低内外部损失成本的措施，则内外部损失成本就达到了最佳区域。

　　2）当内外部损失成本达到了最佳区域，而检验标准、方法和手段基本良好，又找不到降低鉴定成本的措施时，则鉴定成本就达到了最佳区域。

　　3）当大部分预防质量事故的工作已被列入质量改进措施计划，预防质量事故的工作已有改进，未列入计划的预防工作已有健全的预算编制程序加以控制时，则预防成本就达到了最佳区域。

　　2. 质量成本的指标体系

　　为了做好质量成本的分析考核工作，首先应制定衡量质量成本合理性和经济性的标准，也就是应先订出考核质量成本的指标体系。质量成本指标按其用途和考核要求，主要由以下 4 个部分组成。

　　（1）价值指标　质量成本的价值指标指取得产品质量所消耗的费用的总和，一般按绝对值计算，是用货币形式反映质量工作直接成果的指标。它分为如下的几项指标：

　　1）质量总成本。
　　2）质量鉴定成本。
　　3）质量预防成本。
　　4）内部损失成本。
　　5）外部损失成本。

这些指标的含义应与会计核算的内容一致，每个指标还包含若干个分指标。

（2）结构指标　结构指标指各分项成本占质量总成本的比例。利用这项指标来分析和衡量质量成本构成项目的比例关系，以便设置适宜的质量成本或发现是否存在比例失调的情况。它适用于作为企业内部考核和分析用的指标。

设 q_1、q_2、q_3、q_4 分别代表上述 4 项费用的比例，则

1）预防成本占质量成本总额的比率（q_1）

$$q_1 = \frac{计划期预防成本}{计划期质量总成本} \times 100\%$$

2）鉴定成本占质量成本总额的比率（q_2）

$$q_2 = \frac{计划期鉴定成本}{计划期质量总成本} \times 100\%$$

3）内部损失成本占质量成本总额的比率（q_3）

$$q_3 = \frac{计划期内部损失成本}{计划期质量总成本} \times 100\%$$

4）外部损失成本占质量成本总额的比率（q_4）

$$q_4 = \frac{计划期外部损失成本}{计划期质量总成本} \times 100\%$$

上述质量成本构成指标，还可以作为控制费用支出和故障损失的计划指标。

（3）目标指标　质量成本的目标指标指一定时期内，质量成本或其内部 4 项成本的增减值或增减率。质量目标指标主要有以下几项：

1）质量成本总额减少值 = 基期质量成本总额 - 报告期质量成本总额

2）预防成本减少值 = 基期预防成本 - 报告期预防成本

3）鉴定成本减少值 = 基期鉴定成本 - 报告期鉴定成本

4）内部损失成本减少值 = 基期内部损失成本 - 报告期内部损失成本

5）外部损失成本减少值 = 基期外部损失成本 - 报告期外部损失成本

6）内外部损失成本减少值 = 基期内外部损失成本 - 报告期内外部损失成本

（4）相关指标　质量成本相关指标指质量成本与其他有关经济指标的比值指标。用这个指标来反映质量工作水平的高低。常用的相关指标有以下几种：

1）百元商品产值的质量成本率 $= \dfrac{质量成本总额}{产值总额} \times 100\%$

2）百元总成本的质量成本率 $= \dfrac{质量成本总额}{产品总成本} \times 100\%$

3）百元销售收入的质量成本率 $= \dfrac{质量成本总额}{销售收入} \times 100\%$

4）百元利润的质量成本率 $= \dfrac{质量成本总额}{产品销售利润} \times 100\%$

5）百元利润损失成本率 $= \dfrac{内外部损失成本}{产品销售利润} \times 100\%$

6）百元销售收入损失成本率 $= \dfrac{内外部损失成本}{产品销售收入} \times 100\%$

7）百元总成本损失成本率 $= \dfrac{内外部损失成本}{产品总成本} \times 100\%$

除此之外，还有相关指标的增减值，企业可根据具体情况自行确定。

3. 质量成本分析的内容

（1）质量成本总额分析　质量成本总额分析包括企业质量成本总额的计划目标分析、相关指标分析和趋势分析。

1）企业质量成本总额的计划目标分析。企业质量成本总额的计划目标分析指比较计划期内质量成本总额、计划年度内质量成本累计总额与企业质量成本计划控制目标，求出增减值和增减率，用以分析企业质量成本计划控制目标的执行情况。

2）企业质量成本总额的相关指标分析。企业质量成本总额的相关指标分析指将企业计划期内质量成本总额、计划年度内质量成本累计总额与企业其他有关的经营指标进行比较，计算产值质量成本率、销售质量成本率、利润质量成本率、总成本质量成本率和单位产品质量成本等，并与这些相关指标的计划控制目标进行比较分析。这些相关指标从不同的角度反映了企业质量成本与企业经营状况的关系。

3）企业质量成本总额的趋势分析。企业质量成本总额的趋势分析指将企业质量成本总额的计划目标分析和相关指标分析中的各种计算结果分别按时间序列作图进行分析，观察各种指标值的变动情况，用以推断企业质量成本的变化趋势。

（2）质量成本构成分析　企业质量成本的构成指质量成本总额中预防成本、鉴定成本、内部质量损失、外部质量损失的发生金额和各自占的比例，可用于分析企业质量成本的项目构成是否合理，寻求比较合理的质量成本水平。一般分两个方面，即企业质量成本构成的计划目标分析和构成比例分析。

1）企业质量成本构成的计划目标分析。企业质量成本构成的计划目标分析指根据企业质量成本核算的结果计算计划期内预防成本、鉴定成本、内部质量损失和外部质量损失的发生金额，以及这些项目在计划年度内的累计发生金额，分别与原定的计划控制目标进行比较，求出增减值和增减率，分析各项目计划控制目标的执行情况。有条件的话，企业还可将这些项目与产值、销售额、利润、总成本、产量等相关指标进行比较分析，如百元销售收入损失成本等。

2）企业质量成本的构成比例分析。企业质量成本的构成比例分析指计算和分析企业在计划期内及计划年度内的预防成本、鉴定成本、内部质量损失、外部质量损失占质量成本总额的比例，以及上述各项目之间相互的比例关系。开展企业质量成本构成分析可以对企业质量成本总额的构成情况有清楚的认识，对于企业质量改进、调整质量成本构成，降低质量成本有很大的作用。

（3）质量损失分析　因为预防成本、鉴定成本和外部质量保证成本的计划性较强，而故障成本发生偶然性因素较多，所以故障成本分析是查找产品质量缺陷和管理工作中薄弱环节的主要途径，可以从部门、产品种类、外部故障等角度进行分析。

1）各责任部门的质量损失分析。造成企业质量损失问题的原因是多方面的，涉及企业的各个部门。对企业内各责任部门进行质量损失的分析，目的是掌握各部门的质量管理和质量保证状况，这样既可以促使企业各部门自觉加强和改进质量管理工作，又有利于企业领导对各部门的质量管理工作进行监督和控制，及时帮助各部门抓好质量整改工作。常用的统计图有部门故障成本汇总金额时间序列图和部门故障成本累计金额统计图，如图 4-4 和图 4-5 所示。图中实线表示损失的实际金额，虚线表示计划目标。

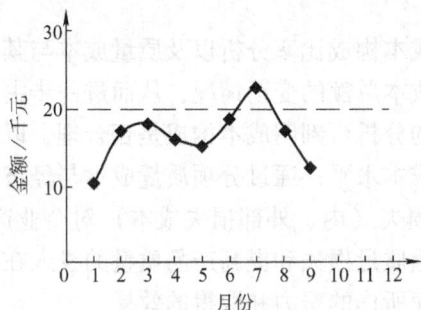

图 4-4　部门故障成本汇总金额时间序列图

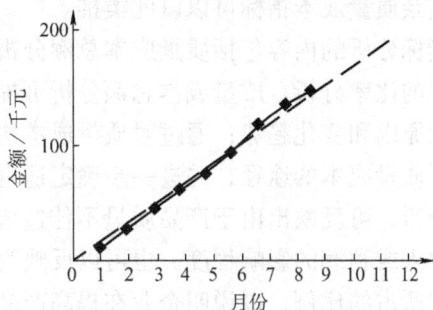

图 4-5　部门故障成本累计金额统计图

2）各产品的质量损失分析。由于设计、设备、工艺、材料以及其他种种原因，产品之间会有较大的质量差异。考虑到各产品的产量有差别，分析时可采用相对数，如各产品的故障损失与各自销售额的比例。在此基础上做 ABC 分类，选择重点研究对象。经 ABC 分析确定为 A 类的产品，其故障成本的比例可达 70%。图 4-6 为某产品故障成本的部门责任分析。

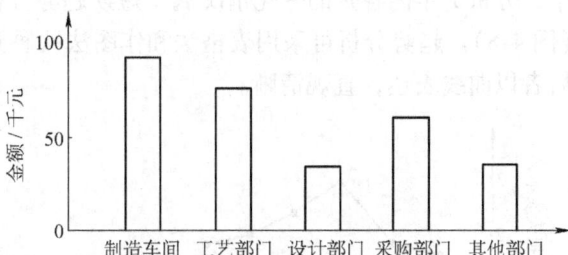

图 4-6　产品故障成本的部门责任分析

3）外部故障成本分析。一般从 3 个方面进行分析：第一，按质量缺陷分类分析，从中可以发现产品的主要缺陷和对应的质量管理工作的薄弱环节；第二，按产品分类作 ABC 分析，即占外部故障成本总额 70% 左右的产品属于 A 类，占 25% 左右的为 B 类，其余的为 C 类，从中找出几种外部故障成本较高的产品作为重点研究对象；第三，按产品的销售区域分析，不同的地理环境往往有可能引起不同的故障，按地区分析有利于查找原因，分析的结果对于改进产品设计，提高产品质量有很重要的意义。

4. 质量成本的分析方法

质量成本分析包括定性分析和定量分析两种方法。

定性分析主要用于对质量成本管理实施情况与管理水平作出分析，如调查和分析企业领导和职工质量意识的提高情况、有关决策的实行情况、加强基础工作提高管理水平的情况等。定性分析有助于考察并进而加强质量成本管理的科学性和实效性。

定量分析是用于对质量成本管理的经济效果作出分析，并定量地对质量工作或质量系统作出评价。应用于质量成本管理的定量分析方法主要有以下几种。

（1）指标分析　这种方法是对质量成本指标的实际发生值与上期的指标值进行比较，从它们的增减变化或增减的变化率来了解其变动情况，进而找出变化的原因，以便采取措施加以改进。

设 C 为质量成本总额的计划期与基期的差额，即

$$C = 基期质量成本总额 - 计划期质量成本总额$$

设其增减率为 P，则有

$$P = \frac{C}{基期质量成本总额} \times 100\%$$

其余质量成本指标可以以此类推。

指标分析的内容包括质量成本总额分析、质量成本构成比率分析以及质量成本与其他经济指标的比率分析。质量成本总额分析可提供质量成本总额的变动情况，从而进一步去查找其变化原因和变化趋势；通过对质量成本构成比率的分析可判明成本构成是否合理，以便寻求降低质量成本的途径，并进一步确定适宜的质量成本水平；通过分项质量成本与经济指标比率分析，可反映出由于产品质量不佳造成的经济损失（内、外部损失成本）对企业产值、销售收入或利润的影响程度，也可以反映为预防发生质量损失和提高产品质量的投入在企业收入中所占的比例，以说明企业在提高产品质量方面所作的努力和取得的效果。

（2）质量成本趋势分析　趋势分析就是要掌握质量成本在一定时期内的变动趋势。其中，分析1年内各月的变化情况属于短期趋势分析（图4-7），5年以上的属于长期趋势分析（图4-8）。趋势分析可采用表格法和作图法两种形式。前者以具体的数值表达，准确明了；后者以曲线表达，直观清晰。

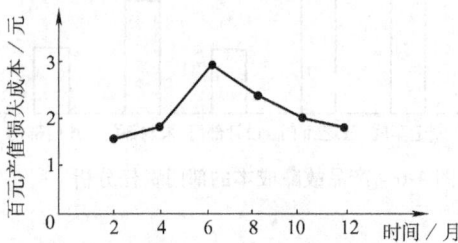

图4-7　1988年百元产值损失成本趋势图　　　图4-8　1994~1998年百元产值损失成本趋势图

（3）排列图分析　排列图分析就是应用排列图原理对质量成本进行分析，找出影响质量成本的主要因素的一种方法。具体方法在第三章第五节中已有介绍。下面举一简单例子加以说明。

例　某企业的质量成本构成如表4-1所示。将它们按成本额的大小顺序排列，作出排列图，如图4-9所示。

表4-1　某企业质量成本构成分析表

名称 项目	内部损失成本	外部损失成本	鉴定成本	预防成本	质量总成本
金额合计/万元	25.83	0.18	3.07	1.12	30.2
占质量总成本比例（%）	85.53	0.6	10.16	3.71	100

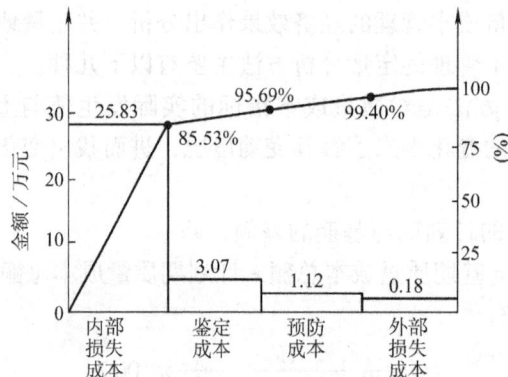

图4-9　某企业质量成本排列图

由图 4-9 可见，影响质量成本的主要因素是内部损失成本，其次是鉴定成本。于是，降低内部损失成本应是改进质量成本的主攻目标。为进一步分析内部损失成本的原因，还可作出内部损失成本的排列图，以找出影响内部损失成本的关键因素。

（4）敏感度分析　敏感度分析指当质量成本中预防成本和鉴定成本的投入量发生变化时，使企业内外部损失成本发生相应变化的情况。这种敏感度可用下式计算。

设 R 为敏感度，则有

$$R = \frac{上期内外损失成本 - 计划期内外损失成本}{计划期内比上期多投入的预防及鉴定成本之和}$$

计算 R 的结果可能出现 4 种情况：

1）$R < 0$，说明企业的内外损失成本不但没有降低，反而增加。这说明所采取的质量改进措施不合适，没有找准造成高额质量成本的关键原因。

2）$R = 0$，说明改进前后的质量成本相同，质量的改进没有取得效果。

3）$0 < R < 1$，说明计划期质量改进取得一定的效果，但并不明显。

4）$R > 1$，说明在增加了预防成本和鉴定成本后，内外损失成本有较大幅度的下降。这意味着所采取的措施效果较好，用较少的预防成本和鉴定成本投入，能使质量得到显著的改善。

二、质量成本报告

质量成本报告是在质量成本分析的基础上写成的书面文件，是企业领导和质量管理部门制定质量政策、计划、方针目标和质量改进的依据，是质量管理部门和财务部门对上一期质量成本管理活动或某一典型事件进行调查、分析、建议的书面材料，也是一定时期质量成本管理活动的总结性文件。编制质量成本报告的目的是为企业领导和各有关职能部门提供质量成本信息，以便评价质量成本管理效果及质量体系的适用性和有效性，确定目前的质量工作重点以及质量和成本目标。

质量成本报告的内容与形式视报告呈送对象而定。给高层领导的报告，要求简明扼要地说明企业质量成本总体情况、变化趋势、计划期所取得的效果以及主要存在问题和改进方向；送给中层部门的报告，除了报告总体情况外，还应该根据各部门的特点提供专题分析报告，使他们能从中发现自己部门的主要问题与改进重点。质量成本报告应该由财务部门和质量部门联合提出，以保证成本数据的正确性。

1. 质量成本报告的基本内容

质量成本报告一般由 3 部分基本内容组成：质量成本数据、质量成本分析和质量改进建议。

（1）质量成本数据　企业质量成本报告中的质量成本数据有 4 类。

1）质量成本核算数据。企业计划期内质量成本发生额、构成项目金额和计划年度内质量成本累计额、构成项目累计金额。

2）质量成本相关指标。企业产值质量成本率、销售质量成本率、利润质量成本率、总成本质量成本率和单位质量成本。

3）质量损失的各种归集。企业按责任部门和产品分类归集的质量损失金额以及按质量缺陷、产品分类和顾客特点归集的外部质量损失金额。

4）质量成本差异归集。企业进行质量成本核算、质量成本相关指标计算和质量损失的各种归集后，对于各项数据中与企业质量成本计划控制目标有偏差的项目，在质量成本报告中要按偏差的严重程度排序列表。

（2）质量成本分析　在质量成本报告中，质量成本分析主要包括质量成本总额分析、质量成本构成项目分析、质量损失分析和质量成本差异分析等内容。

1）质量成本总额分析。包括企业质量成本的计划目标分析、相关指标分析和趋势分析3 个方面。

2）质量成本构成项目分析。包括企业质量成本构成项目的计划目标分析和结构比例分析两个方面。

3）质量损失分析。包括企业责任部门质量损失分析、责任产品质量损失分析和外部质量损失分析 3 个方面。

4）质量成本差异分析。主要是对企业中出现的质量成本差异严重情况作进一步的技术经济分析，找出原因，落实责任。

（3）质量改进建议　根据企业质量成本分析结果而提出的质量改进建议，是供企业领导和各有关部门进行决策和进一步制定改进措施用的。因此，企业质量改进建议既不是决策方案，也不是具体的改进措施，只能是供选择的、指出企业质量改进方向的建议，如下面几项。

1）减少或避免质量缺陷的改进建议。

2）质量成本构成的合理化建议。

3）质量管理体系中要素活动改进的建议。

4）质量成本管理的改进建议。

2. 质量成本报告形式

企业质量成本报告的形式是多种多样的，根据实际需要来决定。通常可用的形式有报表式、图示式、陈述式和综合式。

（1）报表式　采用表格形式整理和分析企业质量成本数据，可让阅读报告者简单明了地掌握企业质量成本的全貌。

（2）图示式　采用 Pareto 图、时间序列图、因果分析图等图示方式整理和分析企业质量成本数据，可让阅读报告者一目了然地看出企业质量问题的关键所在。

（3）陈述式　通过文字方式来描述企业质量成本发生的状况、问题和改进建议。

（4）综合式　采用表格、图示和陈述相结合的方式展示企业质量成本发生的状况，揭示企业质量问题，阐述企业质量改进方向。这种综合的形式是企业中最容易接受、最常使用的方式，能适合企业领导、各有关部门等各层次的需要，有利于根据质量成本报告进行决策和制定企业质量改进措施。

质量成本报告一般分月报、季报、半年报和年报，但内外故障成本要月月报。对质量成本分析报告的要求是准确、及时、系统、全面。

3. 质量成本报告案例

案例为某橡胶厂质量成本分析报告。

（1）1985 年 7 月份质量成本分析报告

1）1985 年 7 月质量成本统计汇总表，如表 4-2 所示。

2）7 月份质量成本分析。

表 4-2　质量成本统计汇总情况　　金额单位：元　　1985 年 7 月

成品项目		本月		和去年同期比	比较基数	
		金　额	占总额的比例（%）			
内部故障成本	废品损失	125548.71	49.48		产值	23491000.00
	返工损失	21688.39	8.55		销售额	25044206.50
	降级损失	40994.08	16.15		总成本	14293739.34
	复查费用	167.00			内部故障成本/销售额	188399.44/25044206.50 = 0.75%
	停工损失	1.26			外部故障成本/销售额	4383.36/25044206.50 = 0.02%
	事故处理费				总质量成本/销售额	253757.34/25044206.50 = 1.01%
	合　计	188399.44	74.24		总质量成本/产值	253958.23/23491000.00 = 1.08%
外部故障成本	索赔费用				总质量成本/总成本	253958.23/14293739.34 = 1.78%
	申诉费用					
	三包服务费	4383.36	1.65			
	退货损失					
	折价损失					
	合　计	4383.36	1.65			
鉴定成本	原材料检验费	993.30	0.39			
	工序检验费	3151.00	1.24			
	成品检验费	22095.50	8.71			
	破坏性试验费	29762.23	11.73			
	检测仪器校正维修费	3273.40	1.29			
	合　计	59275.43	23.36			
预防成本	质量计划工作费	1.00				
	新产品评审费	1162.00	0.46			
	质量分析评审费	30.10				
	质量情报费	66.50				
	工序能力研究费					
	培训费	640.40	0.25			
	合　计	1900	0.75			
质量成本总计		253958.23				

①7 月份质量成本金额为 253757.34 元，约占企业成本总额的 1.78%，占销售额的 1.01%。

②7 月份故障成本在质量成本中金额最高，约占质量成本总额的 76%，其中内部故障成本占 74.24%。根据经验判断，目前处于质量改进区域。

③对 7 月份各部门质量成本总额进行分析，如图 4-10 所示。质量成本总额最高的是炼胶车间，其次是硫化车间和成形车间。

④对 7 月份内部故障成本分析的结果如图 4-11 所示，其主要问题是废品损失和降级损失两项。废品损失约占质量成本总额的 49.48%，主要内容在以下几个子项目中。

炼胶车间：帘布报废、混胶报废。

硫化车间：外胎降级、外胎报废。

成形车间：帘布报废、复胶帘布报废、包布报废。

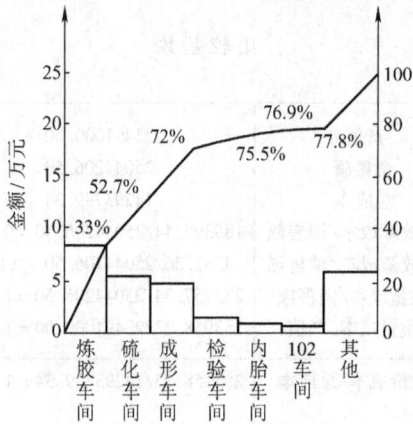

图 4-10　各部门质量成本排列图　　　　　图 4-11　内部故障成本排列图

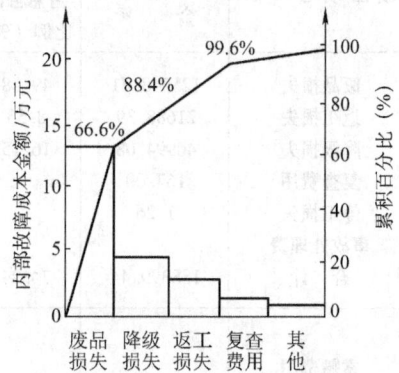

3）建议与措施。

① 质量成本管理工作的重点应放在内部故障成本中的废品损失项目上，其中主要内容是废胶、废帘布、废包布损失费用。建议成立 QC 小组攻关。同时，要教育职工严格遵守工艺操作规程，严格配方、配料操作。

② 提高外观合格率，降低返工损失和降级损失等费用。建议成立轮胎气泡 QC 小组，建立检查例会制度。

（2）1985 年下半年故障成本分析报告

1）下半年故障成本分布，如图 4-12 所示。在 12 月份质量成本中，故障成本所占的百分比已接近 50%，其趋势已经从改进区逐渐向适宜区靠近。

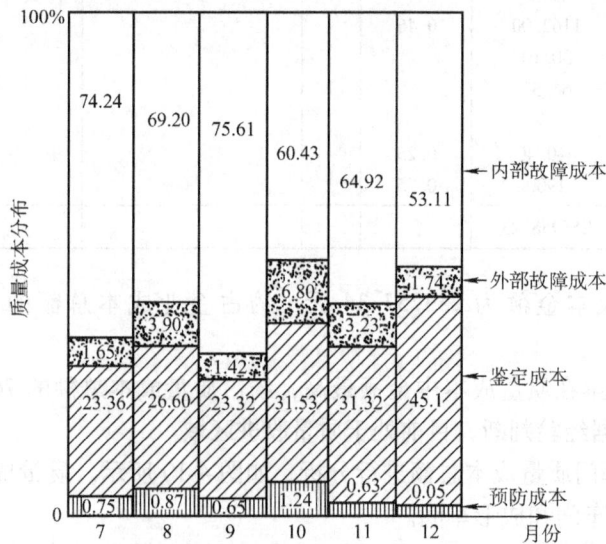

图 4-12　下半年故障成本分布结构图

2）从各部门质量成本分析排列图（见图 4-10）中，观察损失金额最多的是：①炼胶车间；②硫化车间；③成形车间；④检验车间。

3）从内部故障成本分析看（见表4-3），其中废帘布重量已从12.527t下降到9.63t，废包布重量从6.976t下降到1.568t，废胶重量从5.8t下降到0.594t，这是一种好的现象。但帘布下降不够明显，造成废品损失占质量成本总额的48.71%（12月份），还有潜力可挖。

表4-3 内部故障成本统计表

月份\\项目	7	8	9	10	11	12	8~12平均
废品损失/元	125549	121022	122352	92149	10075	79842	85084.4
降级损失/元	40994	15887	24707	16805	15944	2614	15191.4
废品损失占质量成本（%）	49.48	55.04	58.37	48.20	51.3	48.71	52.32
返工损失	21688	14927	9196	5548	8495	8670	9367.2
废帘布/t	12.527	12.105	11.188	10.5	10.643	9.63	10.813
废包布/t	6.976	7.274	5.801	4.8	3.53	1.568	4.595
废胶/t	5.8	1.5	1	0.8	1.057	0.594	0.99

4）从成品的废品和副号来分析，略有下降（见表4-4）。外胎废品中主要缺陷是脱层、稀帘子；外胎副号的主要缺陷是接头泡、缺胶等，缺陷比较分散，属于随机波动。内胎的主要缺陷是大饼裂和气泡等。

表4-4 内外胎废品、副号统计表

月份\\项目		7	8	9	10	11	12	8~12平均
外胎	废品	45	33	28	23	29	26	27.8
	副号	161	93	85	84	77	80	83.8
内胎	废品	133	153	79	81	112	66	98.2
	副号	124	193	205	90	109	139	147.2

5）7月份故障成本约占质量成本总额的76%，经过5个月（8~12月）的努力，故障成本月平均占质量成本总额的68.07%，12月份故障成本占质量成本总额的54.85%。7月份内部故障成本占销售额0.75%，而经过5个月的努力，内部故障成本月平均占销售额的0.516%，而12月份故障成本占销售额的0.38%，发展形势良好，如图4-13和图4-14所示。

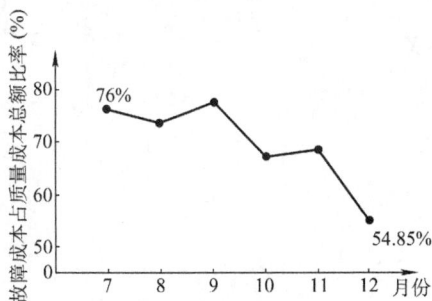

图4-13 内部故障成本占质量成本总额比率趋势图

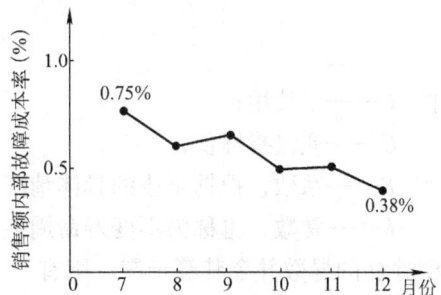

图4-14 销售额内部故障成本率趋势图

6）质量成本改善的原因。

① 实现了7月份的建议措施。

② 11 月份实行控制报废考核制度，因此 12 月份见效较快。

7）1986 年第一季度的主攻目标。

① 继续降低废帘布和废包布重量（炼胶车间和成形车间）。

② 控制和提高外观合格率（内胎车间和硫化车间）。

8）结论。从以上分析和报告可以看到，该厂质量成本工作取得了初步成效。由于厂领导和全厂有关部门共同努力协作，充分发挥了专业技术和管理技术两方面的作用。质量成本工作本身就是利用质量成本数据，在纷繁的故障损失中，找到其损失的主要问题，这对减少损失、加强管理起到了积极的导向作用，便于领导决策和采取措施，集中全力解决主要矛盾。

第三节　质量经济分析

一、质量经济分析的原则

在进行质量经济分析时，应遵循以下几项原则：

1）应正确处理企业经济效益、用户经济效益和社会经济效益的关系，将三者有机地结合起来。如果三者发生矛盾，则应该使企业的经济效益服从用户和社会的利益。

2）应正确处理当前经济效益与长远效益的关系，要更加重视长远经济效益。

3）应正确处理有形经济效益与无形效益的关系，在大多数情况下，无形经济效益更重要。

4）质量经济分析应与企业自身的条件密切结合起来。

5）在整体优化的前提下考虑局部优化问题。

6）进行质量经济分析应从产品寿命循环的角度考虑问题。

二、质量经济分析的一般方法

所谓质量经济分析，就是对不同方案的目标函数（如利润和成本）进行分析比较，以确定使目标函数达到最大或最小的最佳质量水平，由此完成对不同方案的筛选。

1. 最小费用函数法

如对某项质量费用而言，一些质量指标与它成正比，而另一些指标与它成反比，则总费用函数为

$$C = AQ + \frac{B}{Q} + K$$

式中　C——总费用；

　　　Q——质量指标值；

　A、B——系数，根据企业的具体情况确定；

　　　K——常数，也称为不变寿命周期质量费用。

求 C 对 Q 的导数并令其等于零，则有

$$Q = \sqrt{\frac{B}{A}}$$

2. 表格求解法

在很多情况下，费用与质量水平之间的关系比较复杂，甚至不存在确定的函数关系，此

时可采用表格求解法，即列出各种质量水平下的各种费用，汇总计算后进行比较。表 4-5 所示为某企业的质量水平与各种费用的关系。由表 4-5 可以看出，从总费用及其变化的趋势看，都以第 4 个质量水平为最佳。当然，若将表格中的数据用图形来表示，则结果会更直观。

表 4-5 质量水平与各种费用的关系

质 量 水 平	故障费用/万元	保证费用/万元	固定费用/万元	总费用/万元
1	765.13	172.09	5000	5937.22
2	674.36	187.98	5000	5862.34
3	592.97	215.92	5000	5808.89
4	539.21	261.67	5000	5800.88
5	518.55	287.39	5000	5805.94
6	505.66	344.93	5000	5850.59

3. 数学规划法

如果质量水平与费用的关系可以用函数关系来表达且比较复杂，则可以采用数学规划法，借助于计算机求解最佳质量水平。在采用数学规划法时，首先需要建立目标函数和约束条件，然后选择适当的优化方法求解。在需要同时对几个质量水平进行优化决策时，也可采用数学规划法。

三、设计过程的质量经济分析

设计过程的质量经济分析包括的内容很多，如从用户经济效益的角度决定最佳质量水平，用日本著名的质量管理专家田口玄一的质量损失法决定产品或零部件的最佳容差，不同质量保证方案的确定，质量改进的经济性分析等。

1. 用户期望的质量水平分析

在不考虑报废处理费用时，从用户的角度看，产品的寿命周期费用由两项内容组成，即

$$寿命周期费用 = 购置费用 + 维持费用$$

一般情况下，购置费用随质量水平的提高而增大，而维持费用（运行费、维修费等）却会随质量水平的提高而下降，两者叠加形成的寿命周期费用曲线如图 4-15 所示。寿命周期费用曲线最低点对应的质量水平就是用户期望的最佳质量水平。

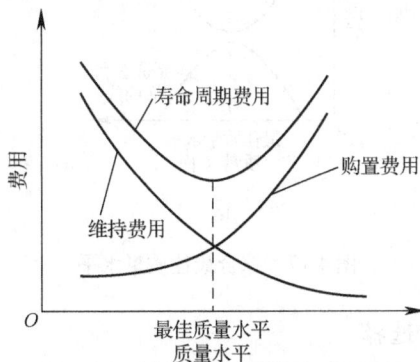

图 4-15 用户期望的质量水平

2. 制造者期望的质量水平分析

从制造者的角度看，他所关心的主要是企业的利润水平。一般情况下，产品的利润是销售收益与生产成本之差。图4-16表示了质量与销售收益、生产成本、利润之间的关系。从图4-16中可以看出，利润曲线最高点对应的就是制造者期望的质量水平。

从图4-16还可以看出，当质量水平小于A点或大于B点时，企业就会亏损。

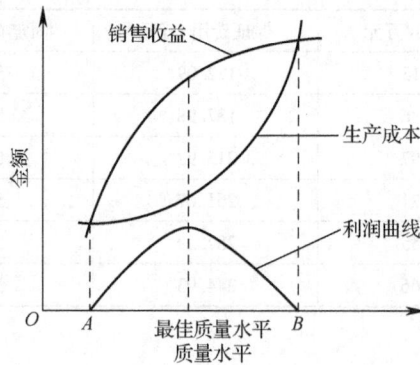

图4-16　制造者期望的质量水平

3. 消费者和制造者均满意的质量水平

在实际中，仅考虑消费者的利益或仅考虑制造者的利益均是行不通的，人们希望的是这两者的利益均得到照顾，即要选出一个质量水平，使得消费者的寿命周期费用尽可能小，而制造者的利润尽可能大。可能会出现3种情况，如图4-17所示。

1）制造者的最佳质量水平低于消费者的最佳水平，则综合最佳质量水平应大于制造者期望的最佳质量水平，而低于消费者期望的质量水平，如图4-17a所示。

2）制造者的最佳质量水平与消费者的最佳质量水平相重合，这是最理想的情况，综合最佳质量水平是显而易见的，如图4-17b所示。

3）制造者的最佳质量水平高于消费者的最佳质量水平，则综合质量水平应小于制造者期望的质量水平，而高于消费者期望的质量水平，如图4-17c所示。

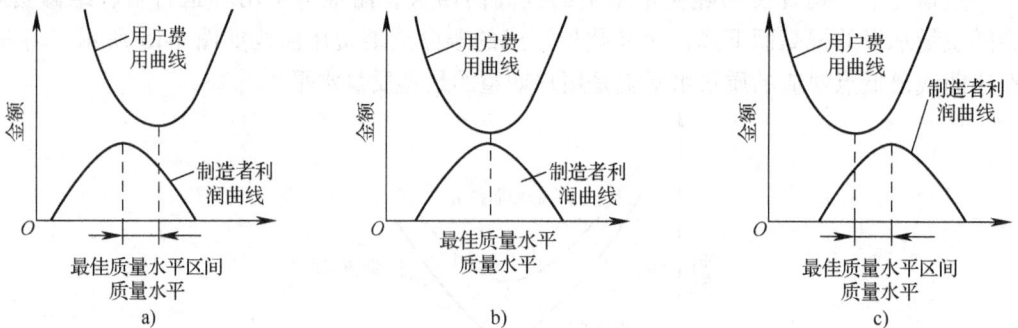

图4-17　综合最佳质量水平

4. 不同质量保证方案的选择

在新产品开发过程中，常常需要对不同的质量保证方案进行选择，选择时主要考虑方案所需投入的资金和产品的市场占有率两个主要因素，这两个因素之间的联系纽带就是质量水平。如图 4-18 所示，市场占有率与产品质量之间的关系如曲线 1 所示。当质量水平很低时，市场占有率也很低；随着质量水平的提高，市场占有率提高很快，但当市场占有率达到某一水平后，即使再提高质量，市场占有率的增长也变得很缓慢。提高产品质量可以采用不同的方法，它们所需的资金也各不相同。如图 4-18 所示，在质量水平较低时，应采取方法 A 去提高产品质量，它的花费少，但质量水平提高较快。当质量水平使得市场占有率超过 α 时，则应采用方法 B 去提高产品质量。

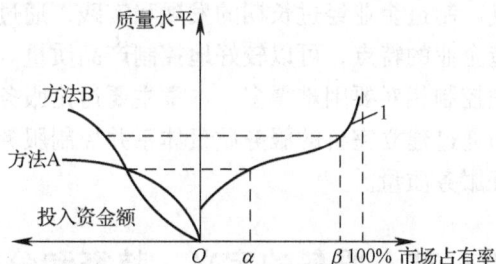

图 4-18　不同质量保证方案的选择

5. 质量改进分析

质量改进的经济效益分析比较简单。从图 4-15 和图 4-16 可以看出，无论是从消费者的角度还是从制造者的角度看，只要质量改进使质量水平向最佳水平靠近，则这种改进总是有利的；如果质量改进使质量水平远离最佳质量水平，则这种改进是不可取的。

复习思考题

1. 什么是质量成本？质量成本管理有何意义？
2. 质量成本如何分类？其构成项目的内容是什么？
3. 质量成本分析的主要指标有哪些？
4. 什么是最适宜质量水平？何谓质量成本特性曲线？
5. 质量成本模型的最佳区域的含义是什么？
6. 质量成本分析的内容与方法有哪些？
7. 质量成本报告的内容是什么？有哪几种报告形式？
8. 在进行质量经济分析时应遵循哪些原则？
9. 质量经济分析的一般方法有哪些？

第五章　服务质量管理

服务企业要适应不断变化的市场环境和变幻莫测的顾客需求，就必须把服务质量管理作为企业管理的核心和重点。制造企业经过长期的发展和实践，通过控制生产流程和标准化作业，结合国际标准和制造企业的特点，可以较好地控制产品质量。但由于服务和服务质量的一些特殊性，服务质量的控制相对要困难得多。本章主要讨论服务和服务质量的概念和基本理论，以及服务企业如何通过建立完善的服务质量体系并控制服务的市场开发过程、设计过程和服务提供过程来保证服务质量。

第一节　服务的定义、特征和分类

一、服务的定义

有关服务的概念最初源于经济学领域。20 世纪 70 年代初期，服务业的发展促进了学术界对服务业的研究。典型的服务业包括修理、娱乐、餐饮、旅游、医疗、会计服务、法律服务、咨询、教育、房地产、批发零售、物流、金融、保险、租赁等多种行业。许多学者和机构均对服务给出了自己的定义。但由于服务的范围非常广，很难精确界定，迄今为止也未形成一个权威性、被普遍接受的定义。例如，在确定 IBM 这样的公司究竟是属于制造企业还是服务企业时，就会遇到很大的困难。IBM 制造计算机等电子设备，具有制造企业的基本特征，但 IBM 也提供计算机修理、数据和咨询服务，因此也具有服务企业的基本特征。

以下列举影响较广泛的几种对服务的定义：

1）美国市场营销协会（AMA）于 1960 年最先将服务定义为"用于出售或者与销售产品有关的活动、利益或满意"。这一定义较长时期内被学者们广泛采用，但它并没有充分区分服务与有形产品的差异。

2）美国学者斯坦顿（Stanton）于 1974 年将服务定义为"服务是可被独立识别的不可感知的活动，为消费者或工业用户提供满足感，但并非一定要与某种产品或服务连在一起出售。"

3）希尔（Hill）于 1977 年对服务给出了"变化"的定义，他认为"服务是隶属于某一经济单位的个人或物品状况的变化，这种变化是事先经过该个人或经济单位同意之后由其他经济单位实施的。服务的生产和消费同时进行，这种变化是同一过程的变化，服务一旦生产出来必须由消费者获得的事实意味着服务不能储存。这种不能储存性与其物理特征无关，只是逻辑上的不可能，因为储存同一过程的变化是矛盾的。"

4）美国学者菲利普·科特勒于 1983 年将服务定义为"服务是一方能向另一方提供的，基本上属于无形的，并不产生任何影响所有权的一种活动或好处。服务的生产可能和物质的生产相关，也可能不相关。"

5）芬兰学者格隆鲁斯于 1990 年把服务概括为"服务指或多或少具有无形特征的一种或一系列活动，通常但并非一定发生在顾客同服务提供者及其有形的资源、商品或系统相互作用的过程中，以便解决消费者的有关问题。"

6）英国学者 A. 佩恩将服务定义为"服务是一种涉及某些无形性因素的活动，它包括与顾客或他们拥有的财产的相互活动，它不会造成所有权的更换。条件可能发生变化，服务产品可以但不一定与物质产品紧密相连。"

7）在 ISO9004.2—1991 标准中，服务的定义是"为满足顾客需要，在同顾客的接触中，企业的活动和企业活动的结果。"

二、服务的特征

尽管对服务的定义至今仍有争议，但对一般服务共有的特征的研究有助于认识服务的本质。

1. 无形性

无形性是服务的最主要特征。首先，服务不像有形产品那样，能够看得见、摸得着，服务及组成服务的要素很多具有无形的性质。其次，服务不仅其本身是无形的，甚至消费服务获得的利益也可能很难觉察到或仅能抽象地表达。因此，在服务被购买以前，消费者很难去品尝、感觉、触摸到"服务"，购买服务必须参考许多意见与态度等方面的信息。例如，家用电器发生故障，使用者将其交到维修公司修理，但在修理完成以后，使用者仅从外观上往往难以准确地判断维修服务的质量。但是，真正的、纯粹的"无形"服务是极其罕见的。大部分服务都包含有形的成分，很多有形产品附加在服务之中一并出售，如餐饮服务中的食物、客运服务中的汽车、维修服务中的配件等。而对顾客而言，更重要的是这些有形的载体所包含的服务或效用。反过来，提供服务也离不开有形的过程或程序，如餐饮服务离不开厨师加工菜肴，绿化服务需要园艺师设计、修剪花草等。

2. 生产和消费不可分离性

有形产品从设计、生产到流通、消费的过程，需要经过一系列的中间环节，生产和消费过程具有非常明显的时间间隔。而服务与之相比则有较大的不同，服务的生产和消费具有不可分离的特征，即服务的生产和服务的消费是同时进行的，服务人员在提供服务给顾客的同时，也是顾客消费服务的过程，二者在时间上具有不可分割性。由于服务的这个特征，决定了服务的生产者（提供者）与服务的消费者如果不在同一场所同时相遇，则服务的生产和消费就很难成立。例如，在教育服务中的教师和学生，医疗服务中的医生和患者，只有二者相遇，服务才有可能成立。

3. 服务是一系列的活动或过程

服务不是有形产品，即不是实物。服务是服务企业通过一系列的活动或过程将服务提供给服务的买方，也是服务企业生产和服务买方消费的一系列活动或过程。服务的企业不能按传统的方式来控制服务的质量。当然，服务的种类繁多，个性千差万别，也不能一概而论，但一般而言，服务的生产过程的大部分是不可见的，顾客可见的生产过程只是整个服务生产过程的一小部分。因此，顾客必须十分注意自己看得见的那部分服务的生产过程，对所看见的活动和过程进行仔细的体验和评估。

4. 差异性

服务的构成成分及其质量水平经常变化，很难统一界定。服务业是以人为中心的产业，由于人类个性的存在，包括服务决策者、管理者、提供者和消费者，使得对于服务质量的检验较难采用统一的标准。一方面，由于服务提供人员自身因素的影响，即使由同一服务人员在不同时间提供的服务也很可能有不同的质量水平，而在同样的环境下，不同服务人员提供的同一种服务的服务质量也有一定差别；另一方面，由于顾客直接参与服务的生产和消费过程，不同顾客在学识、素养、经验、兴趣、爱好等方面的差异客观存在，直接影响到服务的质量和效果，同一顾客在不同时间消费相同质量的服务也会有不同的消费感受。

5. 不可储存性

由于服务的无形性以及服务的生产和消费的同时性，使得服务不可能像有形产品那样可以被储存起来，以备未来销售；或者顾客能够一次购买较多数量的服务回去，以备未来需要时消费。当飞机离开跑道时，从该航班获得的收入就已经确定，即使该飞机上还有部分空座位，也不可能再从该航班上获得任何收入。同样的道理，宾馆里的空床位，只要过了该夜，也不可能再利用，从该项生产能力获利的机会就完全消失。

由于服务的不可储存性，服务能力的设定就非常重要。例如，服务能力不足，一些顾客将得不到服务，企业会失去应有的获利机会；而服务能力过剩，会白白支出许多固定成本。尽管服务没有及时消费，如影剧院内的座位、游轮上的舱位、电信部门的通信容量等，并不一定增加服务企业的总成本，仅仅表现为服务能力的闲置，但实际上这种闲置对服务企业的赢利影响非常大，因为单个顾客的消费成本将增加，而顾客的消费价格则一般不会由于顾客数量的减少而相应提高，最终可能会导致服务的价格低于服务的成本。

服务的不可储存性还意味着对服务的需求管理至关重要。服务企业必须研究如何充分利用现有资源，包括人员、设备等，提高使用效率，解决服务企业供需矛盾。例如，在公共交通客运中，上下班高峰期乘客数量远远超过低谷期，旅游区淡季游客数量很少而节假日则过于拥挤，这就要求服务企业尽量增加服务供给的弹性，以适应变化的服务需求。

6. 服务是不包括服务所有权转让的特殊形式的交易活动

与有形产品交易不同，服务是一种经济契约或社会契约的承诺与实施的活动，而不是有形产品所有权的交易。服务缺乏所有权指在较多服务的生产和消费过程中，不涉及任何东西的所有权转移。服务是无形的，又是不可储存的，服务在交易完成以后就消失了，顾客并没有"实质性"地拥有服务。例如，乘客乘汽车从一个地方到达另一个地方，乘客除了拥有车票以外，没有再拥有任何其他东西，同时客运公司也没有把任何东西的所有权转让给乘客。当然，顾客在享受商业服务时，也同时附带有购买商品的所有权的这种转移。

因为产品的交易活动往往是买卖双方的一次性交易对象所有权的交割活动，而服务的买卖由于其特征往往可作多次交割，这也给顾客参与服务过程提供了可能。例如，教育过程需要教师的能力，也需要学生的素质；医疗方面既需要医生的医术，也需要患者对医生的询问予以配合。

缺乏所有权会使顾客在购买时感受到较大的风险，如何克服这种消费心理，促进服务的销售，是服务企业管理面临的重要问题。目前，如有些商店、高尔夫俱乐部等实行的"会员制"形式，以及银行发行信用卡的方式，都是一些服务企业为了维系与顾客关系的做法。

三、服务的分类

服务的多样性和异质性，给对其进行统一分类和定义带来困难。为了不使服务的定义成为服务理论研究发展的障碍，目前人们倾向于使用服务的分类来深化对服务定义的理解。对服务的分类，西方许多学者做了相当深入的研究，取得了丰富的成果。服务是有其共性的，如以上所讨论的服务的基本特征，一般服务都或多或少地具有。同时，服务又具有广泛的差异性，现实存在的服务千差万别，从简单的搬运行李到太空旅行，从家电维修到网上购物，不同的服务又具有各自的个性。而且随着科技的发展和人类文明的进步，新的服务不断涌现。因此，在承认服务具有共性的同时，也应当看到服务种类繁多，差异极大，不对它们进行恰当的分类，就很难进一步地认识它们。

以下是西方学者提出的几种分类方案。

1. 按服务的对象特征分类

1）经销服务，如运输和仓储、批发和零售贸易等服务。

2）生产者服务，如银行、财务、保险、通信、不动产、工程建筑、会计和法律等服务。

3）社会服务，如医疗、教育、福利、宗教、邮政和政府服务等。

4）个人服务，如家政、修理、理发美容、宾馆饭店、旅游和娱乐业等服务。

2. 按服务存在的形式划分

1）以商品形式存在的服务，如电影、书籍、数据传递装置等。

2）对商品实物具有补充功能的服务，如运输、仓储、会计、广告等服务。

3）对商品实物具有替代功能的服务，如特许经营、租赁和维修服务等。

4）与其他商品不发生联系的服务，如数据处理、旅游、旅馆和饭店服务等。

3. 按服务企业的性质分类

（1）基本上以设备提供为主

1）自动化设备，如洗车等。

2）由非熟练工操作的动力设备，如影院等。

3）由技术人员操作的动力设备，如航班等。

（2）基本上以提供服务为主

1）由非熟练工提供，如园丁等。

2）由熟练工提供，如修理工等。

3）由专业人员提供，如律师、医师等。

尽管可以根据不同的因素来划分服务，但仍不可避免地存在两个缺陷。第一，由于服务产品创新和技术进步，新的服务业不断产生，服务的分类还必须是开放的，以便随时增添新型服务业，这给服务理论研究带来相当大的不确定性；第二，有关服务业的这些分类是从不同的角度认识服务的，带有明显的主观性，还缺乏统一的、被一致认同的分类标准。

第二节　服务质量及其形成模式

一、服务质量的概念

1. 质量的定义

质量是"一组固有特性满足要求的程度"。服务质量就是反映服务满足一组固有特性的程度。

但服务企业在建立服务质量体系时，还应根据上述定义的内涵来理解和运用其他质量术语，使质量改进和质量管理向加强服务满足需要能力的方向发展。

2. 服务质量环

服务质量环（见图5-1）是对服务质量形成的流程和规律的描述，是从识别需要到评价这些需要是否得到满足的各个阶段中，影响服务质量的相互作用的活动的概念模式。该模式也是服务企业实施全面质量管理的原理和基础，它涵盖了服务质量体系的全部基本过程和辅助过程，其中3个最基本的过程就是市场开发、设计和服务提供。

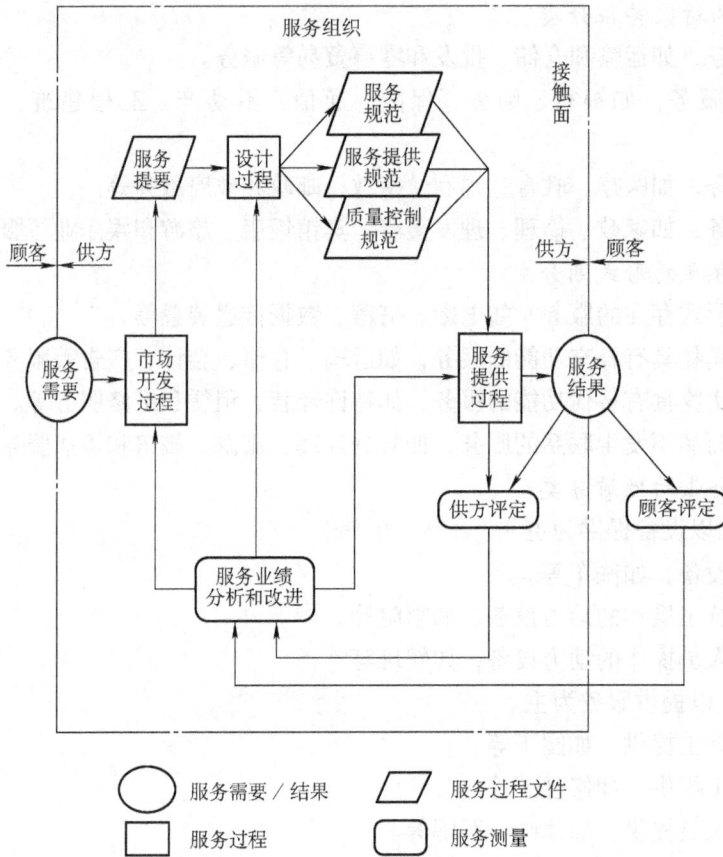

图5-1　服务质量环

服务质量环是设计和建立服务质量体系的基础，只有对本企业的服务质量环分析清楚，准确恰当地确认质量环，才能有针对性地选择服务质量控制要素，保证本企业的服务质量达到质量目标。也只有通过对服务质量环的正确管理，才能实现对服务质量的动态识别和适时控制。

3. 受益者

在服务活动中，顾客、员工、合作者、服务企业和社会都是服务的受益者。

建立服务质量体系和保证服务质量，以满足顾客的需要，这是最直接的目的，也是最表层的目的，而最根本的目的应该是使整个社会受益，其中包括企业和员工。如果不建立这种观念，将无法真正搞好质量保证。应该看到，社会的每个人和组织都是服务的使用者、加工者、供应者和受益者。管理服务质量的责任应该由每个人或组织来共同承担。

4. 现代的服务质量观

由于仅仅依靠成本优势和技术优势很难长久地保持竞争优势，因此服务企业要得到持续发展就不能仅仅依靠单一的优势。特别是通过大量实践的积累,人们对质量本质的认识不断深化,形成了新的质量观念。现代的服务质量观念大致可以概括为以下几种。

1)市场竞争由价格竞争转向服务质量竞争。对服务业而言,21世纪是一个服务质量的世纪。

2)服务质量就是要满足需要。首先是顾客的需要,同时要兼顾其他受益者的利益。过去的符合性能规范的质量观正转变为全面满足顾客需要的质量观。

3)服务质量是服务企业生存发展的第一要素。服务企业要生存发展,首要条件是提供的服务能在市场中转变成价值,被顾客所接受。而顾客能否接受服务的决定性因素是服务质量。

4)提高服务质量是最大的节约。在某种程度上,服务质量好等于成本低。

5)企业看待服务质量要有一个立场上的转变。服务企业不能仅仅从服务提供者的角度来看待服务质量,应由提供者转变到消费者和其他受益者的立场来看待服务质量,只有这样才能提供满足需要的服务。

6)服务质量的提高主要取决于科学技术的进步,其中包括科学的管理。服务企业也只有不断开发和利用新技术,提供新的服务,给顾客更多的附加价值,才会提高服务质量。

二、服务质量的内容

一般来说,服务的生产和消费是同时进行的,顾客通过与服务企业之间的接触来完成一项服务消费。从顾客的角度来说,顾客购买服务并进行消费。他对服务质量的认识可以归纳为两个方面:一方面是顾客通过消费服务究竟得到了什么,即服务的结果,通常称之为服务的技术质量;另一方面是顾客是如何消费服务的,即服务的过程,通常称之为服务的功能质量。服务质量既是服务的技术和功能的统一,也是服务的过程和结果的统一。

技术质量是服务质量的一个方面,即服务的技术方面,指顾客消费企业提供的服务以后得到的结果。这种结果一般是可以用某种方式来度量的,如客运服务可以利用运行的时间来作为衡量服务质量的一个依据,教育服务可以利用教学成果,如考试、竞赛成绩或升学率来作为衡量服务质量的一个依据。一般来说,顾客非常关心自己通过消费服务所获得的结果,这在顾客评价企业的服务质量中占有相当重要的地位。但如果把服务的技术方面看做是顾客评价服务质量的全部,就不完全正确。

可以通过很多例子来说明服务的技术质量,如快递公司将商业信函或包裹从一地运到另一地;银行将贷款贷给了企业或个人;网络用户通过互联网下载了软件或购买了商品;就餐的顾客通过在饭店就餐得到了菜肴等食品;投资银行给顾客提供了资产重组的方案或理财的建议书;会计师事务所通过对客户进行审计而提供给顾客审计报告;律师作为顾客的代理人通过诉讼使顾客(委托人)得到了金钱、财物等适当的补偿。以上这些都说明了顾客通过消费服务得到了一定的结果,即服务的技术质量。然而由于服务的消费过程与生产过程的同步性,顾客与服务企业之间存在着很多相互作用,即顾客与服务企业的各种资源直接接触的"关键时刻"。对顾客来说,消费服务除感受到服务的结果以外,还对服务的消费过程非常敏感,实践也证明了顾客明显受到所接受服务的技术质量的方式以及服务过程的影响。虽然消费服务可能仅仅是为了获得该项服务的技术质量,但如果顾客在得到技术质量的过程中发生了不愉快的事情,留下了不佳的印象,这样即使服务的结果即技术质量是完全一致的,顾客对服务质量的总体评价也存在较大的差异。例如,到超市购买同样的商品,如果该超市的商品陈列得非常整齐、清楚，顾客希望购买的商品很容易就被发现，或者即使顾客一时找不到商品，但询问了一个服务员以后，马上被该服务员很礼貌地带到希望购买的商品处，顾客的感觉就很可能非常满意；相反，如果该超市的商品陈列混乱，顾客很难发现自己需要的商品，当顾客向服务员请求帮助时，该服务员可能不够礼貌，或者自己也不清楚又向其他服务员询问，最后费了好大劲才发现了需要的商品，这必然使顾客产生不好的印象，对该超市的服务质量的评价肯定会较差，而购买到了所需要的商品这个结果并没有变化。

顾客对服务质量的评价还受到顾客自身知识、能力、素养的影响。顾客的知识面越广，能够接受并操作先进的服务设施，可以获得由于科技的进步而带来的服务便利，对服务质量的评价就越高。例如，一般知识水平的人都可以利用自动取款机给自己带来便利，但文化程度很低的人，当需要利用该机器存取钱款时，就会有所不便。此外，其他消费服务的顾客也会影响现有顾客对服务质量的感觉和认识。相信有很多人都有如下的经历，在快餐店就餐时，有其他顾客端着买好的食品站在旁边等你吃完，你会感到很不自在，不舒服，结果就会降低对服务质量的评价。反之，如在一些会员制的俱乐部，顾客加入进来可以通过不同的方式与其他顾客交流，甚至可以从中发掘到较好的商业机会，这样，顾客就会由于其他顾客的存在而对服务质量有很高的评价。

功能质量是服务质量的另一个方面，即顾客要受到接受服务的过程的影响，或者说要受到顾客与服务企业相互接触、体验服务的生产和消费过程的影响。技术质量是客观存在的，而功能质量则是主观的，是顾客对过程的主观感觉和认识。顾客评价服务质量的好坏，是根据其所获得的服务效果和所经历的服务感受两个方面的状况综合在一起形成的完整的印象。

由于各种服务千差万别，服务的技术质量和功能质量所占的比例也有较大的差别。例如，货运服务、仓储管理、技术服务、培训服务、法律服务等服务活动，虽然都提供了附加价值，但功能性的活动在不同的服务中的比例并不相同。而且，即使同一种服务，如果服务过程有差异，技术质量可能不变，但功能质量肯定有差异，二者的比例也就有相应的变化。例如，法律诉讼代理服务，如果诉讼过程顺利，技术质量和功能质量都将较高。反之，如果诉讼过程复杂、时间长，顾客的情绪可能受到影响，甚至超过耐心的极限而非常不满意，即使最终问题解决了，顾客得到的技术质量相同，但整个诉讼过程给他留下了恶劣的印象，严重影响了服务的功能质量。这样，后一种服务的总体质量就较低。

大部分企业将技术质量视为服务质量的核心，集中企业资源提高服务的技术质量并以此作为企业竞争的主要力量。一般来说，如果一个企业能够在技术方面始终保持领先水平，通过不断开发新技术，将自己的竞争对手远远抛在后面，那么这种侧重技术质量的竞争战略是可以取得成功的。不过，经济国际化、世界经济一体化的趋势不断加快，高新技术在世界范围内的转移和扩散的速度越来越快，特别是新的服务缺乏像产品专利权这样的法律保护，新的服务可以很快被竞争对手所仿效，新服务的垄断优势的时间将越来越短。而且，随着技术创新的难度加大和技术淘汰步伐的加快，一个企业要想长期垄断本行业的技术开发，从而长期保持技术优势的状况将会日益困难。尤其是服务企业即使拥有高新技术，也可能由于经营管理不善，导致功能质量的低下而使服务质量不佳。

鉴于此种情况，一个企业即使持续拥有高新技术优势，也最好将优质服务作为侧重技术战略的补充，至于不具备高新技术或是不能持续拥有高新技术的企业，最好采用侧重服务的战略，即集中资源管理提供服务的过程，以提高服务的功能质量来作为自己的竞争优势。

三、服务质量的来源和形成模式

1. 服务质量的来源

瑞典的古默森教授和芬兰的格龙鲁斯教授对产品和服务质量的形成过程进行了深入的研究，于20世纪80年代中期发表了各自的研究成果。古默森的理论称为4Q模式，即质量的形成有4个来源：设计来源、生产来源、供给来源和关系来源。这里根据服务的生产和消费不可分离的特征，将服务质量的来源综合为设计、供给和关系3个来源。服务企业如何认识和管理好这3个方面的来源，将会影响顾客对总体服务质量的认识。

（1）设计来源　即服务是否优质，首先取决于独到的设计。

（2）供给来源　即将设计好的服务，依靠服务提供系统，并以顾客满意和希望的方式操作实际服务过程，把理想中的技术质量转变为现实的技术质量。

（3）关系来源　指服务过程中服务人员与顾客之间的关系，服务人员越是关心体贴顾客，解决顾客的实际问题，顾客对服务质量的评价就越高。

服务质量的3种来源和前述两方面的内容之间是相互关联，互为作用的。服务的设计虽然总的来说是增加服务的技术质量，但同时也会提高功能质量。设计服务要考虑到现有的顾客和潜在的顾客。企业通过征询顾客的要求和爱好，把它们归纳为一定的特征或要素，然后通过设计过程尽可能满足顾客的要求和爱好。细致周到的服务设计可以反映出服务的技术质量，还使顾客感到企业为满足自己的要求而进行了相当大的努力，所以必然提高服务的功能质量。

2. 服务质量的形成模式

上述关于服务质量的内容和来源的理论可归结为古默森—格龙鲁斯质量形成模式。这里考虑到服务的生产和供给过程的一致性，将生产和供给综合在一起来分析服务质量的形成和实质。服务质量形成模式如图5-2所示。

图5-2表明，顾客感知服务质量受到企业形象、质量体验、质量预期3个方面的综合作用。

1）顾客在购买和消费服务之前，由于受到企业的广告或宣传的影响，也可能受到其他顾客的口头信息传播的影响，以及自己以前消费服务的经验，在大脑中形成对企业形象的一个初步认识，特别对自己准备消费的服务的质量有了比较具体的预期。

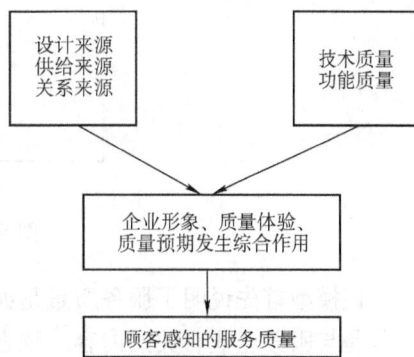

图5-2　服务质量形成模式

2）顾客在消费服务之前，是带着自己对这种服务的具体预期的，在服务提供过程中，顾客体验到了该企业的服务质量。这个过程中，顾客体验的内容分为两个部分，一个是自己获得了什么，另一个是自己如何获得的。体验到的服务质量从内容上可分为技术质量和功能质量。

3）在消费服务之后，顾客会不自觉地把自己在消费服务过程中体验到的服务质量与预期的服务质量相比较，从而得出该企业的服务质量是优、良、次、劣的结论。

4）顾客对服务质量的最终评价还受到顾客心目中企业形象的调节。例如，该服务企业的市场形象一贯较好，顾客很可能原谅在服务过程中企业的过失，而提高对服务质量的评价；反之，如果服务企业形象不佳，就会放大服务过程中的过失或不足，使顾客得出更加不满的结论。

第三节　服务质量差距分析模型

1985 年，隋塞莫尔（Zeithaml）、贝里（Berry）等人提出了服务质量差距分析模型，该模型区分了导致服务质量问题的 5 种差距，专门用来分析服务质量问题产生的根源，从而帮助管理者研究如何改进服务，采取措施，提高服务质量。服务质量差距分析模型的提出，奠定了进行服务质量评价的理论基础。服务质量差距分析模型如图 5-3 所示。

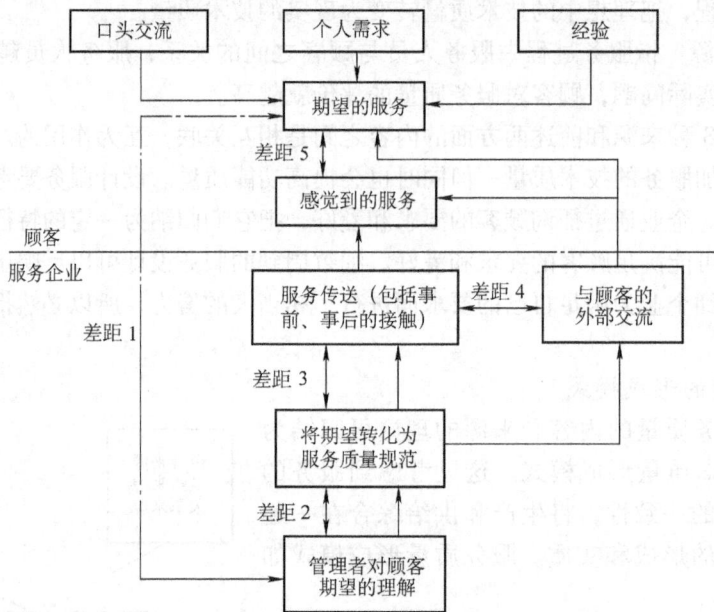

图 5-3　服务质量差距分析模型

该模型首先说明了服务质量是如何形成的。模型的上半部分是与顾客有关的内容，下半部分是与服务企业有关的内容。顾客对服务质量的期望取决于顾客个人的需求、与亲朋好友的口头交流、服务的经历以及服务企业的市场宣传等几个方面的因素。

顾客感觉到的服务质量实际上就是顾客对服务的体验，它产生于服务企业一系列的内部决策和活动。首先管理层根据自己对顾客期望的理解来制定服务质量规范，然后整个服务企业按照这些服务质量规范来生产和提供服务。服务质量规范指当服务传送时，服务组织所必须遵循的准则。顾客体验到服务的这种生产和提供过程，并感觉到服务的技术质量和功能质量，于是就会将这种体验和感觉与自己心目中的预期质量相比较，在比较的过程中，还受到企业形象的调节作用，最终形成自己对服务质量的整体感觉和认识，这就是顾客感觉到的服务质量。

该模式分析了产生服务质量问题的可能的根源，即图 5-3 所示的 5 种服务质量差距，这都是由于质量管理过程中的偏差和缺乏协调一致造成的。当然，最终的差距（差距 5），即期望的服务质量与所体验的服务质量之间的差距，是由整个过程的其他差距综合作用引起的。以下具体讨论服务质量的 5 种差距。

一、管理层认识的差距（差距 1）

管理层认识差距指服务企业管理层没有准确理解顾客对服务质量的预期。造成这种差距的因素有

1）管理层从市场调查和需求分析中得到的信息不准确。

2）管理层对从市场调研和需求分析中得到的信息作了不准确的理解。

3）服务企业未对顾客的需求进行正确分析。

4）一线员工向管理层反馈的顾客信息不准确或不充分、不及时。

5）服务企业内部机构重叠，组织层次过多，阻滞或歪曲了直接提供服务给顾客的一线员工向管理层的信息传递。

以上 5 种因素可以综合为市场调查、向上沟通和管理层次 3 个方面。服务企业要减少管理层认识差距，只有根据形成该差距的原因对症下药，才能彻底消除服务质量问题。要缩小认识差距，服务企业就需要重视市场研究，改进市场调查方法，将市场研究集中在提高服务质量上，合理应用市场研究结论。管理层还必须克服客观上的限制，加强与顾客的沟通，采取必要的措施，改进和完善管理层和一线员工之间的信息沟通渠道，减少管理层次。

二、服务质量规范的差距（差距 2）

服务质量规范的差距指服务企业制定的服务质量规范未能准确反映出管理层对顾客期望的理解。造成这种差距的因素有

1）企业对服务质量规划不善或规划过程不够完善。

2）管理层对企业的服务质量规划管理不善。

3）服务企业未确定明确的目标。

4）最高管理层对服务质量的规划缺乏支持力度。

5）企业对员工承担的任务的标准化不够。

6）企业对顾客期望的可行性认识不足。

服务质量规范的差距是由管理层认识差距决定的。管理层的认识差距越大，按这种认识对服务质量进行规划的偏差也就越大。不过，即使服务企业对顾客的质量预期有着充分而准确的信息，也会由于上述因素造成质量规范的规划失误。

三、服务传送的差距（差距 3）

服务传送的差距指服务在生产和供给过程中表现出来的质量水平未能达到服务企业制定的服务规范。造成这种差距的主要因素有

1）质量规范或标准制定得过于复杂或太具体。

2）一线员工不认同这些具体的质量标准，如果严格按照规范执行，员工可能会觉得改变了自己的习惯行为。

3）新的质量规范或标准与服务企业的现行企业文化，如企业的价值观、规章制度和习惯做法不一致。

4）服务的生产和供给过程管理不完善。

5）新的服务规范或标准在企业内部宣传、引导和讨论得不充分，使职工对规范的认识不一致，即内部市场营销不完备。

6）企业的技术设备和管理体制不利于一线员工按服务规范或标准来操作。

7）员工的能力欠缺，无法胜任按服务质量规范提供服务。

8）企业的监督控制系统不科学，不能引导和激励员工依据服务规范和标准进行工作。

9）一线员工与顾客和上级管理层之间缺乏协作。

引起服务传送差距的原因不同，纠正的方法也相应不同。综合以上各种因素大致可以归纳为 3 类，管理与监督的失误；技术和营运系统缺乏支持；服务人员与管理人员对规范或标准、顾客的期望与需求的认识不一致。

四、市场信息传播的差距（差距 4）

市场信息传播的差距指企业在市场传播中关于服务质量的信息与企业实际提供的服务质量不一致。造成这种差距的因素有

1）企业的市场营销规划与营运系统之间未能进行有效的协调。

2）企业向市场和顾客传播的信息与实际提供的服务活动之间缺乏协调。

3）企业向市场和顾客传播了自己的质量标准，但在实际提供服务时，企业未能按标准进行。

4）企业在宣传时夸大了服务质量，或作出了过多的承诺，顾客实际体验的服务与宣传的质量有一定的距离。

造成市场信息传播差距的原因可能是服务企业的信息传播和企业经营管理体系之间缺乏充分和有效的协调，也可能是由于企业在广告和其他市场传播中过于夸大其词或过分承诺。

五、服务质量感知的差距（差距 5）

服务质量感知差距指顾客体验和感觉到的服务质量未能符合自己对服务质量的预期，这是由上述 4 类差距引起的。在很多情况下，顾客体验和感觉到的服务质量要比预期的服务质量差，这时服务质量感知差距会导致以下结果：

1）顾客认为体验和感觉的服务质量太差，比不上预期的服务质量，因此对企业提供的服务持否定态度。

2）顾客将自身的体验和感觉向亲友等诉说，使服务具有较差的口碑。

3）顾客的负面口头传播破坏企业形象并损害企业声誉。

4）服务企业将失去老顾客并对潜在的顾客失去吸引力。

当然，顾客质量感知的差距也可能对企业有正面影响，使顾客感觉到他们消费了优质服务，不仅留住了老顾客，还吸引了潜在顾客来消费。

利用服务质量差距分析模型可以将引起服务质量问题的根源和症结找出来，从而可以根据导致服务质量问题的原因对症下药，制定正确的发展战略，并通过合适的处理措施来缩小差距，提高顾客对服务质量的满意度。

第四节　服务质量体系

一、服务质量体系的概念

要适应不断变化的市场环境和变幻莫测的顾客需求，持续提高企业的服务质量，使顾客消费到满意的优质服务，服务企业就必须把服务质量管理作为企业管理的核心和重点，把不断提高服务质量，更好地满足顾客和其他受益者的需求作为企业管理和发展的宗旨。但任何一个服务企业要实现自己的质量战略，没有完善的服务质量体系作保证，都将成为空洞的口

号。与制造企业相比，服务质量体系中人的因素更为复杂和重要，服务提供和消费中的不确定因素也更为常见，服务质量的控制和保证更加困难。然而，迄今为止，对服务企业质量管理的理论和方法的研究并不像对制造企业那么深入和成熟。下面，根据 ISO9004.2—1991，对服务质量体系的有关问题进行介绍。

服务质量体系就是为实施服务质量管理所需的组织结构、程序、过程和资源。对它的理解应注意以下 3 个方面：

1）服务质量体系的内容应以满足服务质量目标的需要为准。

2）服务企业的质量体系主要是为满足服务企业的内部管理的需要而设计的。它比特定顾客的要求要广泛，顾客仅仅评价该服务质量体系的相关部分。

3）可根据要求对已确定的服务质量体系要素的实施情况进行证实。

服务质量体系的作用是使服务企业内部相信服务质量达到要求，使顾客相信服务满足需求。服务质量体系是服务企业实施质量管理的基础，又是服务质量管理的技术和手段。建立服务质量管理体系的最终目的是要服从于服务企业的质量方针和目标。

二、服务质量体系的关键方面

如图 5-4 所示，服务质量体系主要包括管理者的职责、资源、质量体系结构 3 个关键方面，而顾客则是服务质量体系 3 个关键方面的核心，只有当管理者的职责、资源以及质量体系结构之间相互配合和协调时，才能保证顾客满意。

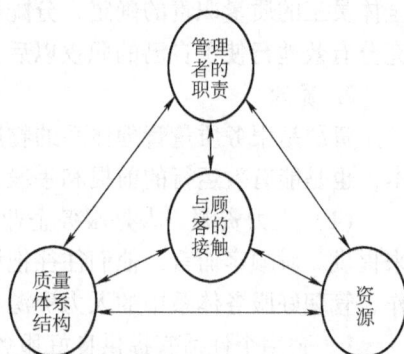

图 5-4　服务质量体系的关键方面

1. 管理者的职责

服务企业管理者的职责是制定和实施服务质量方针并使顾客满意。成功地实施这个方针取决于管理者对服务质量体系的开发和有效运行的支持。

（1）服务质量方针　任何服务企业在服务质量体系的设计和建立时，均应编制并颁布本企业的服务质量方针，并通过服务质量体系的实施，保证本企业服务质量方针的实现。

服务质量方针是服务企业总的质量宗旨和方向，是企业在服务质量方面的总的意图，涉及服务企业所提供服务的等级、企业的质量形象和信誉、服务质量的目标、保证服务质量的措施、全体员工的作用等内容。服务质量方针应使整个企业总的方针适应服务竞争的要求，也就是说，服务质量方针应是整个企业总方针的核心部分，引导企业在服务竞争日趋激烈的市场竞争中以服务质量取胜，以服务质量求得效益，以服务质量的优势保证企业的生存和持续发展。

（2）质量目标和质量活动　服务企业要实现本企业的服务质量方针，首先要建立服务质量目标并识别服务质量活动。建立服务质量目标应考虑如下几点：

1）用适当的质量测量（如产品测量、过程测量和顾客满意度测量）来清楚地定义顾客的需要。

2）采取预防和控制措施，以避免顾客不满意。

3）优化质量成本，达到所要求的服务业绩和等级。

4）不断衡量服务要求和成绩，使与改进服务质量的时机相一致。

5）预防服务企业对社会和环境的不利影响。

服务质量活动指从服务的市场开发、设计、提供全过程中与服务质量直接相关或间接相关的全部活动。服务质量体系要素体现为一组过程，任何服务工作都是通过过程完成的，每个过程都包含一定的服务质量活动，因此，确定服务质量活动是建立组织结构的前提。

（3）质量职责和权限　管理者的职责包括对由于其活动影响服务质量的所有人员明确规定一般的和专门的职责和权限。

应该说，服务企业的全体员工对服务质量具有不同程度的影响，一线员工提供服务给顾客并直接与顾客接触，其他员工对服务质量和顾客满意起到间接的影响。只有明确合理分工的质量职责和权限，一线员工才可以在确定的权限范围内尽可能地满足顾客的要求，其他员工也可以通过承担规定的职责与一线员工进行有效的合作，以持续地改进服务质量，使顾客满意。

在设计或识别质量活动的基础上，按照分解、细化的质量职能，分配到各层次、各部门、各岗位，最终落实到每个员工。落实职权指分配或承担职责和权限。应该说，服务企业内每个员工都有自己的职责和权限，但一些关键人员的职责和权限的落实有利于职能部门和全体员工的质量职责的确定、分配和落实。这些少数的关键人物如高层管理人员，在明确并充分有效地行使了自己的职权以后，其他问题就能迎刃而解。

2. 资源

资源是服务质量管理体系的物质、技术基础和支撑条件，是服务质量体系赖以存在的根本，也是能有效运行的前提和手段。资源包括人力资源、物质资源和信息资源 3 个部分。

（1）人力资源　人是服务企业最重要的资源，几乎所有的服务都要由服务企业的员工来提供。对顾客而言，他们往往把第一线员工当做服务的化身。由于服务是一种情绪性的工作，管理好服务体系中的人力资源必须做到以下几点：

1）聘用个性适宜提供良好服务的人。制造企业中绝大多数员工不必直接接触顾客。例如，汽车制造公司不必要求装配线上的工人能主动替顾客解决问题，因为他们几乎没有机会与顾客直接打交道。即使工人必须提供面对面的服务，但由于作业的标准化、工业化和集中化，也可以相对减少其中个性服务的成分，甚至不需要运用自己的判断力。但服务企业中的大部分工作职位，都需要经常与顾客密切接触，而且工作过程中充满了不确定性——顾客的需要和期望各不相同，服务企业的员工在执行任务时，不可能全按标准作业来进行。他们必须自行判断如何解决顾客的问题，可能必须不断采取主动式服务，才能针对各个顾客的特殊情况提供个性化的服务。但在很多服务企业，当需要员工自己判断解决顾客面临的实际问题时，员工的服务多半不佳。因此，服务企业对员工特别是对第一线员工的聘用应有足够的重视。

2）培训。不断地、密集地、对员工进行全面的培训是服务质量体系要素得以有效实施的前提。美国花旗银行研究过 17 家服务领先的公司，这些公司都拨出 1% ~ 2% 的营业收入作为第一线员工、管理人员和高层主管的培训经费。当然，培训的课程要因职位不同而有所差异。与顾客直接接触的员工所需的培训，与在办公室工作的人有很大的不同。第一线员工所需要的技能与中层管理人员也不相同。但所有的培训都应当包括提供后勤支援的人如何对待内部顾客——第一线员工或其他服务企业的工作人员。

3）适当的激励。服务质量体系要求对员工进行适当的激励。员工与顾客接触得越多，越需要在情绪上投入。激励是一种正式的鼓励和赞美，可以鼓舞所有的员工。但通常情况下，很多激励方式因为缺乏公正、次数太少或缺乏心理意义而最终趋于失败。只有挑选获胜者的过程郑重其事，大公无私，并与顾客心目中的服务质量密切相关，这样的激励才有意义。要员工维持长期干劲，保持企业的服务质量优势，不能只靠赞美和奖赏，还应提供给员工可以展望的发展前景。很多服务企业的员工，特别是第一线员工，不仅薪资少，而且很难出人头地，导致服务企业的人员流动率较高。如何通过最佳的激励方式调动这些能直接影响企业形象和服务质量的员工的积极性是完善服务企业质量管理体系的重要课题。

（2）物质资源　物质资源包括技术和装备。只有利用先进的物质资源建立起完善的服务基础设施，才能保证顾客享受到高质量的服务。同时，由于服务产能与服务需求很难精确匹配，服务企业的物质资源需要具有一定的弹性，能够应付变化较大的服务需求。

大多数人认为服务业仅仅是劳动密集型的行业，不需要太多的资本投资。然而，服务业固然对人力资源需求巨大，但为了提供服务而必须建立的基础设施及设备，也会使服务企业资本密集度相当高。即使是纯粹的服务企业，从餐厅到电力公司，其资本密集程度也不在制造企业之下。这是由于公用事业、航空公司以及其他一些需要昂贵设施提供服务的行业，以及主要依靠人力提供服务的行业，如餐厅、零售店、保险公司等也都需要可观的资本投资，而且其中绝大部分是着眼于以科技代替人力。

建立完善的服务质量体系要对基础设施及设备投入大量的资金，这些基础设施及设备包括基本的装修和服务工具、有关顾客的信息系统、管理的通信网络、备用物资的储备等。对基础设施及设备的投入与对人力的投入是相互关联的。新员工如果还没有对服务企业提供的服务和产品有深入的了解，那么每一个新手所处理的"关键时刻"都可能是公司形象和信誉以及未来的销售额丧失的时刻。而基础设施及设备的投入可以使服务员工提高生产力，并降低增聘新员工的需要，节约了挑选和培训新员工的时间和费用，又避免了损失未来的销售额，即公司的发展机会。

服务企业对基础设施及设备的需要可以根据顾客的服务需求以及自我服务能力而适时调整。整个服务企业的服务系统可按不同子市场的顾客需求，设定其提供服务的产能，避免对每一位顾客提供全面的服务，因而可以减少对基础设施及设备投入的巨额资金需求。

服务企业对基础设施及设备投资的一个好处在于一些服务行业具有规模经济，可以在较低的边际成本下提高服务质量，或是增添新的服务品种。如果服务企业在竞争者之前对服务质量体系中的基础设施及设备投入适当的规模，其产生的规模效应可以形成有力的垄断优势，甚至可构成竞争壁垒，在保证提供的服务质量基础上，排斥出现新的竞争者。

（3）信息资源　在竞争日趋激烈的今天，信息资源将是服务企业最终能在竞争中获胜的关键之一。就像对其他物质资源的投资一样，服务企业对信息资源的投资，目的都是提高和加强服务企业的竞争优势。拥有信息基础的服务企业，可以根据自身的信息资源对顾客提供个性化的服务，针对顾客的偏好适时调整其服务，以提高服务的效率和效益。

服务企业获得信息资源的主要渠道包括以下几个方面：顾客、企业一线员工、企业管理层、供应商、社会公众。服务企业可针对不同来源而特别设计调查方式来获得与服务质量有关的信息资源。

3. 质量体系结构

服务企业的质量体系结构包括组织结构、过程和程序文件3个部分。

（1）组织结构　组织结构是组织为行使其职能按某种方式建立的职责、权限及其相互关系。

服务质量体系的组织结构是服务企业为行使质量管理职能的一个组织管理的框架。其重点是将服务企业的质量方针、目标层层展开成多级的职能，再转化分解到各级、各类人员的质量职责和权限，明确其相互关系。由于整个管理最活跃和最关键的因素是人，管理的执行者是人，被管理者也是人，所以规范人的行为的组织结构就是整个管理的核心。

组织结构可以看成是服务质量体系的静态描述。在静态条件下，考虑管理框架、层次结构，部门职能分配，职责、权限和相互关系的协调和落实，组成一个服务质量管理的组织系统。

对于服务业而言，其组织结构的设立与传统的制造企业的组织结构有所不同，主要表现在一线员工的职责、权限以及管理者的职权和管理的层次等方面。

（2）过程　对于服务企业，过程的输出就是无形的服务。每个服务企业都有其独特的过程网络，服务企业的质量管理就是通过对服务企业内部各种过程进行管理来实现的。

根据服务质量环，服务可划分为 3 个主要过程，即市场研究和开发、服务设计和服务提供过程。市场研究和开发过程指服务企业通过市场研究与开发确定和提升对服务的需求和要求的过程。服务设计过程指把市场研究和开发的结果，即服务提要的内容转化成服务规范、服务提供规范和服务质量控制规范，同时反映出服务企业对目标、政策和成本等方面的选择方案。服务提供过程是将服务从服务企业提供到服务消费者的过程，是顾客参与的主要过程。

（3）程序文件　程序指为进行某项活动所规定的途径。对服务质量体系而言，程序是对服务质量形成全过程的所有活动规定恰当而连续的方法，使服务过程能够按规定具体运作，达到系统输出的要求。

对于服务质量体系，程序就是规定各项目的具体服务活动，并最终形成程序文件，使其有章可循，有法可依。程序文件是服务质量体系可操作的具体体现，是服务质量体系得以有效运行的可靠保证。形成文件的程序应根据服务企业的规模、活动的具体性质、服务质量体系的结构而采用不同的形式。

服务工作程序是服务企业为确保所提供的服务满足明确的和隐含的需要，保证质量方针和质量目标得以实现所制定和颁布的所有影响服务质量的各项直接和间接活动的规定。根据性质，可以分为管理性程序和技术性程序两类。把服务质量体系程序写成文件，即为程序文件。

4. 与顾客的接触

顾客是服务质量体系中最关键的因素，只有服务质量体系的其他因素相互沟通、共同发展并和谐地服务于顾客这个中心，才能使服务质量体系有效地运行。

管理者应采取有效的措施在顾客与服务企业之间建立畅通的信息沟通渠道。与顾客直接接触的人员是企业获得服务质量改进过程信息的重要来源。以下几点是服务企业做好与顾客接触所必不可少的。

1）理解顾客。服务企业首先必须了解自己的行业，知道顾客为什么要来。其次，必须通过人口统计或其他渠道了解顾客的资料、信息。

2）发现顾客的真实需要。发现顾客的真实需要可以通过简单的询问，如面谈、电话交谈或函问等形式，也可以通过调查问卷或其他能够使公司知道顾客需要的服务的有效方法。

3）提供顾客需要的产品和服务，使顾客理解所提供的服务。在对一些客观数据、必要的反馈和竞争对手有充分的了解以后，就应该考虑提供顾客需要的产品和服务。

一些企业经营失败就在于不知道顾客的真实需要，没有及时更新产品和服务；或者了解到市场的需要，但没有及时采取措施满足顾客的需要。可口可乐公司曾经试图改变其百年不变的配方，结果几乎给该公司带来灾难。顾客痛恨新口味，强烈要求重新回到原来的口味。值得庆幸的是，可口可乐公司及时意识到顾客的真实需求。

使顾客理解所提供的服务，包括使顾客明白服务的过程、服务的费用；解释服务、服务的提供、服务费用之间的关系；保证顾客意识到他们对服务质量的贡献；一旦发生问题，服务企业可能采取的补救措施；所提供的服务与顾客的真实需求之间的关系等。

4）最大限度地提供顾客满意的服务。要做到这一点，需要服务企业创造性地考虑自己的产品和服务，从中还可以给服务企业带来新的相关的产品或服务项目。例如，书店中设茶座或咖啡厅，向顾客提供茶、咖啡或糖果等；加油站设置洗车场，并免费给加油的汽车提供清洗服务等。

5）使顾客成为"回头客"，并使顾客传播公司的服务。拥有一批固定的顾客是一些服务企业成功的奥秘。只有顾客一次又一次地消费服务，企业的经营才可能成功。同时，通过提供优质服务，使满意的顾客自愿为服务企业做广告、宣传，这是十分有效的营销策略之一。

第五节　服务过程质量管理

一、服务市场研究与开发的质量管理

1. 市场研究与开发质量管理的意义和内容

服务企业市场研究与开发一直未受到足够的重视，许多服务企业甚至没有建立正式的服务市场研究与开发部门。这可能是由于相当多的服务企业规模较小，资源有限；一些公共服务部门竞争性较低，没有创新的动力；还有一些服务行业受政府管制较多，没有进行服务创新的机会。最重要的一点是，新服务的创新要比一般产品的创新更加困难。这是因为服务企业没有足够的把握将顾客对服务需求的各种要素列入新的服务之中，而且服务企业正确认识顾客需求的任何方面都有相当大的难度。

服务企业不可能仅仅依靠对现有的服务扩大地理范围或对某些项目进行一些缺乏实质性的改动而始终保持成功。由于保持竞争力的需要，为维持现有提供的服务以及获得足够的资金以适应市场竞争的需求，要求服务企业在其服务组合中，通过取代在生命周期中处于衰退期的服务品种，并利用超额服务能力以抵消季节性波动，降低风险，探索新的机会。

对一般产品的市场研究，包括确定市场特征、估计市场潜在需求量、分析市场占有率、销售分析、经营趋势分析、短期测试、竞争产品研究、长期预测、价格研究和现有产品的测试等。而服务市场研究的范围有所差异，一般包括以下4个方面内容。

1）对各种市场的确认和测量。

2）对各种市场进行特征分析，包括顾客对各种服务的需求、各种服务的功能、理想的服务特征、顾客找寻服务的方法、顾客的态度与活动、竞争状况、市场占有率、装备及竞争

趋势等内容。

3）对各种市场进行预估，包括成长或衰退的基本动力、顾客的趋势与变迁、新竞争性服务业的类型、环境变迁（社会、经济、科技、政治等）内容等。

4）个体服务市场的特征和发展重点项目，包括确定顾客对提供的服务的需要和期望，各种辅助性服务，已经搜集到的顾客的要求，服务的数据及合同信息的分析和评审，职能部门为满足服务质量要求的承诺，服务质量控制的应用等。

通过市场研究和分析，服务企业一旦决定提供一项服务，就应把市场研究和分析的结果以及服务企业对顾客的义务都纳入服务提要中。服务提要中规定了顾客的需要和服务企业的相关能力，作为一组要求和细则以构成服务设计工作的基础。服务提要中应明确包含安全方面的措施、潜在的责任以及使人员、顾客和环境的风险最小的适当方法。

对服务市场研究与开发进行质量控制，首先要求做到识别市场研究与开发过程中对服务质量和顾客满意有重要影响的关键活动，然后对这些确定的关键活动进行分析，明确其质量特性，对所选出的特性规定评价的方法，建立影响和控制特性的必要手段，通过对其测量和控制来保证服务质量。

2. 广告的质量管理

如果服务行业的广告宣传过于夸张，其效果可能会适得其反，而太平淡，则可能缺少冲击力度，要使广告取得满意的效果，广告的质量管理往往要注意以下几个方面：

1）与员工直接沟通。广告虽然是为了吸引企业目前的和潜在的顾客，但服务则是由企业全体员工共同努力提供的，所以在广告的创意和制作过程中，应充分听取不同岗位员工的意见，进一步激发员工提供优质服务的热情。

2）提供有形的说明，使服务被人理解。由于服务或多或少是无形的，顾客不容易理解，广告中再过于抽象，可能起不到预期的效果。因此，在广告中尽量提供有形的说明可以使顾客更容易了解服务的内涵。在广告中，创造性地应用被感知的有形证据，尽可能使广告词变得更加具体、更加可信，可促进企业在竞争中获得成功。

3）持续推进广告宣传。由于服务比较抽象，所以必须持续地进行广告宣传。一般来说，如果广告较长期地持续下去，可能会使顾客逐渐认同广告的内容和实质。

4）注意广告长期效果。过于许诺，使顾客产生不切实际的期望，尽管在短期内可能效果较好，但当顾客明白服务的真相时，就会因失望而不再光顾。因此广告必须注意长期效果，进行长期规划，维护企业的形象和声誉。

二、服务设计质量管理

服务设计是服务质量体系中预防质量问题的重要保证。一旦系统中有一个缺陷，它将被连续不断地重复。戴明认为 94% 的质量问题是设计不完善而导致的，而仅有 6% 是由于粗心、忽视、坏脾气等原因造成的。更重要的是，设计的缺陷使服务质量的源泉——企业员工受到伤害。在服务企业中，很差的设计影响员工，并损害他们的能力和进行优质服务的动机。由设计而造成的系统缺陷会不断地使员工和顾客之间、员工和员工之间处于不能融洽相处的状况。

设计一项服务的过程包括把服务提要的内容转化成服务规范、服务提供规范和服务质量控制规范，同时反映出服务企业的选择方案（如目标、政策和成本）。

1. 服务设计的职责和内容

（1）设计的职责 企业管理者应确定服务设计的职责，并保证所有影响到服务设计的人员都意识到他们对达到服务质量的职责。设计的职责应包括：

1）策划、准备、编制、批准、保持和控制服务规范、服务提供规范和质量控制规范。

2）为服务提供过程规定需采购的产品和服务。

3）对服务设计的每一阶段执行设计评审。

4）当服务提供过程完成时，确认是否满足服务提供要求。

5）根据反馈或其他外部意见，对服务规范、服务提供规范、质量控制规范进行修正。

6）预先采取措施，防止可能发生的系统性和偶然性事故，以及超过企业控制范围的服务事故的影响。

（2）服务规范 服务规范应包括对所提供服务的完整阐述。设计服务规范之前要确定首要的和次要的顾客需要，首要的顾客需要即基本的需要，如旅游是顾客的基本需要。但如果选择飞机旅游，就有一些其他问题，如怎样订票、怎样去机场和怎样从机场到目的地等，这些就是次要需要，是由不同的选择产生的。

服务规范中要规定核心服务和辅助服务，核心服务是满足顾客首要的需求，另外附加的支持服务要求满足顾客次要需要。高质量的服务都包括相关的一系列的合适的支持服务。服务企业服务质量优劣的差别主要在于支持服务的范围、程度和质量。顾客把一些支持服务认为是理所当然的、服务企业必须要提供的，因而在设计服务规范时，定义和理解次要服务的潜在需求是必要的。

服务规范模型如图5-5所示。

服务规范对提供的服务的阐述要包括根据顾客评价服务特性的描述及每一项服务特性的验收标准，如等待时间、提供时间和服务过程时间，安全性、卫生、可靠性、保密性、设施、服务容量和服务人员的数量等。

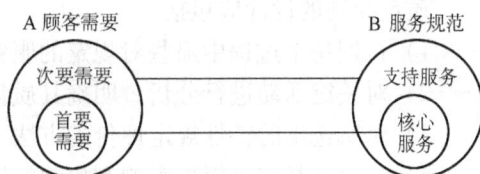

图5-5 服务规范模型

（3）服务提供规范 服务企业在设计服务提供过程中应考虑到服务企业的目标、政策和能力以及其他诸如安全、卫生、法律、环境等方面的要求。在服务提供规范中，应描述服务提供过程所用方法的服务提供程序。对服务提供过程的设计，可通过把过程再划分为若干个以程序为支柱的工作阶段来有效地实现，这些程序的描述包含了在每个阶段中的活动。具体包括：

1）对直接影响服务业绩的服务提供特性的阐述。

2）对每一项服务提供特性的验收标准。

3）设备、设施的类型和数量的资源要求必须满足服务规范。

4）要求人员的数量和技能。

5）对提供的产品和服务供方的可依赖程度等。

（4）服务设计的内容

1）员工。顾客感觉到的服务质量很大程度上依赖于他们对员工的知识和态度的评价，对一些顾客而言，单个的员工在本质上就是服务。员工不仅是一种"资源"，而且是服务的基本组成成分，是服务质量的决定性要素。服务设计不仅根据体系和过程对员工有详细的要求，而且必须考虑员工个人和整体怎样能对他们的工作和设计思想作出最大贡献。服务体系是一个社会——技术系统。这里全体员工处于中心地位，设计应包括人员选择、培训和开发，以及与激励系统相适应的工作内容和工作设计的分析。

2）顾客。服务质量在很大程度上是顾客之间、顾客与员工之间、顾客与有形环境之间和顾客与组织之间的作用的结果。因此，设计服务应考虑到顾客在消费服务的不同阶段的作用以及他们与体系中其他要素和其他顾客接触的方式。在设计中考虑潜在的顾客，有利于了解服务过程中顾客参与程度和性质，有助于顾客的自我培训。服务体系需要仔细地设计，以使顾客尤其是初次使用者理解。

3）组织和管理结构。服务的组织和管理部门必须和服务体系的其他要素相配合，特别主要的几个方面是：首先通过清晰定义服务概念、授权和分配责任，确保在控制和自由之间形成平衡，这种平衡对于员工和他们的处理重要事件的能力和热情是至关重要的；其次是确保组织内的非正式结构（质量队、质量项目组）和执行不同任务的员工所在的部门之间自动协调。

4）有形技术环境。服务质量在事前很难评价，顾客往往对服务的有形技术环境首先产生印象。办公室设备、技术系统和服务的价格、旅馆地理位置、建筑物的外观设计、大堂的布局和客房内家具的陈设都是有形技术环境。高质量的有形技术环境对员工和顾客都是重要的，它们传递着无形服务的线索和信息，而且是服务质量体系的一部分。

（5）质量控制规范　质量控制应设计为服务过程（市场开发、设计和服务提供）的一个组成部分。质量控制规范应能有效地控制每一服务过程，以保证服务满足服务规范和顾客需要。

质量控制的设计应包括：

1）识别每个过程中那些对规定的服务有重要影响的关键活动。

2）对关键活动进行分析，明确其质量特性，对其测量和控制将保证服务质量。

3）对所选出的特性规定评价的方法。

4）建立在规定界限内影响和控制特性的手段。

2. 两种注重质量的服务设计技术

（1）服务蓝图　蓝图指在分析服务过程的不同阶段时所使用的一种系统的图示方法。通过图表把服务看做一个流动的过程可以使我们更好地理解人、财、物与服务体系和其他部分之间的相互依赖。在设计阶段，通过服务蓝图有助于确定服务潜在的缺陷。利用这个方法可以设计新的服务，评估和再设计已有的服务。

在服务蓝图中，一条"视野分界线"把服务提供过程中顾客可见的部分与顾客不可见部分分离开，在可见线以上，顾客和员工、不同类型的有形环境打交道，但一般而言，蓝图最大部分在可见线以下。大部分的过程顾客是无法看到的，被视野分界线分开，这条隔离线有助于服务企业在顾客视线之外集中控制过程中最困难部分，减少服务质量的更大风险。

1984年，Shostack指出蓝图技术能帮助服务企业在质量问题发生以前发现可能的问题隐患，她将其总结为以下4个步骤：

1）绘制事件的过程。研究不同的组成部分，提供在服务过程中要求的有关信息，使我们有更多的机会分析、控制和改进服务设计。

2）发现潜在的缺陷。当事件清晰时，就很容易发现潜在的缺陷，这使再设计时在系统中消除缺陷成为可能。

3）建立时间框架。对所有的服务事件给出服务的时间。建立时间框架有助于在服务过程中不同阶段设定能接受的标准时间。

4）分析获利能力。标准化时间有助于分析收益效果，对衡量服务质量和分配资源也是很重要的。King-man-brundage 把蓝图发展为"服务图"（Service mapping），可以显示出服务过程的一切活动，如图 5-6 所示。服务图强调 4 个群体：顾客、接触员工（前台人员）、支持员工（后台人员）和管理层（经理人员）。实施分界线把管理层和运营系统分离开来，视野分界线把顾客与服务后台分离开来。

运用蓝图技术，通过对服务过程时间的控制可以提高服务系统的服务能力弹性，使服务企业能随着需求的起伏而适当调整自己的供给状态。纽约市的花旗银行在其大厅地毯下面铺设电线，用以测量顾客排队等候的时间。当顾客等候时间太长时，该行会采取增添柜台等措施。

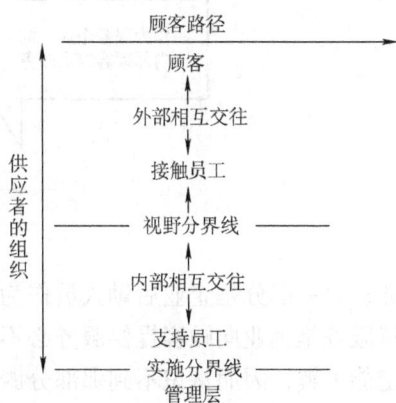

图 5-6　服务图的基本结构

（2）服务质量功能展开（SQFD）　质量功能展开（QFD）最早是由日本人 Shigun Miznno 于 20 世纪 60 年代提出的，三菱公司是第一个利用 QFD 的公司。尽管 QFD 方法发源于制造业，但在服务设计阶段应用 QFD 对服务企业提高服务质量也是大有好处的。

SQFD 的 4 个阶段如下。

1）第一阶段：确定顾客的需要和期望，包括研究竞争对手的行为。

2）第二阶段：转化为服务术语，定义服务要求和设计服务体系（部分和整体），使服务质量从一开始就得到控制。

3）第三阶段：计划过程，按要求提供的服务内容选择服务过程，并利用服务流程图定义过程（或活动）。

4）第四阶段：计划服务的日常生产，定义工作指令和员工培训计划等。

三、服务提供过程质量管理

服务提供过程是顾客参与的主要过程。服务提供过程有两大基本特征：服务提供者与顾客之间的关系十分密切；服务生产过程和消费过程是同时的。

1. 服务提供过程模型

根据服务提供过程模型（见图 5-7），服务的提供被视野分界线划分为两个部分，一部分是顾客可见的或接触到的；另一部分是顾客看不见的，由服务企业辅助部分提供的，但又是为顾客服务不可缺少的。

（1）相互接触部分　外部顾客通过相互接触部分接受服务。在相互接触过程中，能够产生和影响服务质量的资源包括介入过程的顾客、企业的一线员工、企业的经营体制和规章制度、企业的物质资源和生产设备。

（2）后勤不可见部分　在服务提供过程中，顾客极少有机会看到视野分界线后面发生的事情。他们一般不关注在自己看不见的地方正在进行着的那部分服务提供过程。后勤不可见部分也可分为两部分，一部分是直接为顾客提供服务的一线员工接受企业后勤人员的服

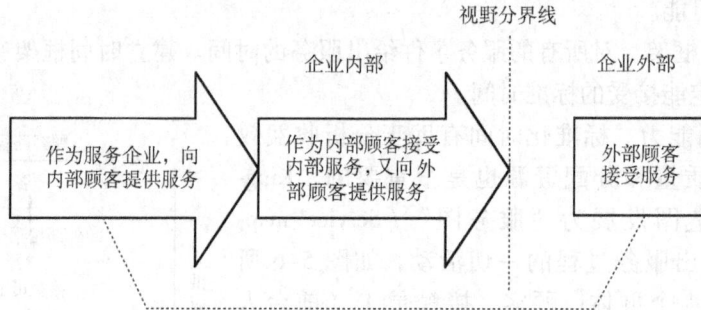

图 5-7　服务提供过程模型

务；另一部分是企业后勤人员作为服务企业向其他内部顾客提供后勤支持服务。内部后勤支持服务是企业向顾客提供服务必不可少的条件。但由于视野分界线之后发生的事情顾客不一定能了解，因而认识不到那部分服务提供过程对整个服务质量所做的贡献，顾客只关注相互接触阶段，即使内部服务相当优异，但接触过程服务质量低劣，顾客就会认为企业的服务质量不高。其次，由于顾客没有看到企业在可见线之后作了多少工作，他们认为看得到的服务提供过程并不复杂，因而可能无法理解为什么各种服务具有价格牌上标明的那么高价格。通常服务企业可以采取适当的宣传或扩大顾客与企业的接触范围的方式，使顾客理解服务的全部内涵，但由于扩大了相互接触部分，这可能会增加服务质量控制的难度。

2. 服务企业的评定

服务企业要保证服务的质量，就要对服务提供过程是否符合服务规范进行监督，并在出现偏差时对服务提供过程进行检查和纠正。特别是对服务过程的关键活动进行测量和验证，避免发生不符合顾客需要从而导致顾客不满意的倾向，并将企业员工的自查，作为过程测量的一部分。

服务企业进行过程质量测量的一个方法是绘制服务流程图，显示工作步骤和工作任务，确定关键时刻，找出服务流程中的管理人员不易控制的部分、不同部门之间的衔接等薄弱环节，分析各种影响服务质量的因素，确定预防性措施和补救性措施。

考核是难以计量的，这是由于服务的无形性，结果要经过顾客的主观判断，不易精确量化。除此以外，服务企业管理人员也很难量化服务质量的经济价值。

服务过程质量控制关系到服务业中每一个人，包括顾客看得见和看不见的人员，各种质量控制制度应能发掘质量缺陷及奖励质量成功，并协助改善工作，以机器代替人力，尤其是取代那些例行性服务，会有助于质量控制。

例如，一家美国航空公司通过研究以下事项来执行服务过程质量标准：每位顾客在取得飞机票时需要花费多少时间；将行李从飞机上卸下来需要花费多少时间；有电话进来未接听之前应允许它响几下等。而经常被人称道的麦当劳公司，其质量标准的注意事项有汉堡包在多少时间要翻面多少次；未卖出的汉堡包只能保持多久；未卖出的炸薯条只能保持多久；收银员应当以目光接触每位顾客并微笑等。

以上这些例子说明，在服务提供过程中建立质量控制标准，应当是能够做到的。不过，服务业在制定和执行标准时，通常不得不经历多次试验和失误。另一方面，许多可以改善生产率的方法也都可以用来改善服务质量，如机器设备的采用、时间和动作研究、流程图、专门化、标准化、流水线作业等原则和措施。

服务承诺可以看做是一种特殊的质量标准。例如，美国联邦快递公司所承诺的 24h 内将包裹送到。服务承诺可以采取多种形式，如没有达到标准向顾客退款、下次提供免费服务、提供其他一些服务作为补偿等。服务承诺由于刺激顾客主动确认并投诉未达到标准的服务而促进反馈，迫使企业思考产生不合格服务的原因，并采取措施不再出现类似问题。

3. 顾客评定

顾客评定是对服务质量的基本测量，它可能是及时的，也可能是滞后的或回顾性的。很少有顾客愿意主动提供自己对服务质量的评定，不满的顾客在停止消费服务前往往不进行任何明示或暗示，以至服务企业失去补救机会。所以，片面地依赖顾客评定作为顾客满意的测量，可能会得出错误的结论，导致服务企业决策失误。

顾客评定与服务企业自身评定相结合，可以克服自我评定中的自以为是，也可以弥补顾客评定的随机性和滞后性，对于服务企业避免质量差错、持续改进服务质量是一条行之有效的管理途径。

美国运通公司从 1986 年开始，每年大约追踪 12000 笔交易。在顾客与公司有过某种接触之后，对顾客进行访谈，以了解他们对柜台作业的满意程度，以及是否会影响他们将来对信用卡的使用。运通公司有位高层主管解释说，顾客满意度的调查能做到我们利用其他方法无法做到的事，这种调查能使我们与信用卡持有人更加接近。更重要的是，调查报告并未被束之高阁，这些报告最后提供我们改善服务质量必须采取的具体行动，以及有关如何加强服务的新观念，这种调查是质量保证的最佳工具。

4. "关键时刻"管理

服务的功能质量水平的高低，是由服务买卖双方的相互接触决定的，而且，正是在这种买卖双方的相互接触中，服务的技术质量及服务的最终结果被转移到顾客身上。这种顾客与服务企业的各种资源相互接触的时空环境在服务业的经营管理中叫做"关键时刻"。

简单地理解，关键时刻就是顾客光顾服务企业任何一个部门时，发生的那一瞬间。经过短暂的相互接触，顾客已经对服务企业的服务质量，甚至是潜在的产品质量有了一定的印象。每个关键时刻都是服务企业将自己的服务质量展示给顾客的机会，错过了这样的机会，服务过程就已经完结，顾客一旦离去，企业就再也无法轻易提高服务质量的感知水平。如果在关键时刻，服务质量发生了问题，要采取补救措施，显然为时已晚。即使想办法去补救，那也只能设法主动创造关键时刻，有了新的关键时刻，企业才有机会展示自己的服务质量。

服务过程是由一系列的关键时刻组成的，要做到对服务过程的管理，以确保整个服务质量体系的完善，提供给顾客优质服务，首先需要确定服务过程的关键时刻。

（1）服务圈 服务圈是顾客经历不同关键时刻的模型描述，确定服务企业的服务圈应由直接参与提供服务的员工来做出。以顾客为中心，按照顾客在服务过程中的各个阶段，列出顾客与企业相接触的所有关键时刻。如图 5-8 所示，这是一个顾客在零售店中所经历的服务圈的例子。在零售店购物服务圈中，对服务企业而言，由主要的关键时刻组成一个环形圈，从图 5-8 中可以看出，顾客是如何与服务企业各部门发生联系的，这一系列彼此独立而又相互关联的关键时刻影响着顾客对服务质量的评价。

（2）重要的关键时刻 在服务圈中，有极少部分的关键时刻特别重要，如果这部分管理不当，对企业信誉和服务质量影响很大，可能会最终失去顾客，因此对重要的关键时刻的管理和控制是服务过程质量控制的关键。

（3）关键时刻模型　为更好地分析关键时刻，一些学者建立了如图 5-9 所示的关键时刻模型，它包含两个部分：

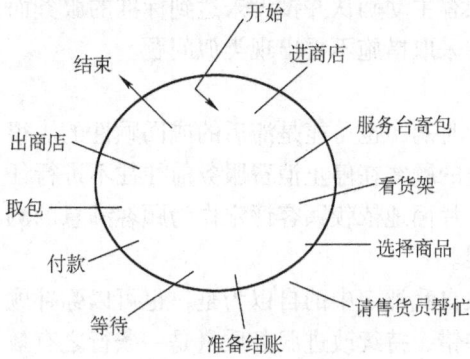

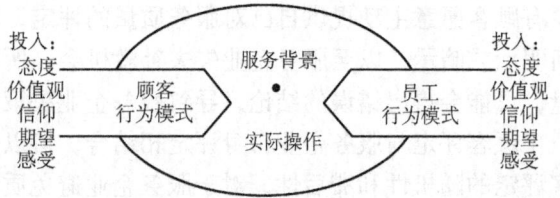

图 5-8　服务圈模型　　　　　　　　图 5-9　关键时刻模型

1）服务背景。在服务企业中，所有与顾客有关的部分都是服务背景，服务背景是在关键时刻中发生的所有的社会、生理和心理上的交流和冲撞。

2）顾客和员工行为模式。顾客和员工在关键时刻中的价值观、心理特征和思想行为组成的行为模式对关键时刻产生很强的影响。不同顾客和员工的行为模式是由很多投入组成的，包括他们的态度、价值观、信仰、期望和感受等。一些投入可能对顾客和员工行为模式的影响是一致的，但有时会相互抵触。行为模式在某种程度上还有很大的不确定性，可能会在某一瞬间改变。例如，当顾客因对服务满意而决定购买时，由于员工的某种偶然的不恰当行为，或碰巧听到其他顾客对服务的抱怨，就有可能对服务质量产生怀疑而改变主意，放弃购买服务。同样，当满腔热情的员工遇到多疑挑剔的顾客时，也可能会产生厌烦，失去热情，导致服务质量的降低。

并不是所有的关键时刻都要有员工的直接参与，如当顾客开车进停车场时，正经历一些关键时刻：停车场是否有空的车位，路标位置是否明显等，都是潜在的关键时刻。在这些关键时刻，服务企业的员工并没有直接参与。

当服务背景、顾客行为模式和员工行为模式之间协调一致时，意味着员工和顾客对关键时刻服务的相同看法，服务企业在这些关键时刻就会赢得顾客的信任，顾客对企业的服务质量的评价就会相应提高。相反，当服务背景、顾客行为模式和员工行为模式之间不一致时，就可能严重影响关键时刻，导致顾客对服务质量评价降低。

复习思考题

1. 什么是服务？服务有哪些特征？
2. 服务是如何分类的？
3. 什么是服务质量？什么是现代的服务质量观？
4. 服务质量的来源有哪些？其形成模式如何？
5. 如何理解服务质量差距分析模型？
6. 什么是服务质量服务体系？服务质量体系的关键内容包括哪些？
7. 什么是蓝图技术？其作用是什么？

第六章 工序质量控制

实行工序质量控制，是生产过程中质量管理的重要任务之一。工序质量控制可以确保生产过程处于稳定状态，预防次品的发生。工序质量控制的统计方法主要有直方图法和控制图法。

第一节 工序质量控制的基本概念

一、工序质量

工序质量因行业而异。一般来说，对产品可分割的工序，工序质量即为产品质量特性，如尺寸、精度、纯度、强度、额定电流、电压等。对产品不可分割或最终才能形成者，则通常指工艺质量特性，如生产装置的温度、压力、浓度和时间等。有时，工序质量也可表现为物耗和效率。工序质量属制造质量的范畴。质量优劣主要表现为产品或工艺质量特性符合设计规范、工艺标准的程度，即符合性质量。

二、质量的波动

工序质量在各种影响因素的制约下，呈现波动性。工序质量波动包括产品之间的波动、单个产品与目标值之间的波动。由于设计已确定了产品质量水平，所以考核工序质量好坏，主要看其波动性大小。波动小，工序质量就稳定；波动大，工序质量就不稳定。如果进一步分析，工序质量波动可分为正常波动和异常波动两类。

1. 正常波动

工序中的正常波动又称为随机波动。应当指出，即使是在符合规定的工艺条件下生产，仍会产生原材料性质上的微小差异，机床的轻微振动，刀具的正常磨损，夹具的微小松动，工人操作上的微小变化，车间温度、湿度的微小变化等，它们都会使工序质量产生波动。但是它们在什么时候发生，具有一定的随机性（偶然性），因此，也称为随机波动。正常波动对工序质量的影响较小，在技术上难以测量和消除。

2. 异常波动

工序中的异常波动又称为系统波动。它是由某种特定原因引起的，如混入了不同规格成分的原材料，机床、刀具的过度磨损，夹具的严重松动，机床或刀具安装和调整不准确，孔加工基准尺寸的误差，界限量规基准尺寸的误差等。异常波动对工序质量的影响较大。

当工序只存在正常波动时，才能说工序是处于正常控制之中，此时的工序生产性能是可以预测的。生产过程控制系统的目标是当工序出现异常波动时迅速发出信号，以便能很快查明原因并采取行动消除波动。

这两类波动的比较，详见表6-1。

表6-1　正常波动与异常波动的比较

类　　型	发生原因	对工序质量影响程度	是否可避免	消除难免	消除费用	处　　理
正常波动	许多	小	不可避免	难	大	保持
异常波动	单一	大	可避免	易	小	消除

需要注意的是，随着科学技术的发展和人们认识水平的提高，正常波动可能转化为异常波动。此外，在正常情况下，仍需密切重视和控制其在一个适度水平。否则，任其发展，不加控制，机床的轻微振动也有可能转化为严重振动；刀具正常磨损也有可能转化为过度磨损。这时正常波动也可能转化为异常波动。概括地说，工序质量控制的任务就是保持正常波动，消除异常波动。

三、质量的分布

产品质量虽然是波动的，但正常波动是有一定规律的，即存在一种分布趋势，形成一个分布带，这个分布带的范围反映了产品精度。产品质量分布可以有多种形式，如均匀分布、正态分布等。

1. 正态分布曲线

实践证明，在正常波动下，大量生产过程中产品质量特性波动的趋势大多服从正态分布。因此，正态分布是一个最普遍、最基本的分布规律。正态分布图形是一条中间高、两边低的"钟形"状态曲线，它具有集中性、对称性等特点，如图6-1所示。

2. 正态分布的特点

正态分布由两个参数决定：均值 μ 和标准差 σ。均值 μ 是正态分布曲线的位置参数，当标准差 σ 相同时其曲线形状相同，只是曲线中心的位置不同。标准

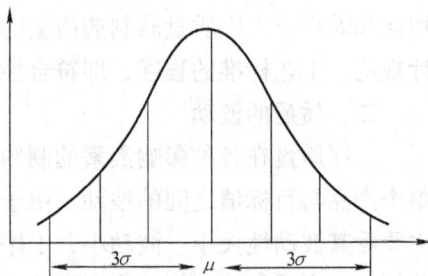

图6-1　正态分布曲线

差 σ 是衡量数据分布离散程度的参数，当 μ 值相同时，曲线的中心位置相同，而曲线的形状不同。随着 σ 值的增大，曲线变得越来越"矮"，越来越"胖"。可以算出，在 $\mu \pm \sigma$ 范围内的面积为 68.26%；在 $\mu \pm 2\sigma$ 范围内的面积为 95.45%；在 $\mu \pm 3\sigma$ 范围内的面积为 99.73%。

第二节　工序分析与工序控制

一、工序分析

1. 工序分析的概念

工序质量之所以会有波动，是因为在生产制造过程中，对工序质量起主要作用的有操作者、机器设备、原材料、工艺方法、测量和环境6大因素（通常称5M1E）。因此，也可以认为工序是这6大因素在特定条件下的组合，是因素对产品质量综合起作用的加工过程。

工序分析就是对工序影响产品质量的各类因素进行分析，找出主导性（支配性）因素，调查这些因素（工序条件）与工序结果（质量特性值）之间的关系。特别要注意的是，明确其数量关系，然后在此基础上建立工序的因素管理（或条件管理）标准。其内容包括因

素或条件所应达到的目标值，以及达到和实现目标值的措施和手段。最后，根据标准要求，开展日常的质量控制活动。

2. 工序质量起支配作用的因素

在任何工业产品制造过程中，都存在着影响最终产品质量（质量参数）变化的 6 大因素，这些因素并非同等重要，它们也体现帕累托（Pareto）原则，有极其重要的少数和无关紧要的多数。往往是其中某个因素对产品质量起决定性作用，处于"支配"的地位。也就是说，它比其他一切影响因素加在一起还重要，控制了它，质量就有了保证。

在制造过程中，一般起支配作用的形式有以下几种：

（1）装置定位起支配作用　装置定位对产品质量起支配作用的工序很多，如冲压、塑压、压铸、印刷等。这类工序，只要装置定位正确，就能保证产品精度一致性。因而更换装置时要认真地进行验证，直到工序能力确实能达到要求时，才可正式投入生产。

为保证这类工序的质量，首先必须有指导装置定位中心找正的文件，并要有能测得装置定位是否确实在中心的量仪，以及能精确地调整定位的手段。

（2）机器起支配作用　靠机器设备的作用，保证制品质量的工序很多，如自动切割，机器打桩等。由于机器设备的技术完好状态将随时间的推移而产生磨损、升温等变化，所以致使工序质量特性值也发生变化，甚至发生变化的程度较大而产生不合格品。因此，对机器设备必须定期检查和调整。

（3）操作人员起支配作用　在机械化和自动化程度低的工序中，操作人员起着一定的支配作用，如手工焊接、纺纱和织布等。对这些工序，操作工人的技能和责任心是保证质量的关键，因而在进行控制时，重点是搞好工人的技术培训并加强考核，提高工人的技术素质，调动他们的积极性。

（4）零部件（包括元器件）起支配作用　对于这类工序，外购零部件（包括元器件）对产品质量起决定性作用，如汽车、手表和电视机装配等。为保证外购件质量，应对供应单位实行调查评级和认定，并加强外购货品的检验。

（5）时间起支配作用　对于这类工序制品的质量，时间起着决定性作用，如橡胶制品的硫化、机器零件的时效处理等。

（6）信息起支配作用　这类工序要根据传送来的信息，决定如何完成工序操作，如炼钢时钢水成分的信息、轧钢时压下量的信息等。

对于有些工序，往往不是单一因素起支配作用，而是几个因素混合起支配作用。对这类工序，要找出支配性的变量往往比较困难。

3. 工序分析的程序

（1）分析工序质量特性的波动情况　包括不同生产线、不同设备、不同时间、不同批次间的波动；工件间工序质量特性值的波动；装配、组合件内部的波动。

（2）选择质量特性值　在选择时，要考虑这个质量特性值的作用是主要的还是一般的。

（3）分析影响质量特性值波动的因素　也就是要分析哪几个因素处于受控状态下，才能保证其质量特性稳定地达到标准要求。

（4）确定支配性因素的控制要求　即建立控制管理标准，纳入经常性的工序分析活动。支配性因素的控制范围可根据工艺规程要求和生产经验确定。

（5）实施活动，确认效果　用工序质量分析表、工序作用指导书等工序分析文件予以肯定。

表 6-2 为某轧钢厂钢坯轧制过程的工序质量分析表。

表 6-2 钢坯轧制过程工序质量分析表

控制项目	控制参数	控制方法		
		依 据	基 础 信 息	手 段
钢锭输送	钢锭温度	技术标准 操作标准 管理标准	生产流程卡片 生产、质量汇报表 等原始记录	应用控制图等统 计方法
受料输送	送料方向	技术标准 操作标准 管理标准	生产流程卡片 生产、质量汇报表 等原始记录	应用统计方法
轧制钢坯	孔型类型、尺寸、表面状态、轧制 道次、压下量、轧制周期、翻钢次 数、轧制速度、温度	技术标准 操作标准 管理标准	生产流程卡片 生产、质量汇报表 等原始记录	应用控制图、直 方图等统计方法
钢坯输出 至剪断机	表面缺陷、尺寸、温度	技术标准 操作标准 管理标准	生产流程卡片 生产、质量汇报表 等原始记录	应用因果图、排 列图等方法

二、工序控制

1. 工序控制的含义

工序控制就是维持工序长期处于稳定状态的活动。具体说，就是根据产品的工艺要求，安排合适的工人和配置适当的设备，组织有关部门密切配合，根据产品质量波动的规律，判断工序异常因素所造成的波动，并采取各种措施保证产品达到技术要求的活动。为搞好工序控制，必须具有以下 3 个条件。

（1）要制定进行控制所需要的各种标准　包括产品标准、工序作业标准、设备保证标准、仪器仪表校正标准等。这些标准是作为判断工序是否处于稳定状态的依据。

（2）要取得实际执行结果同原有标准之间产生偏差的信息　因此，有必要建立一套灵敏的信息反馈系统，把握工序的现状及可能发展的趋势。

（3）要具有纠正实际执行结果同原有标准之间所产生偏差的措施　没有纠正措施，工序控制就失去了意义。

2. 工序控制的内容

（1）对生产条件的控制　就是对人、机、料、法、环等五大影响因素进行控制。也就是要求生产技术业务部门为生产提供并保持合乎标准要求的条件，以工作质量去保证工序质量。同时，还要求每道工序的操作者，对所规定的生产条件进行有效的控制，包括开工前的检查和加工中的监控，特别是检验人员应给予有效的监督。

（2）对关键工序的控制　这是对工序的特殊要求。对关键工序除了控制上述生产条件外，还要随时掌握工序质量变化趋势，使其始终处于良好的状态。关键工序的具体控制方法是，通过工序能力的验证与分析，按实际需要选用控制图或记录表，将其编入工艺文件作为工艺纪律要求操作者执行，检验人员督促检查。要使控制关键工序持续有效，必须准确编制关键工序目录；选择适用的控制方法，不搞形式主义；同时还要给予操作者进行工序控制的技术指导和时间保证。

（3）计量和测试的控制 计量测试关系到质量数据的准确性，必须严加控制。要规定严格的检定制度，编制计量标准器具周期送检进度表，合格者有明显的标志，超期和不合格者要挂禁用牌。同时，应保证合格的环境条件。

（4）不合格品控制 不合格品控制应由质量管理或质量保证部门负责，不能由检验部门负责。质量管理或质量保证部门，除对不合格品的适用性作出判断外，还应据此掌握质量信息，进行预防性质量控制，组织质量改进，改善外购件供应等，不合格品控制应有明确的制度和程序。

三、统计工序控制

1. 统计工序控制的含义

统计工序控制（Statistical Process Control，SPC）是利用统计方法对过程中的各个阶段进行控制，从而达到改进与保证质量的目的。SPC 强调以全过程的预防为主。

SPC 给企业各类人员都带来好处。对于生产第一线的操作者，可用 SPC 方法改进他们的工作；对于管理干部，可用 SPC 方法消除生产部门与质量管理部门之间的矛盾；对于领导干部，可用 SPC 方法控制产品质量，减少返工与浪费，提高生产率，最终可增加利税。

SPC 不仅用于制造过程，而且还可用于服务过程，改进与保证服务质量。SPC 的特点是：全系统的，要求全员参加，人人有责；强调用科学方法来保证，这里主要应用统计方法，尤其是控制图。

工序控制的概念与实施过程监控的方法早在 20 世纪 20 年代就由美国休哈特（W. A. Shewhart）提出，今天的 SPC 与休哈特的方法并无本质区别。在第二次世界大战后期，美国开始将休哈特的理论用于实践，首先在军工部门推行。但是，上述统计控制方法未在美国制造业牢固扎根，第二次世界大战以后即已衰退。因此，美国在 1950 ~ 1980 年这段时间内，除了少数企业外，SPC 几乎从制造业消失。然而，与此同时在战后经济遭到严重破坏的日本，经过 30 年的努力，却跃居世界质量与生产率方面的领先地位。

在强有力的竞争下，从 20 世纪 80 年代起，SPC 在西方开始复兴，并列为高科技技术之一。例如，加拿大钢铁公司（STELCO）于 1988 年列出的该公司高科技方向中第七项就列为高科技的 SPC。美国从 20 世纪 80 年代起又开始在汽车工业、钢铁工业大规模推行 SPC，如福特汽车公司、通用汽车公司、伯利恒钢铁公司等。此外，SPC 在欧洲各国及东南亚一些国家也得到了广泛的发展。

2. 统计工序控制的步骤

（1）SPC 培训 培训内容主要有下列各项：SPC 的重要性；正态分布等统计基本知识；质量管理的 7 个工具，其中控制图是培训重点；制订工序流程图；制定工序控制标准等。

（2）确定关键变量（关键质量因素）

1）对全厂每道工序都要进行分析（可用因果图），找出对产品质量影响最大的变量，即关键变量（可用排列图），如美国 LTV 钢铁公司共确定了大约 20000 个关键变量。

2）找出关键变量后，列出工序流程图。即在图中按工艺流程顺序将每道工序的关键变量列出。

（3）提出或改进规格标准

1）对步骤（2）所得到的每个关键变量进行详细分析。

2）对每个关键变量建立工序控制标准，并填写工序控制标准表（见表6-3）。完成本步骤最困难、最费时间。例如，制定一个部门或车间的所有关键变量的工序控制标准，一个人大约需要工作两年多时间。

（4）在各部门落实　将具有立法性质的有关工序控制标准的文件编制成明确易懂、便于操作的手册，供各道工序使用，如美国 LTV 钢铁公司共编制了 600 种工序控制标准手册。

表6-3　工序控制标准表

所在车间		控　制　点		控制因素		文　件　号		制订日期	
控制内容									
过程标准									
控制理由									
测量规定									
数据报告途径									
控制图	有无建立控制图		控制图类型			制订者制订日期		批准者批准日期	
纠正性措施									
操作程序									
审核程序									
制订者					审批者				

（5）统计监控工序　主要应用控制图对工序进行监控。在本步骤，能够清楚地了解关键变量是如何受控的。依据本步骤的实践，可以对工序控制标准手册加以调整，即反馈到步骤（4）。

（6）诊断和采取措施解决问题

1）可以运用传统的质量管理方法，如运用 7 个工具进行分析。

2）可以应用诊断理论，对工序进行分析与诊断。

3）如果诊断和采取措施解决问题效果显著，则有可能列出一个新变量并制定新的工序控制标准，即反馈到步骤（2）、（3）、（4）。

第三节　工序能力与工序能力指数

一、工序能力

工序能力指工序在一定时间，处于控制状态（稳定状态）下的实际加工能力。它是工序固有的能力，或者说它是工序保证质量的能力。这里所指的工序，指操作者、机器、原材料、工艺方法、测量和环境 6 个基本质量因素综合作用的过程，也就是产品质量的生产过程。工序能力是工序控制的基础和重要标志。

通常用产品质量指标的实际波动幅度来描述工序能力的大小，一般用 $B = 6\sigma$ 来描述，如图 6-2 所示。在图 6-2 中，B 表示工序能力大小；σ 为标准偏差。显然 B 的数值愈小，工序能力愈强。之所以用 6σ 表示工序能力的大小，是因为当生产过程处于控制状态时，在 $\mu \pm 3\sigma$ 范围内的产品占整个产品的 99.73%，即几乎包括了所有的产品。如果范围扩大一些，如取 $\mu \pm 4\sigma$ 或 $\mu \pm 5\sigma$，在此范围内可分别包括整个产品的 99.994% 和 99.99996%，这样会更全面一些，但从 $\mu \pm 3\sigma$（即 6σ）到 $\pm 4\sigma$（即 8σ）或 $\pm 5\sigma$（即 10σ），其波动范围增加了 2σ 或 2.5σ，而包括的产品比例增大得并不多，这从经济上看效果是不好的。因此，工序能力取 6σ 表示较为合适。这样确定的工序能力，可以兼顾全面性和经济性两个方面。

由上可知，工序能力 $B = 6\sigma$ 是有前提条件的。首先质量特性值必须服从正态分布；其次控制的结果，产品的合格率可以达到 99.73%。因此，上述工序能力的概念只能应用于一般质量控制中。对于粗加工或精密加工等特殊工序，不看前提条件，机械地套用 $B = 6\sigma$ 来衡量工序能力，将会有较大的误差。

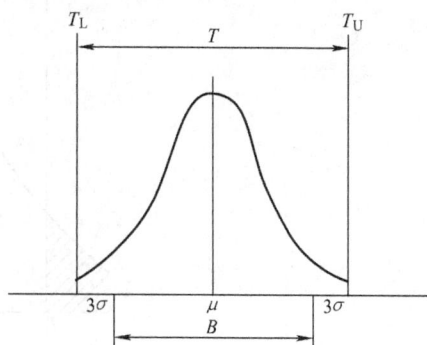

图 6-2　工序能力的概念

工序能力除受工序 6 要素影响外，还受现时技术水平和管理水平都无法控制的因素的影响。或技术上虽然能控制，但费用太高，不能实施；或技术上虽然能够控制，但实际上未进行控制的因素的影响。一般来说，技术上或管理上本来能够控制工序能力，而实际上没有进行控制，这是造成工序能力不足的主要原因，因此，控制工序能力应重点抓这一主要原因。因为由于现有技术或投资条件达不到要求而影响工序能力，从目前来看，这不属于工序能力不足的问题，但从长远观点来看，应力求加以解决。

二、工序能力指数

工序能力只表示一种工序固有的实际加工能力，即工序能达到的质量水平，而与产品的技术要求无关。产品的技术要求指产品质量指标的允许波动范围或公差范围，它是制定产品质量的标准和依据。为了反映和衡量工序能力满足技术要求的程度，引入了工序能力指数的概念。

工序能力指数是表示工序能力满足工序质量标准要求程度的量值，它用工序质量要求的范围（公差）和工序能力的比值来表示，即

$$C_P = \frac{T}{6\sigma} \tag{6-1}$$

式中　　C_P——工序能力指数；

　　　　T——公差（技术要求或质量标准）；

　　　　6σ——工序能力。

由式（6-1）可知，工序能力指数 C_P 与工序能力 6σ 是不同的。工序能力在一定工序条件下是一个相对稳定的数值，而工序能力指数则是一个相对的概念。工序能力相同的两个工序，若工序质量要求范围不同，则会有不同的工序能力指数。工序能力指数的计算，对于不同情况具有不同的形式，其主要有以下几种。

1. 工序分布中心与标准（公差）中心重合的情况

如图 6-3 所示，这种情况时的工序能力指数为

$$C_P = \frac{T}{6\sigma} = \frac{T_U - T_L}{6\sigma} \approx \frac{T_U - T_L}{6s} \tag{6-2}$$

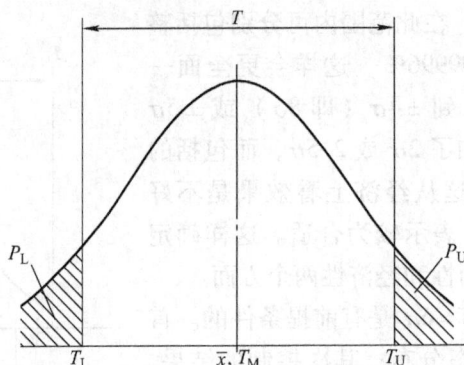

图6-3　工序分布中心与标准中心重合的情况

式中　　T——标准的范围（公差范围）；

　　　　σ——总体标准偏差；

　　　　s——样本标准偏差；

　　　　T_U——质量标准的上限值；

　　　　T_L——质量标准的下限值。

从式（6-2）中可以看出，C_P值与质量标准（或公差）范围的大小成正比，与标准偏差成反比。

总体的标准偏差，包括已经生产出来的产品的标准偏差和未生产出来的产品的标准偏差。未生产出来的产品标准偏差无法计算出来。s 表示从已生产出来的产品中抽取一部分样品而计算出来的标准偏差。如果在生产过程中工序处于稳定状态，一般可以用 s 来估计 σ。

例6-1　某种零件在甲道工序加工，设计尺寸为 $10^{+0.025}_{-0.015}$ mm，通过随机抽样，经计算得知：样本平均值 $\bar{x}$ 与公差中心 T_M 重合，$s = 0.0067$。求该工序能力指数 C_P。

解
$$C_P = \frac{T}{6s} = \frac{T_U - T_L}{6s} = \frac{10.025 - 9.985}{6 \times 0.0067} = 1$$

2. 工序分布中心与标准中心不重合的情况

在实际生产过程中，质量特性值的实际分布中心往往与质量标准的中心不重合，而产生一定的偏离，如图6-4所示。在这种情况下要计算工序能力指数，首先需要设法将实际分布中心 $\bar{x}$ 与质量标准范围中心值 T_M 重合，再计算工序能力指数。当调整有困难或无必要时，则应对 C_P 值加以修正。这时的工序能力指数用 C_{Pk} 表示，其计算公式为

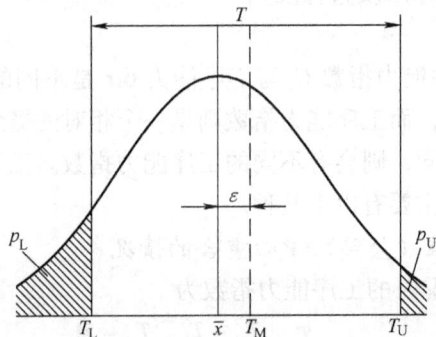

图6-4　工序分布中心与标准中心不重合的情况

$$C_{Pk} = (1 - k) C_P = \frac{T - 2\varepsilon}{6s} \tag{6-3}$$

式中　ε——绝对偏移量，$\varepsilon = \left| T_{\mathrm{M}} - \bar{x} \right|$；

　　T_{M}——公差中心，$T_{\mathrm{M}} = \dfrac{T_{\mathrm{U}} + T_{\mathrm{L}}}{2}$；

　　$\bar{x}$——工序实际分布中心；

　　k——相对偏移量，$k = \varepsilon / (T/2)$。

例6-2　某种零件在第 A 道工序加工，设计尺寸（mm）要求为 $T_{\mathrm{U}} = \phi 30.000$，$T_{\mathrm{L}} = \phi 29.991$。通过随机抽样，经计算得知，$\bar{x} = \phi 29.995$，$s = 0.00132$，求该工序能力指数。

解
$$T_{\mathrm{M}} = \frac{T_{\mathrm{U}} + T_{\mathrm{L}}}{2} = \frac{30.000 + 29.991}{2} = 29.9955$$

$$\bar{x} = 29.995 \neq T_{\mathrm{M}}$$

故公差中心与实际分布中心不重合。

$$\varepsilon = \left| T_{\mathrm{M}} - \bar{x} \right| = 29.9955 - 29.995 = 0.0005$$

$$T = T_{\mathrm{U}} - T_{\mathrm{L}} = 30.000 - 29.991 = 0.009$$

$$T = T_{\mathrm{U}} - T_{\mathrm{L}} = 30 - 29.991 = 0.009$$

$$C_{Pk} = \frac{T - 2\varepsilon}{6s} = \frac{0.009 - 2 \times 0.0005}{6 \times 0.00132} = 1.01$$

3. 只有单向标准的情况

某些工序只要求控制单向公差，如清洁度、噪声、杂质含量等，仅需控制公差上限，其下限为零。而材料的强度、零件的寿命则要求控制公差下限，上限可认为是无限大。当质量特性值仅有单向标准时，C_P 值的计算可分下述两种情况：

1）当只要求公差上限时，则 C_P 值计算公式为

$$C_P = \frac{T_{\mathrm{U}} - \mu}{3\sigma} = \frac{T_{\mathrm{U}} - \bar{x}}{3s} \tag{6-4}$$

当 $\bar{x} \geqslant T_{\mathrm{U}}$ 时，规定 $C_P = 0$。

2）当只要求公差下限时，则 C_P 值计算公式为

$$C_P = \frac{\mu - T_{\mathrm{L}}}{3\sigma} \approx \frac{\bar{x} - T_{\mathrm{L}}}{3s} \tag{6-5}$$

当 $\bar{x} \leqslant T_{\mathrm{L}}$ 时，规定 $C_P = 0$。

第四节　工序能力评价与工序能力调查

一、工序能力评价

工序能力指数客观而又定量地反映了工序能力满足技术要求的程度，因而可以根据工序能力指数的大小，对工序或加工进行分析和评价。工序能力评价的目的是对工序进行预防性处置，以确保生产过程的质量水平。理想的工序能力既要能满足质量保证的要求，又要符合经济性的要求。表6-4 给出了利用工序能力指数 C_P 对工序能力做出判断的一般标准。应当指出，表6-4 给出的标准并不适合所有的生产过程，某些行业根据自身的质量控制要求已制定了自己的标准，如汽车工业要求 $C_P > 1.33$ 才为正常的生产能力。

表 6-4　工序能力指数的判断标准

工序能力等级	工序能力指数	工序能力判断
特级	$C_P > 1.67$	过剩
一级	$1.67 \geqslant C_P > 1.33$	充足
二级	$1.33 \geqslant C_P > 1.00$	正常
三级	$1.00 \geqslant C_P \geqslant 0.67$	不足
四级	$C_P < 0.67$	严重不足

应当指出，当发现工序有偏时，原则上应采取措施调整分布中心 μ，以消除或减小分布中心的偏移。考虑到调整时的技术难度及成本，工序有偏时工序调整的一般标准列于表 6-5。

表 6-5　存在 k 时的判断标准

偏移系数 k	工序能力指数	采取措施
$0 < k < 0.25$	$C_P > 1.33$	不必调整均值
$0.25 < k < 0.50$	$C_P > 1.33$	要注意均值的变化
$0 < k < 0.25$	$1 < C_P < 1.33$	密切观察均值
$0.25 < k < 0.50$	$1 < C_P < 1.33$	采取必要的调整措施

二、提高工序能力的途径

由工序能力指数的计算公式 $C_{Pk} = \dfrac{T - 2\varepsilon}{6s}$ 可知，影响工序能力指数的变量有 3 个，即工序产品质量给定公差 T；工序加工的样本分布中心与产品质量给定公差中心的偏移量 ε；工序加工的质量特性值的分散程度 σ（样本的标准差）。因此，要提高工序能力可以从以下 3 个方面考虑。

1. 调整工序加工的分布中心，减少偏移量 ε

首先必须分析造成加工分布中心偏移的原因。采取的方法是从影响工序的人、机、料、法、测、环 6 大因素进行分析。减少工序加工的中心偏移量的主要措施如下。

1）对大量生产工序进行统计分析，得出由于刀具磨损和加工条件等随时间的推移而逐渐变化的偏移规律，从而可及时进行中心调整，或采取设备自动补偿偏移或刀具自动调整和补偿等。

2）根据中心偏移量，通过首件检验，可调整设备、刀具等的加工定位装置。

3）改变操作者的孔加工偏向下差及轴加工偏向上差的倾向性习惯，以公差中心值为加工依据。

4）配置更为精确的量规，由量规检验改为量值检验，或采用高一等级的量具检测。

2. 提高工序能力，减少分散程度

工序加工的分散程度，即工序加工的标准偏差 s。由于材料的不均匀，设备精度等级低，可靠性差，工装、模具精度低，工序安排不合理和工艺方法不正确等，对工序能力指数的影响是十分显著的，提高工序能力，减少分散程度的措施极为广泛，一般有以下几种。

1）修订工序，改进工艺方法；修订操作规程，优化工艺参数，补充增添中间工作；推广应用新材料、新工艺、新技术。

2）检修、改造或更新设备。改造、增添与公差要求相适应的精度高的设备。

3）增添工具、工装，提高工具、工装的精度。

4）改善现有的现场环境条件，以适应产品对现场环境的特殊要求。

5）改变材料的进货周期，尽可能减少因材料的进货批次不同而造成的质量波动。

6）对关键工序、特种工艺的操作者进行技术培训。

7）加强现场的质量控制。设置工序质量控制点或推行控制图管理；开展 QC 小组活动；加强质量检验，适当增加检验频次和数量等。

3. 在保证质量的前提下，放宽给定的公差

扩大工序加工公差范围，C_P 值随之增大，但这样做必须十分谨慎。扩大加工公差，必须通过严格的论证和实践考察，证实放宽公差确实不致影响产品质量，由工艺设计部门提出，经严格审批程序批准才能执行。在实际生产中，有一些产品的次要部位还要经过深加工的工序，公差不必定得过严。产品的保险系数定得过高，有时会造成功能过剩的现象。例如，有一些鞋子的面料过于坚固，以致鞋底磨穿了，鞋面仍然是很好的；有的还需镗、磨的钻孔工序，对钻孔的孔径公差要求过严，对工序要求不作适当的修订，也是一种浪费。

三、工序能力调查

工序能力调查指采用一定的方法，对选定的调查对象，测量其质量特性值，判断工序能力是否充足，并制定相应的改进措施的全部活动。它是发现和解决问题的有效方法。

工序能力调查程序分为以下几个步骤：

（1）明确调查目的 调查目的是具体调查的核心和依据，因此，调查前首先必须明确目的。调查目的可在掌握和分析资料的基础上确定，一般可从以下几方面收集资料。

1）设计方面。技术设计、工艺设计等资料。

2）生产制造方面。工序 6 要素（5M1E）状况等资料。

3）检查、供应和销售方面。检查方法、手段、标准等资料；材料供应、订货前的指导思想以及用户的意见等资料。

（2）选择调查对象 调查对象选择得是否正确，将影响调查成果的大小。一般调查对象应选择可以进行数据处理的，在生产过程中可以进行实验的主要环节。

（3）进行标准化处理 调查之前，要了解引起质量波动的 5M1E 是否已标准化。因为其标准化的程度，将影响工序能力调查结果。对于 5M1E 未标准化的，应根据技术、经济实力，尽量使其标准化。

（4）选择调查方法 调查的目的不同，所选择的调查方法也不同。因此，应根据调查目的选择合适的调查方法。

（5）收集数据、计算工序能力指数 根据调查目的和选定的调查方法，进行数据的收集、整理、分析，并计算工序能力指数，为工序能力评价和改进提供依据。

（6）工序能力评价与反馈 根据工序能力指数的判断标准，对工序能力进行评价。工序能力评价结果有 3 种情况：

1）工序能力过高，需要制定改进措施，使其降低成本，提高经济效益。

2）工序能力充分，维持原状，继续进行生产。

3）工序能力不足，找出原因，制定改进措施并加以实施。

工序能力的评价结果不管处于哪一种情况，均要向有关部门进行信息反馈。

工序能力调查的程序如图 6-5 所示。

```
┌──────────┐
│  明确目的  │
└────┬─────┘
┌──────────────┐
│ 制定调查计划   │
│ 选定调查对象   │
│ 决定调查方法   │
└────┬─────────┘
┌──────────────┐
│  工序的标准化  │
└────┬─────────┘
┌──────────────┐
│  实施标准作业  │
└────┬─────────┘
┌──────────────┐
│   收集数据    │
└────┬─────────┘
┌──────────────┐
│   数据分析    │
└────┬─────────┘
```

否 ←—— 工序是否稳定 ——→ 是

追查异常原因　←　掌握工序能力

能力不足　　能力过于充分　能力充分

采取改善措施防止再发生　设法降低成本　维持管理标准

起草报告书　　确认效果，管理标准化

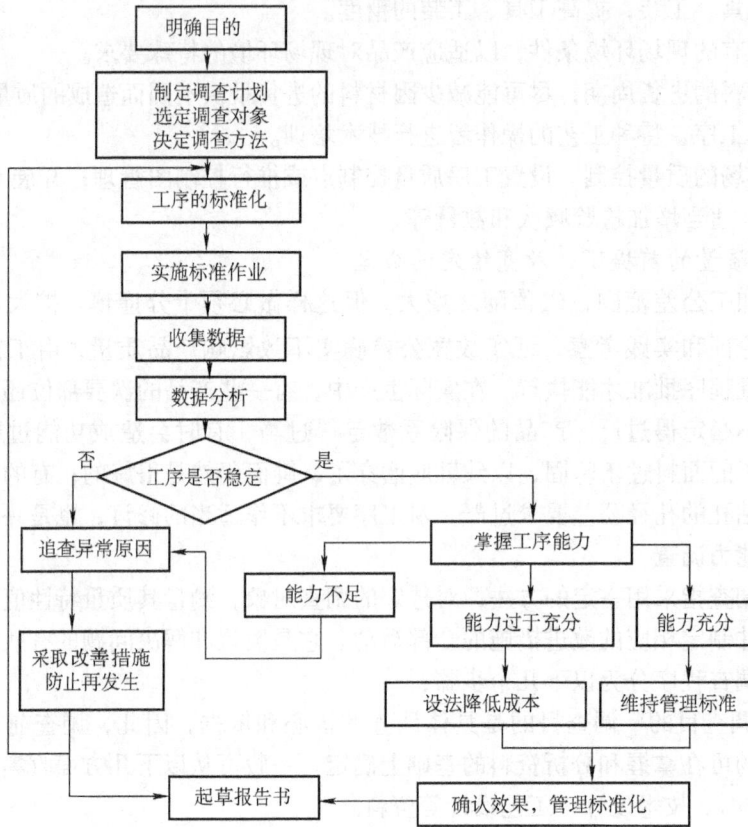

图 6-5　工序能力调查流程图

第五节　控制图的基本原理

一、控制图的基本概念

控制图（Control Chart）又称为管理图。它是用来分析和判断工序是否处于稳定状态的，并带有控制界限的图形。它是判断和预报生产过程中质量状况是否发生异常波动的有效方法。控制图是在 1924 年由美国的休哈特（W. A. Shewhart）首创的，因为它的用法简单、效果良好、便于掌握，因而逐渐成为质量管理中一种重要的工具。控制图的基本形式如图 6-6 所示。

控制图上的控制界限是用来判断工序是否发生异常变化的尺度。在实际工作中，无论在什么情况下（生产条件相同或不同），按一定标准制造出来的大量的同类产品的质量总是存在波动的。在生产过程中，质量控制的任务就是要查明和消除这类异常的因素，使工序始终尽量被控制在正常波动之中。利用控制图对生产过程进行控制，就是把被控制的质量特性值变为点描在图上，如果点全部落在上、下控制界限之内，而且点的排列又没有什么缺陷（如链、倾向、周期等），就判定生产过程是处于控制状态，否则就认为生产过程中存在异常因素，于是，就要查明其原因，予以消除。

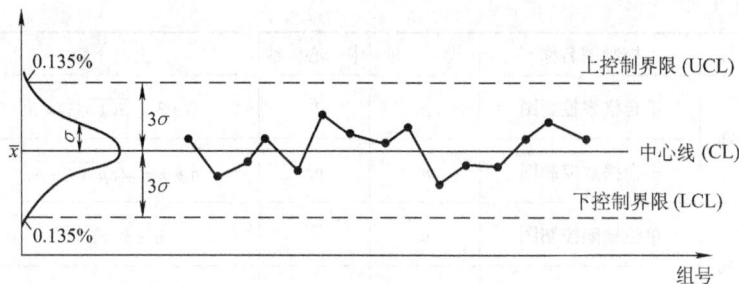

图 6-6　控制图的基本形式

二、控制界限的确定

通常是以样本平均值 $\bar{x}$ 为中心线，而上下取 3 倍的标准偏差（$\bar{x} \pm 3\sigma$）来确定控制图的控制界限，因此用这样的控制界限作出的控制图，叫做 3σ 控制图，如图 6-6 所示。

在生产过程仅有偶然原因影响的稳定状态下生产出来的产品，其总体产品的质量特性分布为正态分布。根据正态分布的性质，取 $\bar{x} \pm 3\sigma$ 作为上下控制界限，这样质量特性值出现在 3σ 界限以外的概率很小，为 0.27%，即 1000 次中大约有 3 次。如果这 3 次忽略不计，即认为正态分布总体的产品质量特性值全部分布在 3σ 界限以内；如果在生产过程中有特性值出现并超过 3σ 界限以外的情况，就可以判断为有异常原因使生产状态发生了变化。因此，把按这种原则确定控制界限的方法称为千分之三法则。

三、控制图的种类

控制图根据数据的种类不同，基本上可以分为两大类，即计量值控制图和计数值控制图。

计量值控制图一般适用于以长度、强度、纯度等计量值为控制对象的场合。属于这类的有单值控制图（x 控制图）、平均值和极差控制图（$\bar{x} - R$ 控制图）以及中位数和极差控制图（$\tilde{x} - R$ 控制图）等。

计数值控制图是以计数值数据的质量特性值为控制对象的。属于这类的有不合格品率控制图（P 控制图）和不合格品数控制图（P_n 控制图），这两种控制图称为计件值控制图；还有缺陷数控制图（c 控制图）和单位缺陷数控制图（u 控制图），这两类控制图称为计点值控制图。常用的控制图类型及控制界限的计算如表 6-6 所示。

表 6-6　常用控制图类型及控制界限的计算

数据类型	分　布	控制图名称	代　号	中　心　线	上、下限	国际编号
计量	正态分布	均值-标准差控制图	$\bar{x} - s$	$\bar{\bar{x}}$ $\bar{s}$	$\bar{\bar{x}} \pm A_1^* \bar{s}$ $B_4\bar{s}$，$B_3\bar{s}$	GB 4091.2
		均值-极差控制图	$\bar{x} - R$	$\bar{\bar{x}}$ $\bar{R}$	$\bar{\bar{x}} \pm A_2\bar{R}$ $D_4\bar{R}$，$D_3\bar{R}$	GB 4091.3
		中位数-极差控制图	$\tilde{x} - R$	$\bar{\tilde{x}}$ $\bar{R}$	$\bar{\tilde{x}} \pm A_2\bar{R}$ $D_4\bar{R}$，$D_3\bar{R}$	GB 4091.4
		单值-移动极差控制图	$x - R_s$	$\bar{x}$ $\bar{R}$	$\bar{x} \pm 2.66a\bar{R}$ $3.27\bar{R}$，0	GB 4091.5

（续）

数据类型	分 布	控制图名称	代 号	中心线	上、下限	国际编号
计件	二项分布	不合格率控制图	p	$\bar{p}$	$\bar{p} \pm 3\sqrt{\bar{p}(1-\bar{p})/\bar{n}}$	GB 4091.6
		不合格数控制图	pn	$n\bar{p}$	$n\bar{p} \pm 3\sqrt{n\bar{p}(1-\bar{p})}$	GB 4091.7
计点	泊松分布	单位缺陷控制图	u	$\bar{u}$	$\bar{u} \pm 3\sqrt{\bar{u}/\bar{n}}$	GB 4091.8
		缺陷数控制图	c	$\bar{c}$	$\bar{c} \pm 3\sqrt{c}$	GB 4091.9

第六节　计量值控制图

一、平均值与极差控制图（$\bar{x} - R$ 控制图）

平均值与极差控制图是计量值控制图中最常用的一种质量控制工具。它是由平均值（$\bar{x}$）控制图和极差（R）控制图联合使用的一种控制图。平均值控制图是用来控制平均值的变化；极差控制图是用来控制工序散差的变化。平均值与极差控制图是通过调查平均值 $\bar{x}$ 和极差 R 是否有异常变化，来对工序进行控制的。

1. 控制界限的确定

（1）$\bar{x}$ 控制图的控制界限　从数理统计的理论可知，特性值 x 服从总体为 $N(\mu, \sigma)$ 的正态分布时，则对于大小为 n 的样本 $x_1, x_2, \cdots, x_n$ 的平均值 $\bar{x}$ 有下式成立：

$\bar{x}$ 的期望值　　　$E(\bar{x}) = \mu$

$\bar{x}$ 的标准偏差　　$D(\bar{x}) = \sigma/\sqrt{n}$

而 μ 和 σ 可通过 k 组、大小为 n 的样本数据求得

μ 的估计值 $= \bar{\bar{x}}$

σ 的估计值 $= \dfrac{\bar{R}}{d_2}$

式中，d_2 是由 n 确定的系数，可由表6-7查出。所以 $\bar{x}$ 控制图的控制界限为

$$UCL = \mu + 3\frac{\sigma}{\sqrt{n}} = \bar{\bar{x}} + 3\frac{\bar{R}}{d_2\sqrt{n}} = \bar{\bar{x}} + A_2\bar{R}$$

$$LCL = \mu - 3\frac{\sigma}{\sqrt{n}} = \bar{\bar{x}} - 3\frac{\bar{R}}{d_2\sqrt{n}} = \bar{\bar{x}} - A_2\bar{R}$$

$$CL = \bar{\bar{x}}$$

式中，$A_2 = \dfrac{3}{d_2\sqrt{n}}$ 是由 n 确定的系数，可由表6-7查出。

（2）R 控制图的控制界限　从数理统计的理论可知，特性值 x 服从总体为 $N(\mu, \sigma)$ 的正态分布时，则对于大小为 n 的样本 $x_1, x_2, \cdots, x_n$ 的极差 R 有下式成立：

R 的期望值　　　$E(R) = d_2\sigma$

R 的标准偏差　　$D(R) = d_3\sigma$

式中，σ 可通过样本数据来估计。则

$$\sigma \text{ 的估计值} = \frac{\overline{R}}{d_2}$$

式中，d_2、d_3 是由 n 确定的系数。所以 R 控制图的控制界限为

$$\text{UCL} = d_2\sigma + 3d_3\sigma = \left(1 + 3\frac{d_3}{d_2}\right)\overline{R} = D_4\overline{R}$$

$$\text{LCL} = d_2\sigma - 3d_3\sigma = \left(1 - 3\frac{d_3}{d_2}\right)\overline{R} = D_3\overline{R}$$

式中，$D_4 = 1 + 3\frac{d_3}{d_2}$、$D_3 = 1 - 3\frac{d_3}{d_2}$ 是由 n 来确定的系数，可由表6-7查出。

表 6-7 求控制界限的系数表

n	A_2	D_4	D_3	E_2	m_3A_2	d_2	d_3
2	1.880	3.267	—	2.659	1.880	1.128	0.853
3	1.023	2.575	—	1.772	1.187	1.693	0.888
4	0.729	2.282	—	1.457	0.796	2.059	0.880
5	0.577	2.115	—	1.290	0.691	2.326	0.864
6	0.483	2.004	—	1.184	0.549	2.534	0.848
7	0.419	1.924	0.076	1.109	0.509	2.704	0.833
8	0.373	1.864	0.136	1.054	0.432	2.847	0.820
9	0.337	1.816	0.184	1.010	0.412	2.970	0.808
10	0.308	1.777	0.223	0.975	0.363	3.173	0.797

2. $\overline{x}$-R 控制图的作图步骤

现以某轧钢厂生产的（6 ± 0.4）mm 厚度的钢板为例，来说明 $\overline{x}$-R 控制图的作图步骤。

1）收集近期数据 $N = 100$（见表6-8）。

2）将数据分组，一般取组数 $k = 20$，每组容量 n 取 $4 \sim 5$ 为宜，本例取 $n = 5$。

3）计算 $\overline{x}$、R。

根据

$$\overline{x} = \frac{x_1 + x_2 + \cdots + x_n}{n} = \frac{\sum x_i}{n}$$

$$R = x_{\max} - x_{\min}$$

则第一组的 $\overline{x}$、R 为

$$\overline{x}_1 = \frac{5.77 + 6.27 + 5.93 + 6.08 + 6.03}{5} = 6.016$$

$$R_1 = 6.27 - 5.77 = 0.5$$

依此类推。

4）计算 $\overline{\overline{x}}$，$\overline{R}$。

根据

$$\overline{\overline{x}} = \frac{\overline{x}_1 + \overline{x}_2 + \cdots + \overline{x}_k}{k} = \sum \frac{\overline{x}_i}{k}$$

$$\overline{R} = \frac{R_1 + R_2 + \cdots + R_i}{k} = \frac{\sum R_i}{k}$$

对于本例

$$\bar{\bar{x}} = \frac{6.016 + 6.000 + \cdots + 6.078}{20} = 5.975$$

$$\bar{R} = \frac{0.50 + 0.27 + \cdots + 0.56}{20} = 0.419$$

表 6-8　钢板厚度数据（6±0.4）**mm**

组　号	x_1	x_2	x_3	x_4	x_5	$\bar{x}$	R
1	5.77	6.27	5.93	6.08	6.03	6.016	0.50
2	6.01	6.04	5.88	5.92	6.15	6.000	0.27
3	5.71	5.75	5.96	6.19	5.70	5.862	0.49
4	6.19	6.11	5.74	5.96	6.17	6.034	0.45
5	6.42	6.13	5.71	5.96	5.78	6.000	0.71
6	5.92	5.92	5.75	6.05	5.94	5.916	0.30
7	5.87	5.63	5.80	6.12	6.32	5.948	0.69
8	5.89	5.91	6.00	6.21	6.08	6.018	0.32
9	5.96	6.05	6.25	5.89	5.83	5.996	0.42
10	5.95	5.94	6.07	6.02	5.75	5.946	0.32
11	6.12	6.18	6.10	5.95	5.95	6.060	0.23
12	5.95	5.94	6.07	6.00	5.75	5.942	0.32
13	5.86	5.84	6.08	6.24	5.61	5.926	0.63
14	6.13	5.80	5.90	5.93	5.78	5.908	0.35
15	5.80	6.14	5.56	6.17	5.97	5.928	0.61
16	6.13	5.80	5.90	5.93	5.78	5.908	0.35
17	5.86	5.84	6.08	6.24	5.97	5.998	0.40
18	5.95	5.94	6.07	6.00	5.85	5.962	0.22
19	6.12	6.18	6.10	5.95	5.95	6.060	0.23
20	6.03	5.89	5.97	6.05	6.45	6.078	0.56
合　计						119.506	8.37
平　均						5.975	0.419

5）计算 $\bar{x}$-R 控制图的控制界限。

$\bar{x}$ 图：　　上控制界限　UCL $= \bar{\bar{x}} + A_2\bar{R}$

　　　　　　下控制界限　LCL $= \bar{\bar{x}} - A_2\bar{R}$

　　　　　　中心线　　　CL $= \bar{\bar{x}}$

上式中的 A_2 为由样本大小 n 决定的系数，可由表6-7查出。

对于本例，$n=5$ 时，查表6-7得：$A_2 = 0.577$，$D_4 = 2.115$，$D_3 = $ —（不考虑），则

$\bar{x}$ 图：　　　　UCL $= \bar{\bar{x}} + A_2\bar{R} = 5.975 + 0.577 \times 0.419 = 6.217$

　　　　　　LCL $= \bar{\bar{x}} - A_2\bar{R} = 5.975 - 0.577 \times 0.419 = 5.733$

　　　　　　CL $= \bar{\bar{x}} = 5.975$

R 图：　　　　UCL $= D_4\bar{R} = 2.115 \times 0.419 = 0.886$

$$LCL = D_3\overline{R} = (—)（不考虑）$$
$$CL = \overline{R} = 0.419$$

6）画中心线和上下控制限。

7）打点。用 $\overline{x}$ 和 R 值在图上画点，如图 6-7 所示。

8）记入有关事项。在控制图上，应有记载零件名称、件号、工序名称、质量特性、测量单位、标准要求、使用设备、操作者、记录者、检验者等项目的表头，并应设置查明原因的经过和处理意见等。

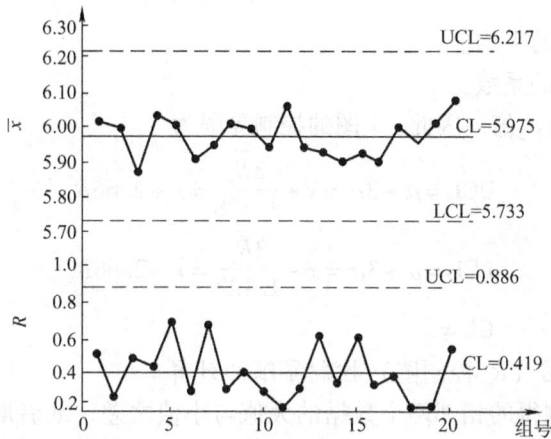

图 6-7　$\overline{x}$-R 控制图

二、单值和移动极差控制图（x-R_s 控制图）

单值控制图（即 x 图）只有一个测量值，适用于单件加工时间较长的工序，也适用于在一较长的抽样间隔期内只能获得一个观察值的情形，如生产成本、生产效率等，或当生产过程质量均匀的场合，如液体的浓度等，每次只需测一个值时，这里的单值指每次所得的一个测量值。移动极差指相邻两次观察值的差的绝对值，即两个数据的极差。

这是把单值控制图和移动极差控制图配合使用，一般是把单值控制图放在上方，把移动极差控制图放在下方。

在采用单值控制图时，是把测得的数据逐个直接在图上打点，不用对数据进行分组，不用计算各样本的平均值或选择中位数，所以简便省事。单值（x）控制图主要应用于以下场合：

1）希望尽快发现和消除异常原因。

2）从工序只能获得一个测定值。

3）工序内部均一，不需要测取许多个测定值。

4）因费用或时间关系，现实中只能测得一个测定值。

单值（x）控制图具有从测试到判断工序状态时间短、情报快的特点。缺点是不易发现工序平均值的变化；与 $\overline{x}$ 控制图相比，发现异常的检出能力差。因此，一般常将 x 控制图与 R_s 控制图配合使用，就是 x-R_s 控制图。

1. 单值控制图 (x 控制图) 控制界限的计算

从数理统计的理论可知,特性值 x 服从总体为 $N(\mu, \sigma)$ 的正态分布时,则 x 有下式成立:

x 的期望值　　$E(x) = \mu$

x 的标准偏差　$D(x) = \sigma$

式中,μ、σ 可用样本数据来估计,则

$$\mu \text{ 的估计值} = \bar{\bar{x}}$$

$$\sigma \text{ 的估计值} = \frac{\bar{R}_s}{d_2} = \frac{\bar{R}_s}{1.128}$$

式中　$\bar{R}_s$——移动极差的平均值;

　　　d_2——由 n 决定的系数。

1.128 是 $n = 2$ 时的 d_2 值。因此,x 图的控制界限为

$$UCL = \mu + 3\sigma = \bar{x} + \frac{3\bar{R}_s}{1.128} = \bar{x} + 2.66\bar{R}_s$$

$$LCL = \mu - 3\sigma = \bar{x} - \frac{3\bar{R}_s}{1.128} = \bar{x} - 2.66\bar{R}_s$$

$$CL = \bar{x}$$

2. 移动极差控制图 (R_s 控制图) 控制界限的计算

移动极差 R_s 就是测得的相邻两个数据的大值与小值之差,或者取一数据与前一数据差的绝对值,即 $R_s = |x_{i+1} - x_i|$。对于移动极差 R_s,则有

R_s 的期望值　　$E(R_s) = 1.128\sigma$

R_s 的标准偏差　$D(R_s) = 0.853\sigma$

式中,系数 0.853 为 $n = 2$ 时的 d_3 值。所以,R_s 的控制界限为

$$UCL = 1.128\sigma + 3 \times 0.853\sigma = 3.687\sigma$$

$$LCL = 1.128\sigma - 3 \times 0.853\sigma = -1.4316\sigma(\text{不考虑})$$

因 σ 的估计值为 $\bar{R}_s/1.128$,所以移动极差控制图 (R_s 控制图) 的控制界限为

$$UCL = 3.687 \times \frac{\bar{R}_s}{1.128} = 3.27\bar{R}_s$$

$$LCL = (—),\text{ 取作 } 0$$

$$CL = \bar{R}_s$$

3. x-R_s 控制图的绘图步骤

下面通过一实例来介绍 x-R_s 控制图的绘制过程。

某机床厂在开发新产品的过程中,试制一种零件,为了分析它的质量特性,需要收集有关的数据。但是,试制这个零件需要 24h,也就是说,要经过 24h 才能收集到一个数据,并且试制零件的批量很少,即使肯花时间,也收集不到更多的数据。因此,本例适于作移动极差控制图。具体步骤如下:

1) 根据收集到的数据列出数据表 (见表6-9)。

2) 求各样本的移动极差及移动极差平均值。

第 2 号样本　$R_{s2} = |2.30 - 2.40| = 0.10$

表6-9 机床零件数据

样 本 号	测 定 值 x_i	移 动 极 差 R_s	样 本 号	测 定 值 x_i	移 动 极 差 R_s
1	2.40	—	11	2.43	0.07
2	2.30	0.10	12	2.43	0.00
3	2.57	0.27	13	2.63	0.20
4	2.67	0.10	14	2.53	0.10
5	2.53	0.14	15	2.57	0.04
6	2.47	0.06	16	2.70	0.13
7	2.73	0.26	17	2.30	0.40
8	2.37	0.36	18	2.40	0.10
9	2.13	0.24	19	2.43	0.03
10	2.50	0.37	20	2.70	0.27
合　计				49.79	3.24
平　均				2.49	0.17

第 3 号样本　$R_{s3} = |2.57 - 2.30| = 0.27$

以此类推,其他样本号的 R_i 如表6-9所示。

移动极差平均值 $\overline{R}_s$ 为

$$\overline{R}_s = \frac{\sum R_s}{k-1} = \frac{0.10 + 0.27 + \cdots + 0.27}{19} = 0.17$$

3)求 x 控制图的中心线和控制界限。

$$CL = \overline{x} = \frac{\sum x_i}{k} = \frac{2.40 + 2.30 + \cdots + 2.70}{20} = 2.49$$

$$UCL = \overline{x} + 2.66\,\overline{R}_s = 2.49 + 2.66 \times 0.17 = 2.94$$

$$LCL = \overline{x} - 2.66\,\overline{R}_s = 2.49 - 2.66 \times 0.17 = 2.04$$

4)求 R_s 控制图的中心线和控制界限。

$$UCL = D_4\overline{R}_s = 3.27 \times 0.17 = 0.556$$

$$LCL = D_3\,\overline{R}_s = (-)\ (不考虑)$$

$$CL = \overline{R}_s = 0.17$$

5)根据上述计算结果,画上、下控制界限和中心线,并将数据在图上打点,如图6-8所示。

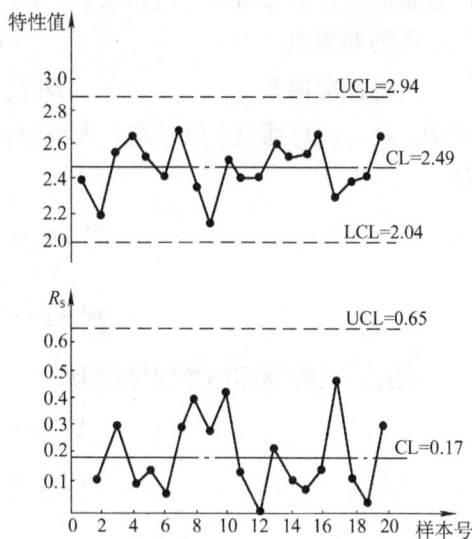

图6-8 机床零件的 $x - R_s$ 图

第七节 计数值控制图

有些工序质量特性只能区分合格与不合格。例如,对于外形、色泽、缺陷等;或虽然是计量值数据,但由于经济性和检测效率的原因,常常按合格与不合格处理,这就必须用计数值控制图。这种图的优点在于无需专门收集数据,仅用质量记录、统计报表提供的信息,这样可以节省大量费用。

计数值控制图包括计件值与计点值两类控制图,而计件值控制图又可分为不合格品数(P_n)控制图和不合格品率(P)控制图;计点值控制图还可分为缺陷数(c)控制图和单位缺陷数（u）控制图两类。

一、计件值控制图（P_n 及 P 控制图）

在生产过程充分稳定时，产品的不合格品率有一个比较固定的数值，设 $\overline{P}$ 为过程平均不合格品率，用 n 表示样本大小，则 $\overline{P}_n$ 为样本中的平均不合格品数。如果生产过程不发生变化或处于统计的控制状态，则无论是不合格品数还是不合格品率，都在很小的范围内变动。反之，不合格品数和不合格品率变化较大。用统计方法可以规定一个不合格品率的界限，当不合格品数或不合格品率超过了这个界限，就说明生产过程发生了异常变化，需要进行调整，这就是不合格品数控制图和不合格品率控制图的基本原理。

1. P_n 及 P 控制图控制界限的确定

生产实践表明，计件值一般服从二项分布。因此，在计算计件值控制图的控制界限和中心线时，要依据二项分布的性质。

当总体不合格品数为 P_n' 时，从中抽取样本大小为 n 的产品，其中不合格品数 P_n 不一定恰好为 P_n'，而是一个服从二项分布 $b(n, P')$ 的随机变量，并且当 $P_n \geq 5$ 时，不合格品数 P_n 近似服从正态分布 $N(P_n, P_n(1-P))$。于是有

P_n 的期望值　　　　　　　　　　　$E(P_n) = P_n'$

P_n 的标准偏差　　　　　　　　　　$D(P_n) = \sqrt{P_n'(1-P')}$

式中，P_n、P' 可通过 k 组样本、大小为 n 的平均不合格品数和平均不合格品率 $\overline{P}$ 的数据来估计：

$$P_n' = \overline{P}_n = \frac{\sum P_n}{k} = \frac{\text{不合格品总数}}{\text{样本组数}}$$

$$P' = \overline{P} = \frac{\sum P_n}{\sum n} = \frac{\text{不合格品总数}}{\text{检查样品总数}}$$

因此，P_n 控制图的控制界限为

$$\text{UCL} = \overline{P}_n + 3\sqrt{\overline{P}_n(1-\overline{P})}$$

$$\text{CLC} = \overline{P}_n - 3\sqrt{\overline{P}_n(1-\overline{P})}$$

$$\text{CL} = \overline{P}_n$$

P_n 值除以 n 即得 P 控制图的控制界限，则

$$\text{UCL} = \overline{P} + 3\sqrt{\frac{\overline{P}(1-\overline{P})}{n}}$$

$$\text{LCL} = \overline{P} - 3\sqrt{\frac{\overline{P}(1-\overline{P})}{n}}$$

$$\text{CL} = \overline{P}$$

2. **不合格品率（P）控制图的作图步骤**

由于在生产稳定条件下，产品的不合格品率有一个相对固定的数值，所以一些企业通常把不合格品率作为反映产品质量的综合性指标。因此，在质量管理中，不合格品率控制图也是应用比较多的一种控制图。

现以某轧钢厂检查重轨的质量不合格品率为例，来说明不合格品率（P）控制图的作图步骤（见表 6-10）。

表 6-10　重轨钢材不合格品率数据表

样品组号	检查样品数	不合格品数	不合格品率	样品组号	检查样品数	不合格品数	不合格品率
1	500	11	0.022	16	500	24	0.048
2	500	19	0.038	17	500	18	0.036
3	500	13	0.026	18	500	22	0.044
4	500	16	0.032	19	500	15	0.030
5	500	14	0.028	20	500	16	0.032
6	500	12	0.024	21	500	23	0.046
7	500	25	0.050	22	500	10	0.020
8	500	13	0.026	23	500	12	0.024
9	500	16	0.032	24	500	18	0.036
10	500	15	0.030	25	500	13	0.026
11	500	12	0.024	26	500	13	0.026
12	500	16	0.032	27	500	5	0.010
13	500	22	0.044	28	500	21	0.042
14	500	26	0.052	29	500	17	0.031
15	500	14	0.028	30	500	28	0.056
合计					15000	499	
平均					500	$\overline{P}$	0.0333

1）收集数据，每次检查数量 500 个。

2）数据分组，本例分 30 组。

3）计算各组的不合格品率和平均不合格品率。

例如，第一组：

$$\overline{P} = \frac{\sum P_n}{N} = \frac{总不合格品数}{总检查样品数} = \frac{499}{15000} = 0.0333$$

4）计算控制界限。

$$UCL = \overline{P} + 3\sqrt{\frac{\overline{P}(1-\overline{P})}{n}} = 0.0333 + 3\sqrt{\frac{0.0333 \times (1-0.3333)}{500}} = 0.0574$$

$$LCL = \overline{P} - 3\sqrt{\frac{\overline{P}(1-\overline{P})}{n}} = 0.0333 - 3\sqrt{\frac{0.0333 \times (1-0.0333)}{500}} = 0.0092$$

$$CL = \overline{P} = 0.0333$$

5）画控制界限和中心线，如图 6-9 所示。

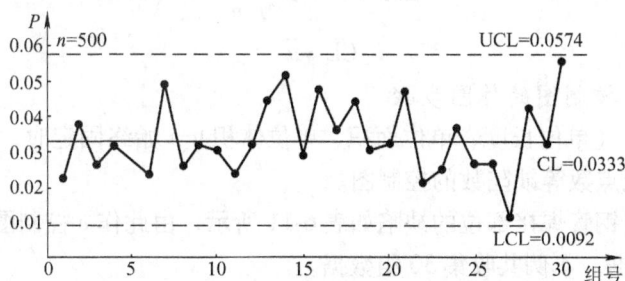

图 6-9　重轨钢材不合格品率 P 控制图

6）在图上打点。

7）记入有关事项。不合格品数 P_n 控制图的作图步骤与不合格品率 P 控制图大致相同。

二、计点值控制图（c 控制图与 u 控制图）

缺陷数控制图和单位缺陷数控制图是计点值类型的控制图，c 图适用于检测对象大小相同或近似的缺陷数控制问题，而当检测对象大小差异较大时最好使用 u 图。

1. 控制界限的确定

生产实践表明，从稳定的工序中随机抽取的一定单位的样本中，出现的产品缺陷数 c 服从泊松分布，则有

c 的期望值　　　　　　　　　　$E(c) = \bar{c}$

c 的标准偏差　　　　　　　　　$D(c) = \sqrt{\bar{c}}$

式中，$\bar{c}$ 为样本的平均缺陷数。因此，c 控制图的控制界限为

$$UCL = \bar{c} + 3\sqrt{\bar{c}}$$

$$LCL = \bar{c} - 3\sqrt{\bar{c}}$$

$$CL = \bar{c}$$

当样本的单位数 n 不固定时，就需要将其换成标准单位（长度、面积、体积）的缺陷数来进行控制，这时就应采用 u 控制图。

设单位缺陷数为 u，则

$$u = \frac{c}{n_i} = \frac{样本中的缺陷数}{样本大小}$$

u 的期望值　　　　　　　　　　$E(u) = \bar{u}$

u 的标准偏差　　　　　　　　　$D(u) = \sqrt{\dfrac{\bar{u}}{n}}$

式中，$\bar{u}$ 为平均单位缺陷数，可用预备数据来估计。则

$$\bar{u} = \frac{\sum c}{\sum n} = \frac{样本中的总缺陷数}{样本大小}$$

所以，u 控制图的控制界限为

$$UCL = \bar{u} + 3\sqrt{\frac{\bar{u}}{n}}$$

$$LCL = \bar{u} - 3\sqrt{\frac{\bar{u}}{n}}$$

$$CL = \bar{u}$$

2. 缺陷数（c）控制图的作图步骤

这是当一定单位（单位长度、单位面积、单位体积）n 始终固定时，用来控制如铸件表面砂眼、镀件上的疵点数等缺陷数的控制图。

例　某工厂检查钢管焊接部位的缺陷如表6-11所示，由此作 c 控制图。

解　1）收集数据。本例共收集30组数据。

2）固定单位面积为 10cm^2。

3）统计出单位面积中的缺陷数，将其记入表6-11。

表 6-11 钢管焊接部位缺陷数检查表

样 品 号	缺陷数 c	样 品 号	缺陷数 c	样 品 号	缺陷数 c
1	3	11	3	21	6
2	2	12	2	22	2
3	6	13	3	23	1
4	2	14	5	24	1
5	1	15	6	25	2
6	1	16	5	26	1
7	4	17	8	27	3
8	3	18	6	28	3
9	7	19	6	29	1
10	5	20	7	30	2
合计					107

$$CL = \bar{c} = \frac{\sum c}{k} = \frac{107}{30} = 3.57$$

$$UCL = \bar{c} + 3\sqrt{\bar{c}} = 3.57 + 3\sqrt{3.57} = 9.24$$

$$LCL = \bar{c} - 3\sqrt{\bar{c}} = (-)(无意义)$$

4）计算中心线和控制界限。

5）画出控制界限和中心线。

6）在图上打点，如图 6-10 所示。

7）记入有关事项。

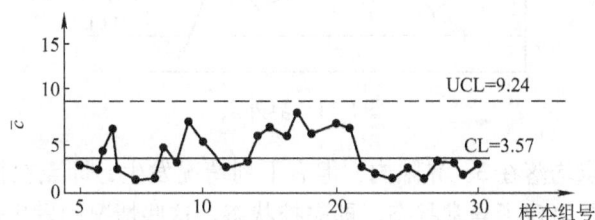

图 6-10 钢管焊接部位缺陷数 c 控制图

第八节 控制图的观察分析与使用

一、控制图的观察分析与判断

对控制图进行观察分析是为了判断工序是处于受控状态还是失控状态，以便决定是否有必要采取措施，消除异常因素，使生产恢复到受控状态。控制图的判断，一般是依据数理统计中的"小概率事件"的原理。

1. 受控状态的判断

工序是否处于受控状态，也就是工序是否处于统计控制状态或稳定状态。在受控状态下，生产过程只受偶然因素的影响。判断工序是否处于受控状态的基本原则如下：

1）所有样本点都在控制界限内。

2）位于中心线两侧的样本点数目大致相同。

3）离中心线越近，样本点越多。在中心线上、下各一个"σ"的范围内的样本点约占 2/3，靠近控制界限的样本点极少。

4）样本点在控制界限内的散布是独立随机的，无明显规律或倾向。

考虑到在受控状态下仍有小概率出现样本点超出控制界限的情况，为了减少错误判断的风险，对于下列情况仍可认为生产过程处于受控状态（当然，此时仍应及时找出界外点的原因）。

1）连续 25 个样本点在控制界限内。

2）连续 35 个样本点中仅有一个超出控制界限。

3）连续 100 个样本点中，最多只有两个样本点超出控制界限。

2. 失控状态的判断

只要控制图上的样本点出现下列情况之一，就可判断工序为失控状态，即为有异常发生。

1）样本点超出控制界限（样本点在控制界限上，按超出界限处理）。

2）控制界限内的点排列方式有缺陷，即为非随机排列。

在 3σ 界限的控制图上，正常条件下，点越出界外的概率只有 0.27%，这是一个小概率事件。若不是异常状态，点一般不会越出界限外。但仅在控制图上打几个点便发生了界外点，则可认为生产过程出现了异常变化，即处于失控状态，如图 6-11 所示。

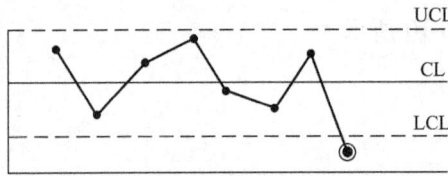

图 6-11　界外点

此外，即使所有点均落在 3σ 界限内，但有下列情况发生，即点在控制界限内的排列方式有缺陷，也可判断是出现了异常状态，即失控状态。这些情况的发生也都是小概率事件。

1）相对于点的中心线一侧，连续出现 7 点"链"的情况时（见图 6-12），就认为是有异常发生，即认为工序是处于失控状态，这时就要采取措施，消除这些异常原因。一般情况下，在实际判断时，当连续出现 5 个点，就要注意工艺操作；连续出现 6 个点时，就要开始调查原因。

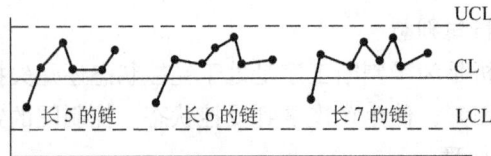

图 6-12　7 点"链"

2）当点在中心线一侧多次出现时，如连续 11 个点中至少有 10 个点在中心线同一侧出现（见图 6-13）；连续 14 个点中至少有 12 个点在中心线同一侧出现；连续 17 个点中至少有 13 个点在中心线同一侧出现；连续 20 个点中至少有 16 个点在中心线同一侧出现。这时，就要采取措施，消除异常原因。

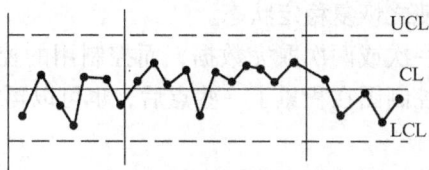

图6-13 连续11个点中至少有10个点在中心线同一侧出现

3）点按次序连续上升或者连续下降的倾向。一般把连续有7个点以上的上升或下降的倾向，作为判断是否异常的标准，如图6-14所示。

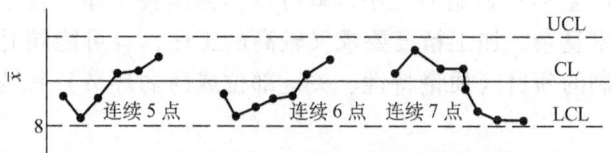

图6-14 倾向的情况

4）点在靠近控制线出现的情况，其判断标准是从下面几种情况是否超出上下2σ控制界限为原则：

① 连续3点中，有两点以上在$\pm2\sigma \sim \pm3\sigma$之间（不连续也可以）。

② 连续7点中，有3点以上在$\pm2\sigma \sim \pm3\sigma$之间（不连续也可以）。

③ 连续10点中，有4点以上在$\pm2\sigma \sim \pm3\sigma$之间（不连续也可以）。

出现上述情况，即认为有异常发生，如图6-15所示。

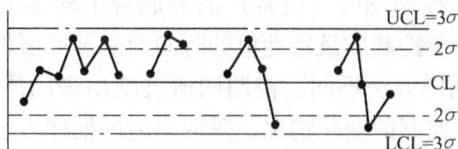

图6-15 连续3点中有两点在$\pm2\sigma \sim \pm3\sigma$之间

5）点具有周期变动的情况。点虽然全部进入控制状态（控制界限以内），但如果出现有周期性的变动，也表明有异常情况发生。周期性变动的发生往往与分组方法、取样方法、数据的取法及数字修正法有关。这种变化有时也根据"链"和"倾向"的原则来判断。周期变动的情况如图6-16所示。

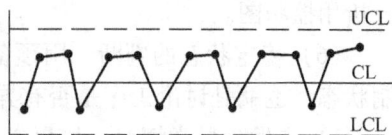

图6-16 周期变动的情况

二、控制图的用途及使用方法

1. 控制图的用途

控制图的用途有以下两种。

（1）分析用 分析用是利用控制图判断工序是否稳定，分析各种因素对质量特性的影响，如果发现有异常变化，就及时采取措施，调查原因、消除异常，使工序稳定。

（2）控制用 控制用的控制图是在已作好分析用控制图的基础上，在工序中定期采集数据，在控制图上打点，如果有点越出界限或者虽然在界限内，但点排列方式有缺陷，就表明有异常，就要采取措施，使之恢复稳定状态。

分析用的控制图是现场一次或两次取完数据，而控制用的控制图，则规定隔一定时间、按规定的数据采取。控制用控制图在积累了一些点后，也可以再重画分析用控制图。

2. 控制图的使用方法

根据控制图进行质量控制，可按下列步骤进行。

（1）确定控制项目和质量特性　进行工序控制最重要的是选择控制项目。产品生产的过程是由很多道工序构成的，实际工作中不可能、也不必要对所有工序同时进行严格的质量控制。例如，对那些产量不大、质量要求不高的工序，或加工过程中的质量问题已能充分掌握，对下道工序不会产生不良影响的工序，就可以作为次要工序，暂不进行严格的质量控制。但是，对那些技术复杂、加工精度要求又较高的工序，有可能同时控制工序的几个项目。这些需要重点控制的项目（质量特性、关键部位或薄弱环节）称为控制点。确定控制点的原则如下：

1）产品的性能、精度、寿命、可靠性、安全性等，以及对它们有直接影响的零部件的关键质量特性及影响这些特性的支配性工序要素。

2）工序本身有特殊要求，对下道工序有影响的质量特性，以及影响这些特性的工序支配性要素。

3）工序质量不稳定，出现不合格品多的质量特性，或其他支配性工序要素。

4）用户反馈回来的意见较多的工序。

（2）选定控制图　由于使用目的的不同，对于不同控制项目或不同质量特性，应选用不同类型的控制图。

（3）确定样本组　当作控制图时，应将产品分成若干样本组。样本组大小的确定，应从技术、控制图的类别、需要控制质量特性值的时间间隔及经济性等方面来考虑。

（4）确定抽样方法　抽样方法不同，控制图所反映出来的质量特性变化的意义就有所不同。因此，必须注意工序控制的变化情况，采取合适的抽样方法。

（5）收集预备数据作分析用控制图　必须采取近期生产中的数据或决定重新采取数据，一般需20～25组数据，每组数据的多少由控制图种类和其经济性来决定。根据预备数据作分析用控制图。

（6）稳定状态的判断　用预备数据作出了分析用控制图后，就要观察工序是否处于控制状态，也就是讨论工序是否有异常发生。这时，要讨论以下两种情况。

1）未发生异常情况。如果未发生异常情况，就需要进行下一步骤，即同标准对比。

2）发生了异常情况。这时就要调查其原因，采取措施，消除异常。如果点的分布状态有缺陷，就要改变分布状态，这样的做法要经过几次反复，一直到消除了异常的点，点全部处于控制状态为止。如果无法查出产生控制界限外点及点的分布方式有缺陷的原因时，也要按其控制界限的原形进行下一步，即同标准对比。

（7）同标准对比　如果对工序不稳定的因素采取措施，使之稳定后，就要在稳定的状态下，调查产品是否满足标准，使之控制状态标准化。利用作出的分析用控制图的全部数据作直方图，将直方图同标准对比。如果满足标准，即可进行下一步；如果不满足标准，要采取措施进行处理，以消除异常原因达到标准。假如考虑技术经济条件，不便采取措施，可考虑修订标准，对没有满足标准的已生产出来的产品，要进行全数检查和批量处理。

（8）进行日常控制　作控制用的控制图经过上述步骤后，当工序处于稳定状态时，就要在分析用的控制图上延长控制界限，按每天的数据打点，若看到控制图在控制时有异常情况，就要立即追查原因，采取措施，并保留记录。

（9）控制界限的再计算　如果工序能继续处于控制状态，质量水平就能提高，这时要定期地评价控制界限。当操作者、原材料、机器设备、操作方法发生变化时，要重新进行计算。

第九节　工序诊断调节法

工序诊断和工序调节是制造现场质量管理的一种方法。我们知道，人经过一定时间间隔要进行健康检查及诊断，如果发现病症，就要进行治疗，将病治好以便恢复健康。工序生产和人的肌体一样，当工序生产正常时，也要按一定的时间间隔进行工序诊断。由于原材料的劣化、工具的磨损、机器的故障以及操作的问题等，能使工序发生异常，生产不良品。一旦发现工序异常，就要进行工序调节，以排除造成工序不良的原因。在多数情况下是排除工序不良的未知原因的影响（不必将原因找出），使工序恢复正常。因此，诊断具有预防的性质，调节具有恢复的性质。

工序诊断调节法是由 20 世纪 70 年代末日本青山大学教授田口玄一所创造，现已在一些企业中得到了推广应用。

一、工序诊断调节法的基本要素和参数

所谓工序诊断调节法，就是按一定间隔抽样，通过对样本观测值的分析，尽快地发现工序异常，找出异常原因，迅速使工序恢复正常状态的一种质量控制方法。尽快地发现工序异常，就是所谓工序诊断；使工序恢复正常状态，就是所谓工序调节。因而，工序诊断与调节，特别是工序的连续诊断与调节（连续监视）方式，是维持工序稳定，保证工序能力处于理想状态，使产品质量特性值不偏离标准中心的有效方法，是在判定工序异常时，使工序恢复正常状态的及时反应的方法。

工序诊断调节法与控制图法的主要区别在于重视工序控制的经济性。从时间与经济两方面考虑，工序诊断调节法的基本要素是工序、诊断和调节等，反映这些要素的具体参数如下：

1）表征工序的参数——平均故障间隔期 $\bar{u}$，不良品损失 A。

2）表征诊断的参数——时滞长度 l，诊断费用 B。

3）表征调节的参数——调节时间长度 t，调节费用 C。

1. 平均故障间隔期 $\bar{u}$

$\bar{u}$ 是某一时期的产品产量对该期间所发生故障次数的比值。即

$$\bar{u} = \frac{\text{某一时期的产量}}{\text{某一时期的故障次数}} \quad (\text{件})$$

当故障次数为零时，$\bar{u}$ 为某一时期产量的 2 倍。

2. 不良品损失 A

A 是当工序发生异常时，制造单位产品的损失（元）。

3. 时滞长度 l

l 是从开始诊断到停机调节为止的间隔期，通常用产品件数表示。若检查不需要时间，则 $l=0$；若需根据后续工序过程或市场情况控制工序时，则 l 值增大。

4. 诊断费用 B

这是一次诊断所需的费用（元）。

5. 调节时间长度 t

为故障平均停工时间（小时或分钟）。

6. 调节费用 C

C 是当工序异常时，使工序恢复正常状态所需的费用。含调节时间的停工损失和由于设备调整、更换工夹具或改变工艺方法等所需要的直接费用。则

$$C = C't + C''$$

式中　　C'——当工序停工时，单位时间损失（元）；

　　　　t——故障工序平均停工时间；

　　　　C''——直接调节费用。

二、诊断调节费用函数与最佳诊断间隔

例如，以 n 件产品为间隔进行诊断调节，若 L 为诊断间隔为 n 时的单位产品平均诊断调节费用，则定义 L 为工序诊断调节费用函数，简称费用函数，有

$$L = \frac{B}{n} + \frac{n+1}{2}\frac{A}{\overline{u}} + \frac{C}{\overline{u}} + \frac{Al}{\overline{u}} \tag{6-6}$$

式中　　B/n——当诊断间隔为 n、诊断费用为 B 时，单位产品的诊断费用；

　　　　$C/\overline{u}$——单位产品平均调节费用；

　　　　$Al/\overline{u}$——单位产品的平均时滞损失；

　　　　$\dfrac{n+1}{2}\dfrac{A}{\overline{u}}$——当诊断间隔为 n、平均故障间隔期为 $\overline{u}$ 时，由于制造不良品而分摊到单位产品上的费用。

例如，每隔 100 个焊件，对焊接工序（焊接机）进行诊断与调节一次。若焊接物在拉力试验中因强度不足而拒收，即可知焊机有异常现象，其生产的不合格品要全数报废。已知每一件焊接不合格品报废损失为 20 元，每次诊断费用（抽样、试验工时及拉力机分摊的费用）为 160 元，时间滞后 l 为 30 件（即在取样时不需花费时间，而检查需要 4min 的时间内，该焊接机生产出 30 件产品）；当工序发生故障时，为修理和更换焊头。必须停工 20min，每停工 1h 的损失为 4710 元，直接调节费用为 800 元，而为筛选前面生产的不良品的费用为 800 元。

另外，该厂前两个月共生产 84000 件，发生异常 16 次，则可得各参数值：$A = 50$ 元，$B = 160$ 元，$C = (800 + 800)$ 元 $+ \dfrac{20}{60} \times 4710$ 元 $= 3170$ 元，$\overline{u} = \dfrac{84000}{16} = 5250$ 件/次，$l = 30$ 件，$n = 100$ 件。将这些参数代入式（6-6），得

$$L = \frac{B}{n} + \frac{n+1}{2}\frac{A}{\overline{u}} + \frac{C}{\overline{u}} + \frac{Al}{\overline{u}}$$

$$= \left(\frac{160}{100} + \frac{101}{2} \times \frac{50}{5250} + \frac{3170}{5250} + \frac{30 \times 50}{5250}\right) 元 = 2.97 \, 元$$

由以上计算可知,当诊断间隔 $n = 100$ 件时,单位产品的诊断调节费用为 2.97 元。若其他条件不变,而改变诊断间隔 n,则单位产品的 L 值会相应地变化,如 $n = 50$ 件,$L = 4.33$ 元;$n = 1500$ 件,$L = 8.15$ 元。可见,诊断间隔 n 的选择,对工序诊断调节的经济性有影响,其关系如图 6-17 所示。图 6-17 中曲线是在考虑诊断间隔条件下的费用函数。n_0 是费用最小条件的诊断间隔,称为最佳诊断间隔。将式(6-6)进行微分运算,即可求出 n_0,则

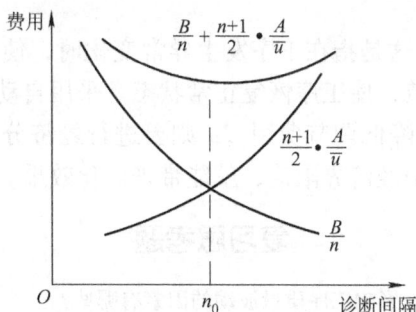

图 6-17 诊断间隔与工序诊断调节费用

$$n_0 = \sqrt{\frac{2\bar{u}B}{A}} = \sqrt{\frac{2 \times 5250 \times 160}{50}} \text{件} = 183 \text{ 件} \tag{6-7}$$

在最佳诊断间隔 n_0 的情况下,工序诊断调节费用为

$$L = \left(\frac{160}{183} + \frac{183 + 1}{2} \times \frac{50}{5250} + \frac{3170}{5250} + \frac{50 \times 30}{5250} \right) \text{元} = 2.64 \text{ 元}$$

上述计算表明,当 n 由 100 件增大为 183 件时,L 可减少 0.33 元,1 个月可减少诊断调节费用为 $0.33 \times 84000/2 = 13860$ 元。可见,累计经济效益十分可观。

由于当 n 改变近一倍,L 仅相差 0.33 元,所以在实际运用时,参数 A、B、C 允许有不大于 20% 的误差,n 可以有 ±10% 的波动,即诊断间隔 n 为 160~200 件都是可行的。

三、工序诊断调节法的优化

工序诊断调节的优化就是提高工序诊断调节的使用效果,改善基本要素的参数水平。

1. 改善基本要素的参数水平

就工序来说,参数有平均故障间隔期 $\bar{u}$ 和单位不良品损失 A。因此,应在增强工序稳定性的基础上,采取下述有助于延长平均故障间隔期 $\bar{u}$ 和降低单位不良品损失 A 的优化措施。

1)实行定期更换工具等预防措施,以减少工序故障,增大 $\bar{u}$。

2)延长工具寿命。通过试验确定在最少费用条件下的寿命周期,增大 $\bar{u}$。

3)采用备用工装,减少工序故障次数,增大 $\bar{u}$。

4)控制不良品率,减少单位不良品损失 A。

2. 改善诊断调节方法

从工序诊断方法而言,方法的改进应导致诊断费用 B 和时滞 l 的降低。优化诊断方法的措施如下:

1)提高诊断效率。

2)优化诊断时机,即在加工后诊断与装配工序反馈诊断两种方式上进行选择。加工后诊断要支付诊断费用,但时滞 l 值小。装配工序反馈诊断是由装配工序在使用零件时,自然

发现不良，然后把不良信息反馈给加工工序。这时虽不需要支付诊断费用（$B=0$），但时滞 l 大。所以，为了降低 B 值与 l 值，可通过诊断时间的选择来优化诊断方法。

就工序调节方法而言，方法的改进将导致调节时间 t 和调节费用 C 的降低。优化调节方法的措施主要如下：

1）工、模、夹具与易损零件备用法。这既可缩短调节时间 t，又可减少单位时间停工损失 C' 与直接调节费用 C''。

2）采用自动调节装置。这是指在工序发生异常变化时，使工序自动停止，把信息显示给人们的同时，进行自动调节，使工序恢复正常状态。采用自动诊断调节装置，无疑可以缩短停工时间 t。另外，是否能降低调节费用 C，则要进行经济分析，如果采用自动诊断调节装置的诊断调节费用低于某个经济界限值，就能带来优化效果。

复习思考题

1. 什么是工序质量的波动性？影响工序质量波动的因素有哪些？
2. 工序分析、工序控制和统计工序控制的含义是什么？
3. 工序能力和工序能力指数有何区别？
4. 如何计算工序能力指数？如何判断工序能力？
5. 为什么要进行工序能力调查？其调查步骤有哪些？
6. 试说明常用控制图的设计绘制方法。
7. 控制图的受控状态与失控状态如何判断？
8. 什么是分析用控制图和控制用控制图？说明控制图的应用步骤。
9. 已知某零件尺寸要求为（70 ± 1.5）mm，现从一批中抽取样本算出 $\bar{x}=70.6$，$s=0.5$。试求：C_{PK} 值，并说明工序能力是否充足。
10. 某厂分析室对钢材的含碳量进行分析精度的控制（误差控制），为此收集下列含碳量的分析值（见表6-12），请绘制出 $\bar{x} - R$ 控制图。

表6-12   含碳量的分析值

分析日 组	1	2	3	4	5	6	7	8	9	10	11	12
x_1	0.411	0.413	0.407	0.410	0.415	0.402	0.413	0.416	0.399	0.410	0.409	0.415
x_2	0.399	0.414	0.415	0.409	0.407	0.406	0.405	0.419	0.410	0.422	0.407	0.418
x_3	0.424	0.408	0.411	0.407	0.411	0.405	0.407	0.405	0.417	0.414	0.417	0.410

11. 已知某厂的不合格品个数的检查数据（见表6-13），试作出 P 控制图。

表6-13   不合格品个数的检查数据

组　　号	1	2	3	4	5	6	7	8	9
检查个数	300	300	300	300	300	300	300	300	300
不合格个数	14	15	13	15	18	19	19	15	18
组　　号	10	11	12	13	14	15	合计	平均	
检查个数	300	300	300	300	300	300	合计	平均	
不合格个数	19	17	16	14	15	17			

12. 已知某铸件一定面积的缺陷数的统计数据（见表6-14），试绘出缺陷数控制图。

表6-14　缺陷数统计数据

组　号	1	2	3	4	5	6	7	8	9	10	11
缺陷数	39	33	40	52	45	51	48	60	45	58	59
组　号	12	13	14	15	16	17	18	19	20	合计	平均
缺陷数	54	41	40	46	36	42	43	55	30		

13. 什么是诊断调节费用函数和最佳诊断间隔？

14. 如何提高工序诊断调节的效果，改善工序诊断调节参数水平？

15. 某开关厂在半自动生产线上加工某产品。每10min加工4件，每件成本15.44元，其中铸件毛坯为9元；在工序诊断点上，每次诊断费用为0.54元，平均每次调节时间为1.5h；时滞为10min；更换刀具、人工等直接费用为36元；根据故障统计，大约每生产5000件，工序发生一次故障。现如果诊断间隔取20件，试计算工序诊断调节费用和最佳诊断间隔。

第七章　制造过程质量自动控制

第一节　制造过程质量自动控制的概念

"产品的质量首先是设计出来的"，这一观点在世界范围内已得到普遍认可。但是，如果产品质量没有稳定的制造过程作保障，产品的设计质量再高也是体现不出来的。因此，为了得到高质量的产品，除了重视产品设计过程的质量以外，还必须重视产品在制造过程中的质量保证能力。

目前，对产品制造过程的质量进行控制，主要有以下 3 条途径：

1）从管理方面着手，如通过文明生产、均衡生产、严格规章制度、完善的质量控制计划、QC 小组活动、现场管理等全面质量管理方式来进行。

2）从工序质量控制方面着手，如借助于各种统计质量控制工具，进行工序能力的分析、评价和提高，使过程处于受控状态，达到控制工序质量的目的。

3）从设备的自动检测与控制方面着手，如通过对制造过程中的质量数据进行自动采集和反馈控制，达到保证或提高产品质量的目的。

在以上 3 条途径中，其中前两条途径已在本书的有关章节中予以介绍，本章主要介绍第三条途径的相关内容，即制造过程质量自动检测与控制。

制造过程质量自动检测与控制也称为在线检测与控制。狭义地讲，就是在生产线上加入某一个环节，以便对制造过程中的某些关键参数或工况进行在线或离线检测，并根据检测的结果自动调节并控制制造过程，从而使过程能稳定地生产出质量合格的产品。例如，在外圆磨床上加入外圆直径自动测量仪，就可以在磨削加工时，随时检测工件的外圆尺寸，并将检测到的信息反馈给控制装置，自动控制磨削工艺过程；在钢带的热轧生产过程中，可以在钢带的热轧机组上加入一套自动测量控制系统，自动控制钢带的厚度、宽度及表面质量。

制造过程质量自动检测与控制可大大地提高生产效率，降低工人的劳动强度，在现代工业生产中具有非常重要的意义。其意义可以从以下几个方面来体现。

1）制造过程质量自动控制能使产品符合设计规范。使制造出来的产品符合设计规范是制造过程质量自动控制的主要目的。为了达到这一目的，传统的制造过程质量控制主要采用严格的质量检验（专职三检制、工检结合的三检制等）、统计工序质量控制技术（工序能力分析、控制图等）和生产现场管理（三自一控、成品管理、计划调度、严肃工艺纪律、质量责任制、文明生产、关键工序控制）等方式来完成。现代制造过程质量控制系统除了采用上述控制手段外，还强调通过制造过程的在线检测和反馈控制技术来确保产品质量达到设计规范要求。上述各种手段的综合，使得产品质量能够得到最大限度的保障。

2）制造过程质量自动控制能减少人为因素的干扰。在传统质量控制方式下，产品质量往往会受到人为因素的影响，使得产品质量保证的可靠性下降。如果采用自动化程度更高的质量控制技术，可以有效地排除人为因素的干扰，提高产品质量保证的可靠性。

3）制造过程质量自动控制具有更好的经济性。传统的工序质量控制方法主要是建立在数理统计理论基础上的，具有一定的滞后性，再加上管理水平和人员素质的影响，常常会造成较高的废次品损失。具有自动检测与控制功能的质量控制系统是建立在在线检测和反馈控制技术基础上的，实时性很强，其制造质量通常靠工艺系统本身来保证。因此它具有可靠性高、废次品少等特点，提高了产品质量保证的经济性。

4）制造过程质量自动控制更适于单件小批量生产。随着产品"个性化"的趋势越来越明显，多品种、小批量生产已成为制造企业的主导生产模式。由于生产批量往往达不到统计技术所需的最低样本数，传统的统计工序质量控制方法的应用范围将越来越小。在这种情况下，产品质量的一次成功就变得极为重要。为了实现这一目的，就必须在工艺装备和工艺方法上多想办法，而采用在线检测和反馈控制技术，可经济地实现这一目的。

5）制造过程质量自动控制更适合于自动化程度很高的流程型生产。一般情况下，流程型生产过程的自动化程度极高，也需要实时性很高的在线检测技术和实时反馈控制技术。

第二节　制造过程质量自动检测与控制的原理

制造过程质量自动检测与控制系统实际上就是一个复杂的自适应控制系统，它在计算机系统的控制下工作。其工作原理如图7-1所示。

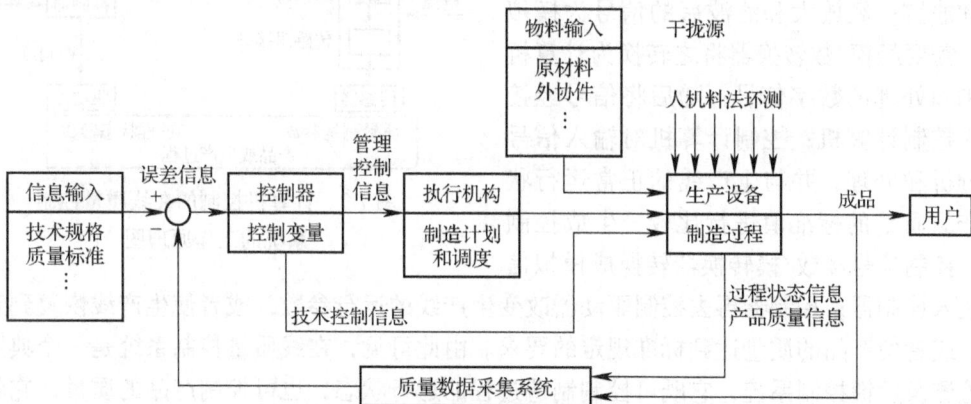

图7-1　制造过程质量控制系统的原理

1）系统的信息输入有产品和零件的技术规格、产品质量标准和规章制度等。

2）系统的物料输入有原材料、外协件和配套件等。

3）控制器的作用是生成控制信号，去控制执行机构和生产设备进行加工制造，并使制造过程始终处于受控状态，从而以经济的方式生产出合格的产品。控制器的输出信号有两类：一类是管理控制信号，用来控制计划的制订，实施生产调度，进行生产现场管理；另一类是技术控制信息，用来对加工过程进行控制。

4）执行机构的主要任务是编制制造质量的控制计划，实施生产调度，对生产现场进行管理，最终实现文明生产。管理方面的质量控制一般属于全面质量管理的范畴，它的输出直接送入制造过程。

5）生产设备接受来自执行机构的计划、调度等信息和来自物料输入部分的原材料与配套件，并在控制器输出的技术控制信息的控制下进行加工制造，完成产品的制造过程。在产品制造过程中，产生的质量信息主要有两大类：生产过程运行的状态信息和产品方面的成品、半成品质量信息。产品的制造质量受到操作人员素质、机器设备、物料质量、操作规程、生产制造环境、检测仪器及检测方法等因素的影响。制造过程质量控制的目的就是力求排除这些干扰，保证生产出合格的产品。

6）质量数据采集系统借助于传感器和其他手段获取来自制造过程的质量信息，并将这些信息处理后送入控制器。

制造过程的质量控制系统有在线和离线两种方式。其中，在线质量控制（On-line）是以实时、在线的方式获取质量信息，并实现对质量的反馈控制，它包括对生产过程运行状态和对产品制造质量的控制；离线（Off-line）质量控制是对产品本身的质量检测采用离线的方式来进行，再根据检测结果去调节生产过程的运行状态。

计算机控制的在线质量控制系统的工作原理如图7-2所示。在线质量控制系统对生产线的自动控制过程如下：设置在生产线上各个部位的传感器实时接收来自制造过程的工作状态信息和产品质量状况信息，经传感器接口将信息送入信号放大器，对信号进行放大和滤波；经放大和滤波后的信号为模拟信号，需要经模/数转换器将之转换为计算机能识别和处理的数字信号；随后将信号经接口送入控制计算机；控制计算机对输入信号进行分析和处理，并与生产线的正常运行状态或产品质量的标准值进行比较，生成控制信号；控制信号经数/模转换器转换成模拟信

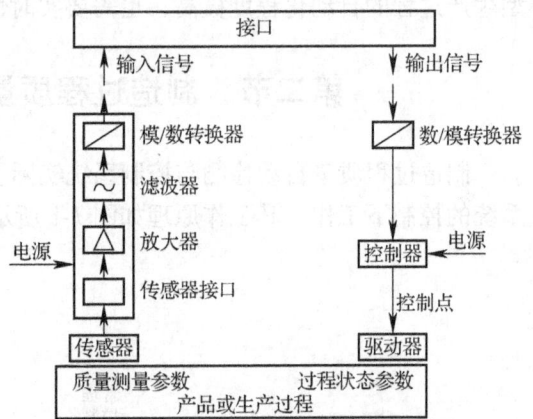

图7-2　计算机控制的在线质量控制系统的工作原理图

号后送入控制器；控制器再去控制驱动器改变生产线的运行参数，或者使生产线恢复到正常状态，或者使产品的质量达到标准规定的要求。由此可见，在线质量控制系统是一个典型的自动检测及反馈控制系统，它既可控制制造过程的运行状态，也可控制产品的质量，它将是制造过程质量控制的主要发展方向。

离线质量控制方式的工作原理如图7-3所示。离线质量控制方式就是将生产线上正在加工的半成品或已完工的成品从生产设备上取下来，在专用的检测工位中进行检测，然后根据检测结果调整加工参数，从而实现对产品制造质量的控制。

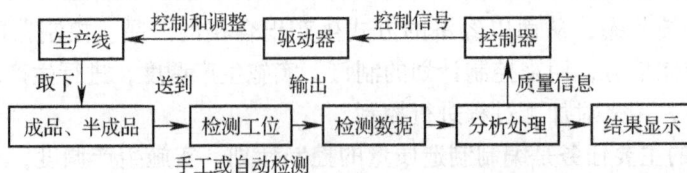

图7-3　离线质量控制方式的工作原理图

在线质量控制方式的实时性强、效率高，对制造质量的保证能力强。其缺点是系统复杂，可靠性和经济性都比较差。而离线质量控制方式则相反，其实时性差，效率较低，但控制系统相对简单，可靠性高，成本也往往较在线控制方式低。

第三节　质量数据采集及其自动化

一、数据采集系统的基本组成
数据采集系统的基本组成如图7-4所示。

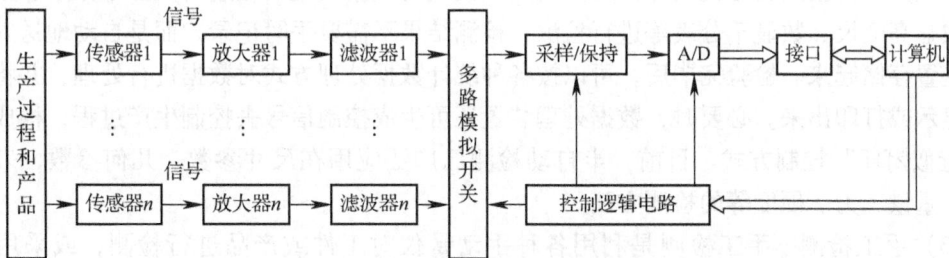

图7-4　数据采集系统的基本组成

数据采集系统一般由传感器、放大器和滤波器在内的信号调理电路、多路模拟开关、采样/保持电路、A/D转换器及控制逻辑电路等组成。

1）传感器。传感器的作用是从生产过程中获取生产线的运行状态和有关产品质量的信息。

2）信号调理电路。传感器输出的模拟信号往往因其幅值小，可能含有不需要的高频分量或其阻抗不能与后续电路匹配等原因，不能直接送给A/D转换器转换成数字量，需要对信号进行必要的处理。这些信号处理电路叫做信号调理电路。信号调理电路的功能主要是放大和滤波。

3）多路模拟开关。在控制信号的作用下，将来自多个独立模拟信号源的信号按指定的顺序依次送到采样/保持电路。

4）采样/保持电路。其作用是保持A/D转换器的精度。

5）A/D转换器。其作用是将模拟输入信号转换成数字信号。

6）控制逻辑电路。其作用是集成化地控制多路模拟开关（电路）、采样/保持电路和A/D转换器。

二、数据采集方式分类
常用的质量数据采集方式有3种类型：

（1）自动检测　自动检测是利用计算机控制的坐标测量机或其他全自动测试仪器，对工件或生产线的运行状态进行检测，可以实现质量数据的自动采集及处理，还可以将分析结果自动送到生产设备的控制装置，实现"近似闭环"或全闭环的质量控制。

自动检测方式可以是在线的，也可以是离线的。在线的自动检测方式可以构成全闭环质量控制；离线检测方式则可构成"近似闭环"质量控制。计算机自动在线数据采集方式如图7-5所示。

控制信号

```
┌─────┬─────┐   ┌─────┐   ┌─────┐   ┌─────┐   ┌─────┐   ┌─────┐   ┌─────┐
│ 生  │ 产  │   │ 传  │   │ 放  │   │ 滤  │   │ A/D │   │ 接  │   │ 数据 │
│ 产  │ 品  │──▶│ 感  │──▶│ 大  │──▶│ 波  │──▶│ 转换 │──▶│ 口  │──▶│ 处理 │
│ 过  │ 质  │   │ 器  │   │ 器  │   │ 器  │   │ 器  │   │     │   │ 计算 │
│ 程  │ 量  │   │     │   │     │   │     │   │     │   │     │   │ 机  │
└─────┴─────┘   └─────┘   └─────┘   └─────┘   └─────┘   └─────┘   └─────┘
                                                                      │
                                                                 处理结果显示
```

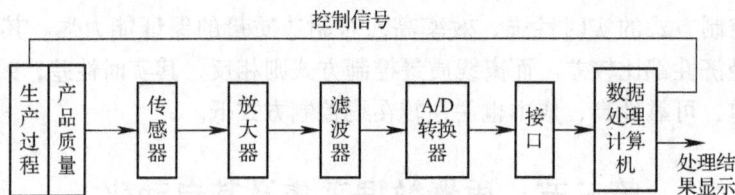

图 7-5　计算机自动在线数据采集方式图

(2) 半自动检测　半自动检测指检测活动是手动的，而信息的传送和数据的处理是自动的。例如，检验人员在检测零件时，通过数据线与数据处理器相连的数显千分尺、数显卡尺、数显高度尺、数显千分表等进行检测，检测结果不需要手写记录，而是自动地送入数据处理装置存储起来。检验完毕后，可以按各种统计数据处理方式对数据进行处理，并将处理结果显示或打印出来。必要时，数据处理装置还可生成控制信号去控制生产过程，构成所谓的"近似闭环"控制方式。目前，半自动检测已广泛应用在尺寸参数、几何参数、表面粗糙度、重量、力、硬度等的检测方面。

(3) 手工检测　手工检测是利用各种手动量仪对工件或产品进行检测，或采用目测的方式对生产线运行状态进行检测。检测人员需要目测计量仪（千分尺、游标卡尺、千分表等）的读数，再把结果记入专用的表格或利用键盘把数据送入数据处理计算机。这种方式简单、经济，但花费时间长，检测精度不高（由于读数误差），数据录入时也会出错。

三、检测方法

产品质量数据和生产过程参数的采集方法一般可分为两类：接触式测量法和非接触式测量法。对于计算机辅助检测而言，无论采用哪种方法，大多数情况下都是通过检测系统，将加工过程参数或零件质量参数转换成电压、电流、电阻信号或一串脉冲信号，经信号调理电路放大、滤波并转换成数字信号后，再送到计算机进行处理。

(1) 接触式测量法　在接触式测量法中，常用的仪器有坐标测量机、目视读数或自动记录的千分尺、游标卡尺、粗糙度测量仪和各种量规等。

(2) 非接触式测量法　在实际质量控制中，非接触式测量法也得到广泛应用。非接触式测量法常用在下列场合：工作无法准确定位或无须准确定位时；检测速度要求很快时；不能向工件施加力时；部位独特、测头无法达到时；对接触式测头磨损较大时。

四、检测参数

在制造过程中，需要检测的量包括以下 6 个方面：

(1) 热工量　热工量包括温度、流量、热量、真空度和比热容等。检测温度的目的是为了确定刀具是否磨损（磨钝的刀具会产生大量的切削热，严重影响加工质量）、设备运转是否正常（主轴轴承润滑不足会产生大量的热，引起热变形，加剧轴承磨损，严重时会发生"抱轴"现象）、切削液是否足够、环境调温设备是否运转正常等。流量测量的目的是确定是否有足够的润滑油和切削液。

(2) 电工量　电工量包括电压、电流、功率、电荷、频率、电阻和磁场强度等，可以通过电工量的测量确保电气设备的运行状态。机械设备的工作状态和加工过程的状态也可通过对电工量的测量来判断。

（3）机械量 机械量包括位移、速度、加速度、应力、力矩、重量、振动、噪声、平衡和计数等。通过测量位移确定零件尺寸精度，通过测量速度来确定零件的加工精度（表面粗糙度、螺距准确性），通过测定加速度来确定机床的振动状况，通过噪声（或声发射）测量确定设备的运行状况及刀具的状况等。

（4）成分量 成分量包括气体、液体的各种化学成分含量、浓度、密度等。

（5）几何量 几何量包括几何尺寸及误差、几何形状及误差、表面粗糙度等。

（6）其他 包括零件重心、表面硬度、表面纹理形态等。

五、传感器

传感器是最常用的数据采集硬件。检测元件的种类很多，原理各异。表 7-1 列出了几种机械量检测中常用的传感器类型。

表 7-1　机械量检测中常用的传感器类型

工作原理	常用的传感器类型	使用举例								
		几何尺寸（位移、角度）	速度加速度	扭矩	力	重量	转速	振动	计数	探伤
电阻式	电位器式、应变式、压阻式、湿敏式等	√		√	√	√		√		
电容式	可调极距式、变换介质式等	√			√			√		
电磁式	感应同步器式、涡流式等	√	√				√	√		√
光电式	光电管式、光电倍增管式、光敏电阻式等	√	√	√			√	√	√	
压电式	压电石英式、压电陶瓷式等		√		√			√		
半导体式	PN 结式、磁敏式、力敏式、霍尔变换式等	√			√	√	√			
电感式	自感式、差动变压器式	√	√					√		
射线式	X、α、β、γ 等	√								√

对传感器常有如下性能要求：①灵敏度。灵敏度为传感器在稳定状态下输出与输入的比值。一般情况下，希望灵敏度高一些，但有时过高的灵敏度反而会引起超前动作或不必要的频繁动作。②线性度。传感器输出量和输入量的关系曲线与理想直线的偏离程度称为线性度。一般情况下，希望传感器有良好的线性度，必要时（非线性情况比较严重时）可采取"线性化"措施，使传感器在测量范围内有较好的线性度。③滞环。当输入增加或减小时，传感器的上升曲线和下降曲线不重合，即特性不一致而形成滞环。滞环包围的面积代表传感器中的能量损失。一般希望上升曲线与下降曲线的不重合度越小越好。④动特性。要求传感器对输入的响应快、失真小、稳定度大、滞后小、重复性好、死区小等。

六、坐标测量机

坐标测量机（Coordinate Measuring Machine，CMM）是一种高柔性、高精度的检测设备。CMM 适用于对各类零件的尺寸、形状进行快速、精密测量。随着计算机控制的 CMM 的出现，大大提高了 CMM 的自动化程度。

CMM 除能对各类零件进行自动测量外，还能对测量数据进行自动处理，输出用户需要的结果。根据是否使用计算机控制，CMM 可以分成两大类：计算机控制的 CMM 和一般的CMM。计算机控制的 CMM 具有全自动检测、自动数据处理和打印输出结果的功能；一般的CMM 仅具有手动控制功能或手动控制加示数功能。随着计算机技术在制造企业的大量应用，目前新生产的 CMM 大都配有计算机控制系统。

CMM 在制造过程中的应用方式有以下 3 种：

（1）在独立的检测工位中使用　此时，CMM 采用离线工作的方式，即从加工工位取下半成品或成品，运到 CMM 检测工作站进行检测，再将检测后的结果送到调整和控制生产线。在这种工作方式下，CMM 也可以用来判断工件是否合格。

（2）用于反求工程中　所谓反求工程（Reverse Engineering，RE），指对一台设备或零件进行测绘，从而进行仿制的过程。反求工程在技术引进时特别有用，可以紧跟国际先进技术，而不用付出很多的研制开发费，是目前发展中国家紧跟世界先进水平的一种主要方式。在反求工程应用方式中，CMM 应与 CAD/CAM 系统集成。此时，应用 CMM 对实物进行测量，并将测量所得的数据送到 CAD 系统进行处理，如重建零件形状、放大、缩小、修改等，并生成 CAD 模型。然后将 CAD 模型送入 CAM 系统进行工艺设计，并生成数控代码，最后送入制造系统进行加工制造。这一过程如图 7-6 所示。

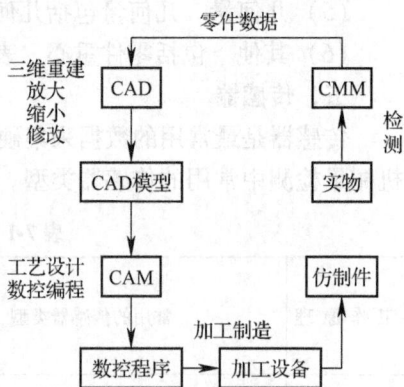

图 7-6　CMM 用于反求工程

（3）与制造系统集成　在现代制造系统中，特别是在柔性制造系统（Flexible Manufacturing System，FMS）中，为了自动加工出高质量的产品，倾向于将 CMM 集成进整个系统中。在这种应用方式下，CMM 实现的一般是半在线或在线质量控制功能。因为此时工件并不需要从生产线上取下，而只要从加工工位送到检测工位进行检测，并根据检测结果去控制加工过程。

图 7-7 是典型的 CMM 结构示意图。可以看出，CMM 一般是由底座、工作台、立柱、横梁、测头、坐标位移测量装置和计算机控制装置等组成。

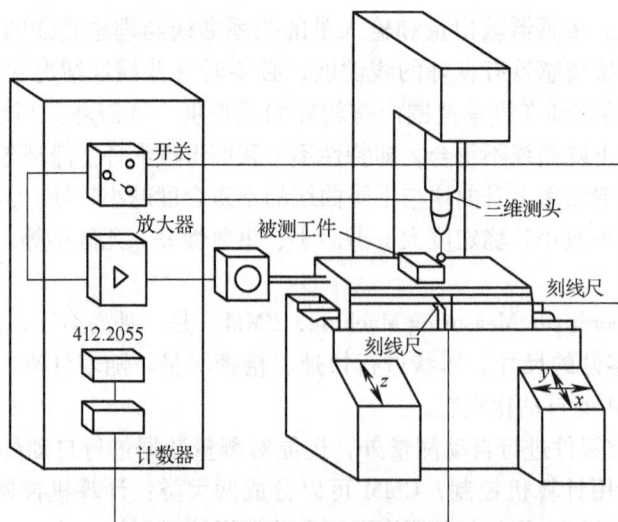

图 7-7　CMM 结构示意图

1）底座。CMM 的底座一般是用优质花岗岩制成的。由于花岗岩内应力小，对温度的变化不敏感，所以具有吸振、稳定、耐久及便于保养等特点，是制造高精度机床底座的理想材料。

2）工作台。工作台一般也是由花岗岩制成。为使移动灵活，减少"爬行"现象，底座和工作台之间的导轨一般采用滚柱导轨或特殊的减摩滑动导轨。

3）立柱。立柱一般是用金属材料制成，横梁可以在其上进行上下调整运动。

4）测头。测头可以在横梁上进行前后移动，为了使移动灵活，同时也为了减小导轨表面缺陷对移动精度的影响，在测头的头架与横梁之间一般采用低摩擦系数的空气轴承连接。测头在计算机的控制下沿被测表面移动，移动过程中测头将测量数据送给计算机，计算机根据记录的测量结果计算被测零件形状和尺寸。为减少测头的磨损，在移动过程中，测头并不与表面相接触，而只是在检测点才发生接触（只是对接触式测头而言）。

5）坐标位移测量装置。坐标测量机的坐标位移测量装置一般采用高灵敏度的光栅尺。

6）计算控制装置。除控制测头沿 3 个坐标方向自动检测外，还可记录检测结果，进行数据处理，并将结果显示或打印出来。

七、典型检测方法

自动检测包含的内容很多，这里我们只简单介绍几种典型的检测方法。

1. 直径检测

图 7-8 所示为用于外圈磨床的单线圈气隙式电感传感器原理图。变压器的原边为 LC 串联谐振电路，当工件加工尺寸发生微小变化时，通过推杆使铁心移动发生变化 δ，使输出电压 E_2 发生变化。在加工中，当工件送到测量位置时，传感器测量其外径，如果工件磨削余量大，则不发出"粗磨"信号，以避免砂轮与工件相撞；如果磨削余量在规定值内，则发出"粗磨"信号，启动机床磨削。当加工到达预定尺寸时，传感器发出"精磨"信号，使机床进给量变小，进行精磨。当加工到达光磨尺寸时，则发出"光磨"信号。当工件的尺寸到达最终要求时，发出结束信号，控制机床磨头退回，并自动将工件卸下。这个系统除包括检测部分，还包括数据（或信号）处理及反馈控制部分。

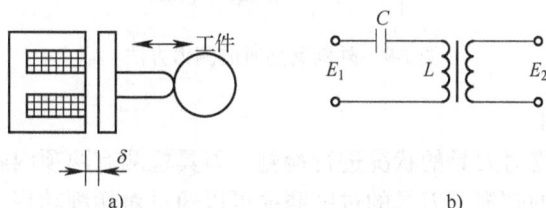

图 7-8　单线圈气隙式电感传感器原理图

2. 长度尺寸测量

长度尺寸测量是位移测量的一种。位移测量可以采用各种位移传感器，如变阻器式、差动变压器、电容式、同步机、计量光栅、激光比长仪等。这些传感器均可进行连续的位移测量和长度尺寸的测量。现代数控机床上一般配备专用的测量头，可以进行直径和长度的检测。在加工过程中，首先完成半精加工，然后根据测量所得到的尺寸与最终尺寸的差值，修正刀具的位置进行精加工，一般可以得到比较高的加工精度。

3. 几何公差测量

几何公差的测量一般采用"离线"的方式，在柔性制造系统中则在专用的检测工位上进行。几何公差一般不能在加工过程中进行控制。但有些几何公差项目（如回转表面的圆度、圆柱度、位置度等）可以进行加工中的连续检测及补偿。这种测量多属于非接触式动态测量。对于圆度测量，一般除需要知道误差的大小，还应该知道误差的方位。有些机床上还装有调整机构用来进行误差补偿。对于圆柱度测量，则还要知道被测部位的轴向位置，一般情况下，圆柱度在轴向方向的误差比较容易测量和补偿。

4. 切削力检测

切削力是加工过程中最基本的物理现象之一。研究切削力对揭示切削过程的物理实质、改善加工质量、提高生产率都有着极为重要的作用。根据切削力的检测结果，还可进行恒切削力自适应控制。图 7-9 为利用测力顶尖进行磨削力测量的例子。应变片贴在顶尖削扁部分，导线可通过中心孔引出，密封套可防止切削液侵入。当进行外圆纵磨时，磨削分力 F_y 的作用点一直在变化，因此每个顶尖受力是变化的，但是两个顶尖受力之和必然等于力 F。如果采用两个测力顶尖并把它们的应变片串接起来组成电桥，就不会受磨削力作用点位置变化的影响了。同理可测得切向分力 F_z。

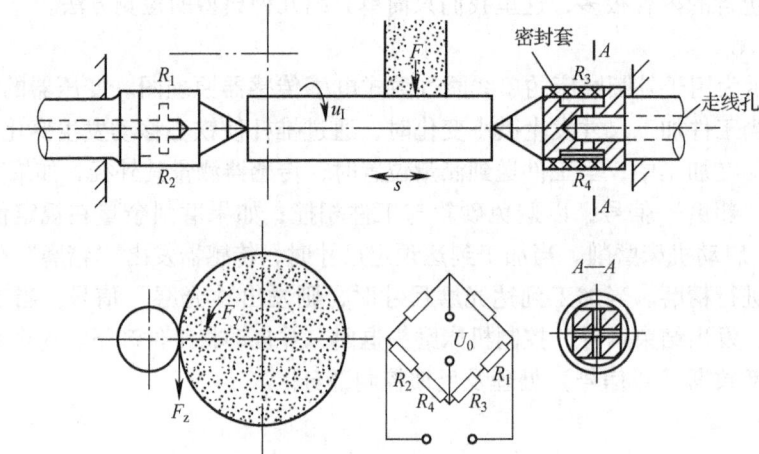

图 7-9　外圆磨削时的测力方法

5. 刀具损坏的检测

在加工过程中，常需对刀具的状况进行检测。刀具检测有两项内容：一是检测刀具的过度磨损；二是检测刀具的破损。刀具的过度磨损可以通过对切削功率、切削力、切削热、工件的形状误差和噪声的检测来确定。对刀具损坏的检测常采用测量刀尖位置的方式来进行。对车刀破损的检测可利用 NC 机床上的测头来完成。下面介绍几种钻头损坏的检测装置。

1）探针式检测装置。通过检测已加工孔深的办法间接检查刀具的折断。

2）电磁感应式检测装置。如图 7-10 所示，电磁感应头 2 与隔磁板 3 粘接后，固定在钻模板 4 上。当机床处于原始位置时，钻头 1 处于电磁感应头 2 内。若钻头已折断，电磁感应头的电感量发生明显变化，发出报警信号，并停机换刀。

3）光电式检测装置。如图 7-11 所示，当钻头退回原位压下行程开关 S 后，接通光源。若钻头完好，则小孔遮住，光线射不进去。若钻头断掉，光线经过小孔照射到光敏二极管

VD 上，使之导通，继电器动作，切断机床电路并报警。

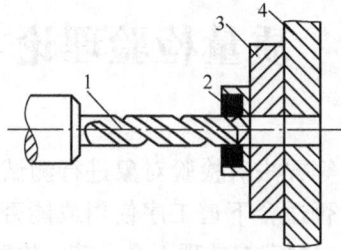

图 7-10　电磁感应式检测装置
1—钻头　2—电磁感应头　3—隔磁板　4—钻模板

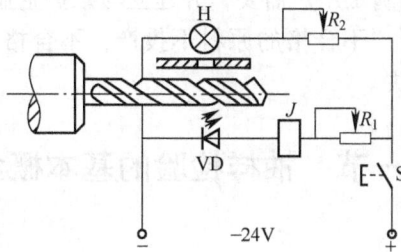

图 7-11　光电式检测装置

复习思考题

1. 为什么要进行制造过程质量的自动控制？
2. 制造过程质量自动控制系统由哪几部分组成？各部分的作用是什么？
3. 什么是在线控制？什么是离线控制？试比较它们之间的差异。
4. 数据采集系统由哪几部分组成？它们的功能是什么？
5. 常用的数据采集方式有哪几类？各有什么特点？
6. 有哪几种测量误差？它们是如何产生的？
7. 影响测量精度的因素有哪些？
8. 如何消除测量误差？

第八章　质量检验理论与方法

检验是用计量、测定、实验等方法对检验对象进行测试，将其结果与质量标准进行比较，做出合格与否的判定，对能否适合下道工序使用或能否提供给用户做出处理的决策过程。因此，检验包括测试、比较、判定与处理4个环节。检验除做出合格性判定外，还需在产品被判为不合格时做出适用性判定，后者则需组织专门委员会负责实施。

检验是生产过程中的一个有机组成部分。通过检验可以分离并剔出不合格品，对生产过程及时作出数量分析，以保证满足用户需要，并建立与维护企业的信誉；通过检验，及时预测不合格品的产生，保证做到"不合格的原料不投产，不合格的半成品不转序，不适用的成品不出厂"，以避免造成损失。

第一节　抽样检验的基本概念

一、检验的类型

检验有全数检验和抽样检验两种方式。

1. 全数检验

全数检验是对全部产品逐个进行检测，从而判定每个产品合格与否的检验。它又称为全面检验、100%检验，其处理对象是每个产品，这是一种沿用已久的检验方法。相对而言，全数检验可以较好地保证产品质量，但检验费用高。

（1）全数检验的适用场合

1）不合格的产品会造成严重的不良后果，如影响人身安全、引起生产严重混乱或给企业在经济、信誉上造成无法弥补的损失等，则必须进行全数检验。

2）条件允许，能容易地进行质量检验，如灯泡的亮度检验等，则应进行全数检验。

3）批量比较少，且批量的大小和样本大小接近，没有必要进行抽样检验。

4）同检验费用相比，产品价值特别昂贵，则应进行全数检验。

（2）全数检验的缺点

1）有些产品的检验具有破坏性，如寿命、拉力等。很显然，破坏性的检验就不能进行全数检验。

2）有些产品的产量很大，如电子元件、手表等。对它们进行全数检验会花费大量人力、物力，很不经济。

3）在数量多、速度快、时间长等情况下，全数检验容易产生错检和漏检。

4）从某种意义上说，全检是一种消极的检验方法。全检采取将检验出的不合格品剔除的办法来保证产品的质量，它不能引起生产者对产品质量的关心。

2. 抽样检验

抽样检验是从一批产品中随机抽取一部分进行检验，通过检验这少量产品来对这批产品的质量进行评估，并对这批产品做出是否合格、能否接收的结论。它是根据数理统计的原理，在对供货方和收货方的利益、要求以及双方承担的风险都作了考虑之后，规定了产品的质量水平，并据此对批量、样本大小、判断标准等都进行适当的规定的一种检验方式。

与全数检验不同，在实施抽样检验时，一旦一批产品判为不合格，成批产品要退还生产者，或要求生产者逐个挑选，这时，生产者不是对个别不合格品负责，而是对成批的产品负责。从而可增强生产者的质量责任感，促进生产者力求不断地提高质量水平。因此，对提高产品质量来说，抽样检验是一种积极的检验方式。

实施抽样检验需要事先确定抽样方案，按方案的要求，从一批产品中随机地抽取一部分进行检查，并通过检查结果与标准对比，从而对该批产品的质量状况进行估计和推断，如图 8-1 所示。

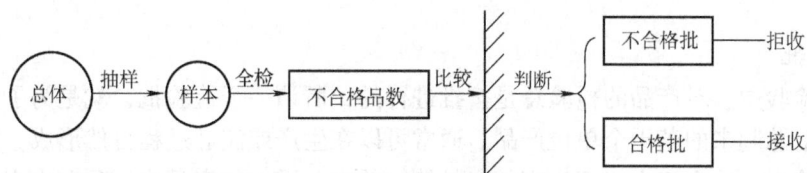

图 8-1　抽样检验示意图

（1）抽样检验的适用场合

1）破坏性检验，如产品的可靠性试验、产品寿命试验、材料的疲劳试验、零件的强度检查等。

2）产品数量很大，质量要求又不是很高，如螺钉、销钉、垫圈等。

3）测量对象是连续体，如煤、矿石、铁水、重油的化学成分等，不能进行全数检验，而必须采取抽样检验。

4）检验项目过多、周期长，进行全数检验有困难，采用抽样检验就能保证产品质量。

5）希望节省检验费用的场合。

6）督促供方改进质量的场合等。

（2）抽样检验的缺点

1）合格批内包含的不合格品数比全数检验多。因为抽样检验仅能剔除样本中的不合格品，而全数检验可基本剔除批中不合格品。

2）在判断批产品是否合格时，存在着弃真和存伪的错误。由于抽样的随机性，存在把优质批判断为不合格批和把劣质批判断为合格批的可能性。任何抽样检验都避免不了这两种错误产生的可能。

因此，对于抽样检验，应注意这样几个问题：

1）抽样检验只能相对地反映产品的质量，不能把样品的不合格率与整批产品的不合格率等同起来。经过抽样检验合格的产品批只能保证其统计质量，不可能保证整批产品100%都是合格品。这是因为抽样检验存在一定的局限性，还要承担一定的风险。

2）经过抽样检验被判定为合格的产品，并不等于批中每个产品都合格；同样，经过抽样检验被判定为不合格的批，也不等于批中每个产品都不合格。

3）并非任何抽样检验都能达到正确地判断整批产品质量的目的。这里所指的抽样检验是建立在概率论和数理统计基础上的科学的抽样方法。

综上所述，全数检验和抽样检验两种检验方式各有其利弊。近年来，由于自动化检测的发展，生产中应用全数检验有上升的趋势。

二、抽样检验的名词术语

1. 单位产品

单位产品是为了实施抽样检验而划分的单位体或单位量。对于按件制造的产品来说，一件产品就是一个单位产品，如一批灯泡中的每个灯泡，一批螺钉中的每个螺钉。但是，有些产品的单位产品划分不是很明确，如棉布、钢水是连续产品，很难自然地划分为单位产品，因此，这类产品的划分带有任意性。由于需要不同，钢水可以将一炉作为单位产品，也可以将一勺作为单位产品；棉布可以将每尺作为单位产品，也可以将每米、甚至每批作为一个单位产品。

2. 检验批

在抽样检验中，对产品的检验总是按批进行的，所谓一个检验批，就是为了实施抽样检验的需要而汇总起来的若干个单位产品。通常可以在生产或流通过程自然形成，如一个投料批、一个运输批、一个工人一天生产的产品等。总之，同一批产品应该是在生产基本稳定的条件下，由同型号、同规格的产品构成。

3. 批量

需要检验的一批产品中所包含的单位产品的总数叫做批量。批量的大小，应根据产品质量特性和检验需求来确定。

4. 缺陷

单位产品的质量特性不符合产品技术标准、工艺文件、图样所规定的技术要求，即构成缺陷。根据缺陷的性质及不符合技术要求所构成缺陷的严重程度，可以把缺陷分为致命缺陷、严重缺陷和轻微缺陷 3 级。

（1）致命缺陷　预料会对使用、维修和保管这种产品的人造成危险或不安全，以及预料会给最终产品的基本功能带来致命影响的缺陷。

（2）严重缺陷　虽然不到致命缺陷的程度，但预料可能造成故障或大大降低单位产品的实际使用性能的缺陷。

（3）轻微缺陷　预料对产品的有效使用、操作等几乎没有妨碍的缺陷。

5. 不合格品

在缺陷的基础上，将不合格品也可分为 3 类。

（1）致命不合格品　有一个或一个以上的致命缺陷，也可能还有严重缺陷或轻微缺陷的产品。

（2）严重不合格品　有一个或一个以上的严重缺陷，也可能还有轻微缺陷，但不包括致命缺陷的产品。

（3）轻微不合格品　有轻微缺陷，但不含致命缺陷或严重缺陷的产品。

6. 批不合格品率

批不合格品率是批中不合格品数 D 占整批 N 件的百分比，即

$$P = \frac{D}{N} \times 100\%$$

式中　P——批不合格品率；

　　　　D——该批 N 件中的不合格品数。

7. 批平均不合格品率

设有 k 批产品被检，其批量分别为 N_1，N_2，$\cdots$，N_k，其中首次检验不合格品数为 D_1，D_2，$\cdots$，D_k，则批平均不合格品率为

$$\overline{P} = \frac{D_1 + D_2 + \cdots + D_k}{N_1 + N_2 + \cdots N_k} \times 100\%$$

首次检验即不包括首次检验后的不合格品经过返修再交检验的合格件。批平均不合格品率通常可代替生产过程的平均不合格品率，故 k 必须大于或等于 20，以使 $\overline{P}$ 更符合实际情况。

由于在实行抽样检验时，D 实际上是未知的，一般是用抽样检验结果的历史资料进行估计。例如，从 k 批交验产品中分别抽取 k 个样本，其大小分别为 n_1，n_2，$\cdots$，n_k，发现样本中的不合格品数分别为 d_1，d_2，$\cdots$，d_k，则通过抽样检验所估计的批平均不合格品率为

$$\overline{P} = \frac{d_1 + d_2 + \cdots + d_k}{n_1 + n_2 + \cdots + n_k} \times 100\%$$

如果生产条件稳定，估计值 $\overline{P}$ 也可用来预测将要交验的产品不合格品率。

第二节　抽样检验方案与随机抽样

一、抽样检验方案的分类

抽样检验方案的选择除与生产的质量有密切关系外，还与生产单位的质量检验部门的管理体制、检验费用、生产方式和质量指标的测量方式有关。抽样检验方案的种类很多，应根据不同要求选取适当的类型。

1. 按数据的性质分类

（1）计数抽样检验　它是以不合格品数或缺陷数作为判断依据。

（2）计量抽样检验　它是以计量值数据作为判断依据的抽样检验。

2. 按实施方式分类

（1）标准型　标准型是在抽样方案中对供、购双方都规定质量保护和质量保证值（P_0 或 μ_0，α；P_1 或 μ_1，β），具有可满足供、购双方要求的特点的抽样检验。该型抽样检验适合于对产品质量不了解的场合，如从新的单位购入的货品，或偶尔在市场上购买货品的验收。

（2）挑选型　对产品进行检测后，凡达到抽样方案判定基准合格的就接收；达不到判定基准的，则进行挑选检验。这种抽样检验适用于不能选择供应单位时的收货检验、工序间半成品检验和产品出厂检验。对于经过抽样检验而被判定为不合格批的并可以退货或降价接收的产品，则不宜采用挑选型抽样检验。对于测试是破坏性的产品，更不能采用挑选型抽样检验。

（3）调整型　调整型抽样检验的特点是根据供应单位提供货品的质量好坏来调整检验的宽严程度。一般分为放宽、正常和加严检验 3 种方案。对于供应单位提供质量好的批，则可采用放宽检验方案，以鼓励供应单位；对于提供质量差的批，则采用加严检验方案，借此警告供应单位，促使其提供质量好的产品。

调整型抽样检验一般从正常检验开始，根据数批的检验结果再决定放宽或加严。因而，供、购双方应事前明确规定检验的转换条件。

（4）连续生产型 连续生产型抽样检验仅适用于连续生产出来的产品的检验，不要求检验对象形成批。其抽检方法是先从一个个产品测试开始，当产品连续合格累计达到一定数量后，即转入每隔一定数量抽检一个产品。在继续检验中，如果出现不合格品，就再恢复到连续逐个检验。每当发现不合格品时，应立即采取措施进行处理。

连续生产型抽样检验不要求产品形成批。对于检验批，则不能采用连续生产型抽样检验。

3. 按抽样次数分类

按抽样次数可分为一次、二次、多次抽样检验。

（1）一次抽样 从交检批中只抽取一次样本的抽样方式。其操作原理示意图如图8-2所示。图中 n 为样本大小，d 为样本中测得的不合格品数，c 为合格判定数。

1）一次抽样的优点如下：

① 方案的设计、培训与管理比较简单。

② 抽检量是常数。

③ 有关批质量的情报能最大限度地被利用。

2）一次抽样的缺点如下：

① 抽样量比其他类型大。

② 在心理上仅根据一次抽样结果就作判定似欠慎重。

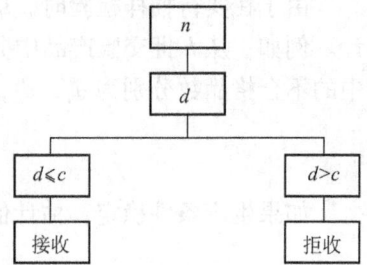

图8-2 一次抽样

（2）二次抽样 二次抽样指最多从批中抽取两个样本，最终对批做出接受与否判定的一种抽样方式。此类型需根据第一个样本提供的信息，决定是否抽取第二个样本，其示意图如图8-3所示。在二次抽样中，一般设定 $n_1 = n_2$，这在理论上并非必要，但此时检查量最少。本类型具有平均抽样量少于一次抽样以及在心理上易于接受的优点；但抽样量不定，管理稍复杂，需做一定的培训。图8-3中 A_{c1}、R_{c1}、A_{c2}、R_{c2} 是质量合格判定数。

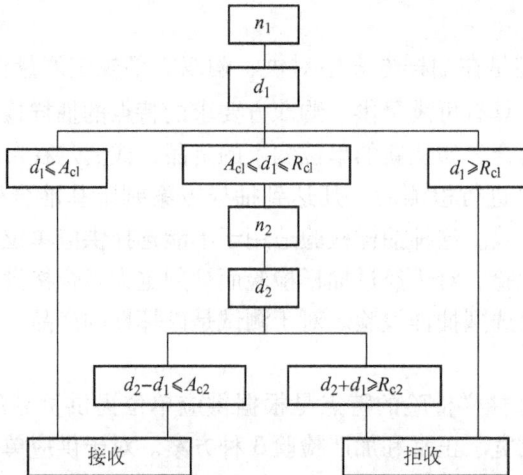

图8-3 二次抽样

（3）多次抽样　多次抽样是一种允许抽取两个以上具有同样大小样本，最终才能对批做出接受与否判定的一种抽样方式。因此，它可能依次抽取多达 k 个样本，是否抽取第 i 个（$i \leq k$）样本需由前（$i-1$）个样本所提供的信息而定。多次抽样的平均抽样量少于一、二次抽样，且在心理上最为安全。但其操作复杂，需作专门训练。多次抽样原理示意图如图8-4所示。

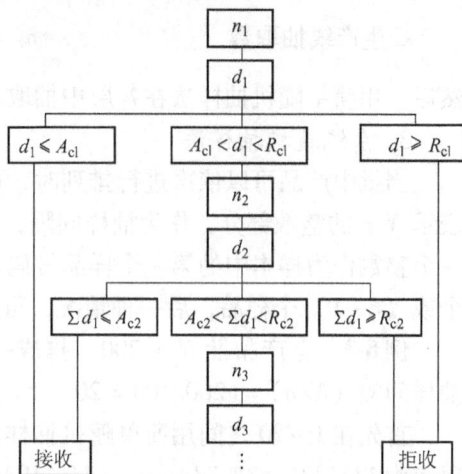

图 8-4　多次抽样原理示意图

二、随机抽样

为了能使样本对检验批的质量具有代表性，必须采用正确的抽样方法，即"随机抽样"。

所谓随机抽样，就是每次抽取样本时，批中所有的单位产品都具有同等被抽到的机会的一种抽样方法。最常用的随机抽样法有以下几种。

1. 简单随机抽样法

从批量为 N 的交验批中抽取大小为 n 的样本，如果批中每个单位产品被抽到的可能性都相等，这样的抽样方法称为简单随机抽样，也称为单纯随机抽样。其有下列 3 种。

（1）抽签法　举例说明此种方法的实施过程，见例8-1。

例8-1　从批量 $N = 1000$ 的产品批中，用简单随机抽样法抽取一个 $n = 8$ 的样本。

首先对 1000 个产品进行编号，号码为 1～1000。作签号为 1～1000 的签并混合均匀，任意抽取 8 个签，得 8 个号码。然后按抽得的签号从批中抽取对应编号的产品，即得所求的样本。当产品批量比较少时，也可用掷骰子法代替抽签法。

（2）随机骰子法　这是将被抽取的一批产品，事先编成号码，哪一种产品编号数与掷出骰子的点数相同，就意味着该产品被抽取。

（3）随机数表法　国际上通用的随机数表，是将 0～9 的数字，以相同被抽取的机会排成 1 位数、2 位数、3 位数等的数表。利用该表进行抽样的优点是抽样误差小，其缺点是手续烦琐。

2. 分层随机抽样

为了保证样本能对批量有较好的代表性，将一批产品按不同的生产班组、设备等进行分层，并使同一层内的产品质量均匀一致。然后，在各层内分别随机抽取一些单位产品，合在一起而构成一个样本。这种方法称为分层随机抽样。如果按各层在整批中所占的比例，分别在各层内抽取单位产品，就称为分层按比例随机抽样。

例8-2　批量 $N = 1600$ 的某产品，由 A、B、C 3 条生产线加工。其中，A 生产线的产品 800 个；B 生产线的产品 640 个；C 生产线的产品 160 个。试用分层按比例随机抽样法取 $n = 150$ 的样本。

首先，计算各层抽取的单位产品数，则

A 生产线抽取数　　　　　　$n_A = 150 \times \dfrac{800}{1600} = 75$

B 生产线抽取数　　　　　　$n_B = 150 \times \dfrac{640}{1600} = 60$

C 生产线抽取数　　　　　　　　　$n_C = 150 \times \dfrac{160}{1600} = 15$

然后，用简单随机抽样法在各层中抽取单位产品。

3. 系统随机抽样法

当批中产品可以依次进行排列时，可给批中每个单位产品编上 $1 \sim N$ 号。以符号 (N/n) 表示 N/n 的整数部分，作为抽样间隔，按简单随机抽样法，在 1 至 (N/n) 之间随机抽取的一个整数作为样本中的第一个样品号码，以后每隔 (N/n) 个产品抽取一个。这样可抽得 n 个或 $(n+1)$ 个样品，后一种情况，可任意去掉一个。

例 8-3　有产品批 $N = 200$，排成一列，试用系统随机抽样法抽取一个 $n = 10$ 的样本，抽样间隔 $(N/n) = (200/10) = 20$。

首先在 $1 \sim 20$ 之间用简单随机抽样法选取一个数，如用抽签法得 13，则抽取的样品号码应为 13，33，53，73，…，173，193 号组成 $n = 10$ 的样本。

4. 分阶段随机抽样法

如果整批产品是由许多群组成，而每群又由若干组组成，按前述 3 种方法中的任意一种，以群作单位抽取一定数量的群。由这些群的单位产品组成样本，这种方法称为整群抽样法。

若进一步在各群中按随机抽样法抽取产品组成样本，则称此抽样方法为分阶段随机抽样法。

例 8-4　一批产品为 $N = 20000$ 个，共分为 200 箱，每箱 100 个，分为 4 盒。试用分阶段随机抽样法抽取 $n = 100$ 的样本。

从 200 箱中用简单随机抽样法抽取 1 箱作为样本，称为整群抽样法。

从 200 箱中随机抽取 2 箱，各箱中随机抽取 2 盒作为样本，称为两段随机抽样。

从 200 箱中随机抽取 10 箱，每箱中随机抽取 2 盒，每盒中随机抽取 5 个产品组合成样本，称为三段随机抽样。

第三节　计数抽样检验的基本原理

一、批质量的判断

产品质量的好坏是通过对该产品的检验并把检验的结果与标准对比来进行判断的，凡是符合标准的就为合格品，不符合标准的就为不合格品。对于一批产品质量的好坏，由该批产品中不合格品数的多少（或合格品数的多少）加以判定，不合格品数或不合格品率越高，则这批产品的质量越低。因此，把不合格品率的大小作为计数抽检情况下批产品的质量表示方法，即用不合格品率来表示一批产品质量的优劣。

抽检的目的是决定接收或拒收检验批。判断方法是把计算值 P 与标准判定值 P_t 相比较。如果 $P \leqslant P_t$，接收检验批；如果 $P \geqslant P_t$，拒收检验批。

P_t 的大小与产品的性质、价值以及检验费用有关。凡是质量要求高、价值高及检验费用大的产品，P_t 值应定得低一些。反之，应定得高一些。

实际上，通过抽样检验不可能精确地得到一批产品的不合格品率的数值。因此，常将上述批质量判断规则转换为：要求制订一个有科学根据的抽样方案。也就是说，从 $P \leqslant P_t$ 可以推出$\frac{d}{n} \leqslant \frac{c}{n}$。为了方便，不规定$P_1$，而相应地规定出$n$件中不合格品的标准值，以此作为判断标准，即规定出一个简单的抽检方案，简记为(n, c)，它表示从批量N中各次抽取样本为n的产品，其中c为合格判定数。如果n中有d个不合格品，若$d \leqslant c$，则认为该批产品质量合格，予以接收；若$d > c$，则认为该批产品质量不合格，予以拒收。

在批质量判断过程中，由于从批量N中随机抽取的样本数目不同，其抽检的方式也不同，可有一次抽检、二次抽检和多次抽检。

二、接收概率与抽检特性曲线

1. 样本中出现不合格品数的概率

抽检方案与样本中不合格品数d有关，因此，需要知道样本中的不合格品数d的抽取概率$P(d)$的计算方法。

设交验批的批量N为有限值，其中包含D个不合格品，从中随机地抽取大小为n的样本时，则该样本中出现的不合格品数d的概率是一个随机变量，其概率分布符合超几何分布。即

$$P(d) = \frac{C_D^d C_{N-D}^{n-d}}{C_N^n} \tag{8-1}$$

因为$D = NP$，则

$$P(d) = \frac{C_{NP}^d C_{N-NP}^{n-d}}{C_N^n} \tag{8-2}$$

式中　C_N^n——在N个产品中抽取大小为n的样本的组合数；

　　C_{N-D}^{n-d}——在$(N-D)$个合格品中抽取$(n-d)$个合格品的组合数；

　　C_D^d——在D个不合格品中抽取d个不合格品的组合数；

　　P——不合格品率。

由式（8-1）可知，当给定N、D、n（或N、P、n）时，$P(d)$只与d有关，它是d的函数，可记为

$$h(d, n, D, N) = \frac{C_D^d C_{N-D}^{n-d}}{C_N^n} \tag{8-3}$$

$$h(d, n, D, N) = \frac{C_{NP}^d C_{N-NP}^{n-d}}{C_N^n} \tag{8-4}$$

2. 接收概率

根据规定的抽检方案(n, c)，判定该批产品合格而被接收的概率称为接收概率（或批合格概率），用$L(P)$表示。如果抽检方案(n, c)中样本大小n及合格判定数c已经确定，则

$$L(P) = P_0 + P_1 + P_2 + \cdots + P_c = \sum_{d=0}^{c} P(d)$$

式中　P_0——在抽取样本中出现不合格品数为零的概率；

　　P_1——在抽取样本中出现不合格品数为1的概率；

　　P_2——在抽取样本中出现不合格品数为2的概率；

　　P_c——在抽取样本中出现不合格品数为c的概率。

由此可知，当批量 N 及一次抽检方案 (n, c) 给定后，根据批的不合格品率 P 就可确定该批的接收概率 $L(P)$。它是不合格品率 P 的函数，同时与给定的方案 (n, c) 有关，因此，又称 $L(P)$ 为抽检方案 (n, c) 的特性函数。

3. 抽检特性曲线（OC 曲线）与两种错误

由于 $L(P)$ 是不合格品率 P 的函数，即 P 越小，则 $L(P)$ 越大；反之，P 越大，$L(P)$ 越小。对于不同的 P 值，可求出不同的 $L(P)$ 值。如果用横坐标表示不合格品率 P，以纵坐标表示接收概率 $L(P)$，对于既定的抽样方案，可作出 P-$L(P)$ 曲线，称为"抽检特性曲线"。一般来说，抽检特性曲线指给定抽样方案时，表示接收概率与批的实际质量函数关系的曲线，简称为 OC 曲线。

为了说明一个较好的抽检方案的 OC 曲线应具有何种形状，下面讨论两种特殊情况。

（1）理想抽检方案的 OC 曲线　如果规定，当批的不合格品率 $P \leqslant P_0$ 时，该批产品是合格的；当批不合格品率 $P > P_0$ 时，该批产品是不合格的。那么，一个理想的抽检方案应满足：当 $P \leqslant P_0$ 时，接收概率 $L(P) = 1$；当 $P > P_0$ 时，接收概率 $L(P) = 0$，其 OC 曲线如图 8-5 所示。要达到这种理想境界，唯一的办法是进行准确无误的全数检验。因此，这样的抽检方案实际上是不存在的。因为即使采用百分之百检验，有时也会产生错检和漏检。

（2）线性抽检方案的 OC 曲线　设有一批产品，批量 $N = 20$，考虑采用抽检方案 $(1, 0)$ 来检验。此时的抽检特性函数为

$$L(P) = \frac{C_{20P}^0 C_{20-20P}^{1-0}}{C_{20}^1} = 1 - P$$

其 OC 曲线是一条直线，如图 8-6 所示。在此例中，如果认为 $P \leqslant 50\%$ 时，产品是合格的，这时 $L(5\%) \geqslant 0.95$，但 $P = 50\%$ 时，$L(50\%) = 0.5$。这就是说，当产品的质量已经坏到含有一半的不合格品时，两批当中仍有一批可能被接收。可见，线性抽检方案对批质量的判断能力和对用户的质量保证都是很差的。上述的理想方案不存在，线性方案又很不理想，是否可以选取一个抽检方案，使其抽检曲线比较接近理想曲线呢？回答是肯定的。我们可以这样来对产品质量提出要求：规定两个数 P_0 和 P_1（$0 < P_0 < P_1 < 1$）；当一批产品的不合格品率 $P \leqslant P_0$ 时，认为产品质量较好，愿以高概率接收这批产品；反之，当 $P \geqslant P_1$ 时，认为

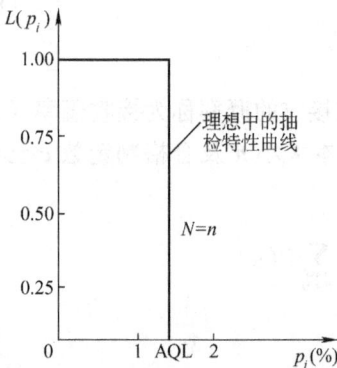

图 8-5　理想抽检方案的 OC 曲线　　　　图 8-6　线性抽检方案的 OC 曲线

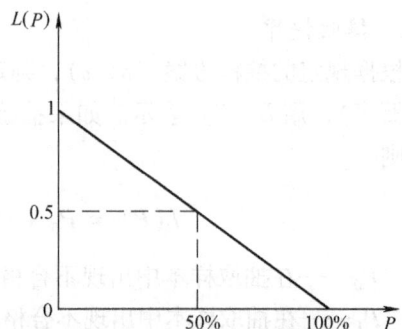

质量较差，允许以小的概率接收这批产品；而当 $P_0 < P < P_1$ 时，接收这批产品的概率迅速减小。相应于这种要求的一条曲线如图 8-7 所示，图中 AQL 为可以接收的质量水平，LTPD 为允许的不合格品率。它比较接近理想曲线，所代表的抽检方案是一种较好的方案。

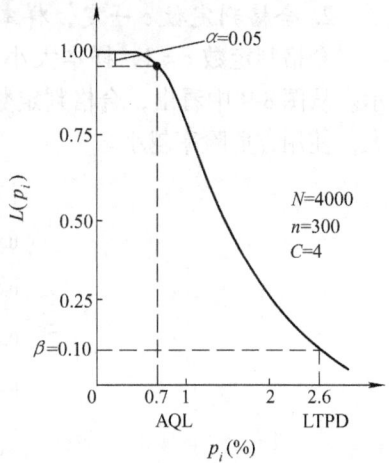

图 8-7　现实的特性曲线

总之，抽样检验是根据从一批产品中随机抽取的一部分产品检查结果，去判断整批产品是否合格。这是一种统计推断的过程，既然是统计推断，就有可能产生两类错误：有可能将合格批判断为不合格批，也可能将不合格批判为合格批。因此，为了控制这两种错误，在确定抽检方案时，一般是由预先给定的 P_0，P_1，α，β 求出 n，c，使它们同时满足以下两个方程，即

$$1 - \alpha = \sum_{d=0}^{c} b(d,n,P_0) = \sum_{d=0}^{c} C_n^d P_0^d (1 - P_0)^{n-d}$$

$$\beta = \sum_{d=0}^{c} b(d,n,P_1) = \sum_{d=0}^{c} C_n^d P_1^d (1 - P_1)^{n-d}$$

式中，一般取 $\alpha = 0.05$；$\beta = 0.10$；P_0、P_1 是由批的产品的生产方和使用方进行协商而定的。

把质量标准 P_0、P_1 与两类错判概率 α、β 联系起来考虑，是现代统计抽样检验的一个特点，也是制定和评价抽检方案的依据。

一个好的抽检方案，在一定生产条件和保证产品质量的要求下，应要求有很强的辨别能力，即应要求两种错判概率都尽可能小。当然，还应要求抽检的数量尽量少。

三、抽检方案的评价

抽检方案的评价标准：一是可靠性；二是经济性。可靠性指抽检方案的抽检特性是否满足订货和供货双方的要求；经济性指抽检费用，表现为使用的平均样本量大小。下面以标准型一次抽检为例，分析各参数的变化对抽检特性的影响。

1. 抽检方案一定，批量大小对 OC 曲线的影响

图 8-8 是抽检方案为 $n = 20$，$c = 0$ 时，批量 N 分别为 1000，100，50 作出的 A、B、C 3 条 OC 曲线。从图 8-8 中可以看出，批量大小对 OC 曲线的影响并不大。如果采用二项分布或泊松分布近似式计算，作出的 OC 曲线将毫无区别。

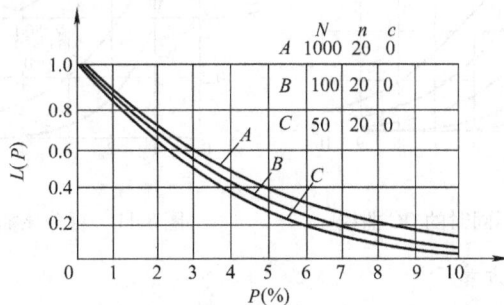

图 8-8　n，c 一定，而 N 不同时的 OC 曲线

2. 合格判定数 c 一定，样本量 n 对 OC 曲线的影响

合格判定数 $c=2$，样本大小 n 分别为 10，30，50，100，200 时的 OC 曲线如图 8-9 所示。从图 8-9 中看出，合格判定数一定时，样本量 n 越大，OC 曲线越陡，生产方危险率越大，使用方危险率越小。

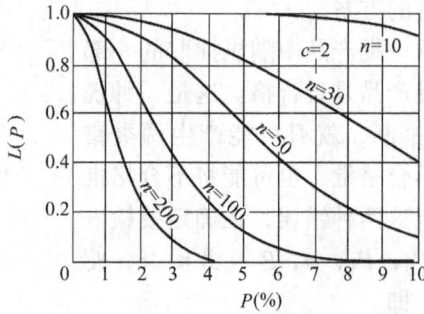

图 8-9　c 一定，而 n 不同时的 OC 曲线

3. 样本大小一定，合格判定数 c 对 OC 曲线的影响

当 $n=100$，$c=0$，1，2，3，4，5 时的 OC 曲线如图 8-10 所示。从图 8-10 中看出，c 越小，OC 曲线越陡，即生产方危险率越大，使用方危险率越小。

4. 百分比抽检法的 OC 曲线

以往的抽样检验多采用百分比抽检，这是从批中按一定比率（如 1%，3%，10% 等）抽取样本进行检查，其合格判定数通常取为 0。

百分比抽检法来源于"只要样本大小与批量大小之比不变，生产方和使用方所受到的保护也不变"的错误思想。图 8-11 是 10% 抽检的 5 种方案的 OC 曲线。可以看出，批量越大，n 越大，OC 曲线越陡，$L(P)$ 越小，生产方危险率越大，使用方危险率越小。对于相同不合格品率的批产品来说，几个方案对生产方和使用方的保护程度均不同。因此，百分比抽捡法是不合理的。

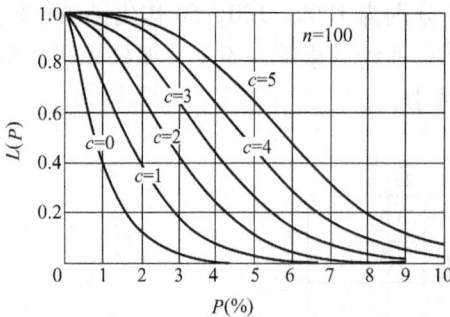

图 8-10　n 一定，而 c 不同时的 OC 曲线

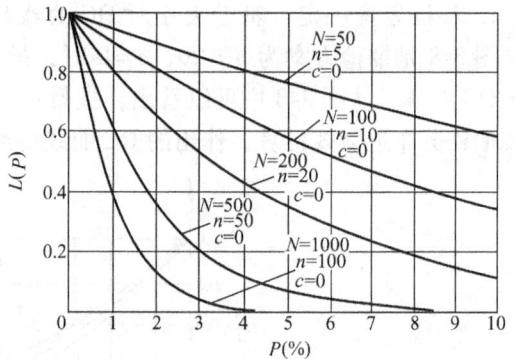

图 8-11　百分比抽检法的 OC 曲线

5. 关于 $c=0$ 的抽检方案

当抽样检验时，人们往往以为 $c=0$ 的方案是最可靠的方案。实际上，采用 n、c 同时增大的方案，其抽检特性将比 $c=0$ 的方案得到很大改善。从图 8-12 可以看出，$N=1000$，$n=100$，$c=0$ 的方案，与 $N=1000$，$n=170$，$c=1$ 和 $N=1000$，$n=240$，$c=2$ 的方案相比

是最不好的方案，即生产方和使用方危险率都较大。n，c 增长的越多，方案的抽检特性越好。

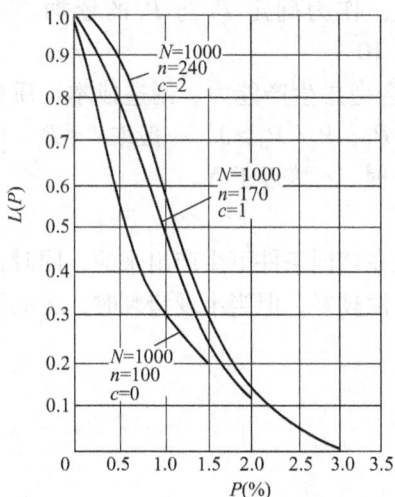

图 8-12 3 种抽检方案的比较

第四节 计数标准型抽样检验

一、计数标准型抽样检验的设计原理

标准型抽检方案是同时严格控制生产者和使用者风险的抽检方案。其设计原理是给定接收上限 P_0、拒收下限 P_1 以及两种错判概率 α，β，控制优质批（$P \leq P_0$）错判为不合格的概率不得超过 α，劣质批（$P \geq P_1$）错判为合格的概率不得超过 β，即计数标准型抽检方案的 OC 曲线必须通过预先规定的两个点（P_0，$1-\alpha$）与（P_1，β）。因此，要使一个计数标准型一次抽检方案（n，c）的 OC 曲线通过预先规定的这两个点，只要求出 n 和 c，使它们同时满足式（8-5）的两个方程，即

$$\begin{cases} L(P_0) = 1 - \alpha \\ L(P_1) = \beta \end{cases} \tag{8-5}$$

若样本中的不合格数的概率分布近似服从泊松分布，则上述方程为

$$\begin{cases} \sum_{d=0}^{c} \dfrac{(nP_0)^d}{d!} e^{-nP_0} = 1 - \alpha \\ \sum_{d=0}^{c} \dfrac{(nP_1)^d}{d!} e^{-nP_1} = \beta \end{cases} \tag{8-6}$$

式（8-6）中 P_0、P_1、α、β 均为预先给定的已知数，而 n，c 为未知数，由两个方程可以得到唯一确定的一组解。

二、计数标准型一次抽样检验的抽检程序

1. 规定质量标准

对于单位产品，要明确规定区分缺陷或合格与不合格的标准界限。

2. 指定 P_0，P_1 及 α，β

在进行抽检之前，产品的生产方（或供应方）与使用方（或接收方）应通过协商，明确指定 P_0，P_1 及 α，β 的值，作为确定 P_0 与 P_1 的依据。一般，可以取生产方风险率 $\alpha = 0.05$，使用方风险率 $\beta = 0.10$。

在确定 P_0 与 P_1 时，要综合考虑生产能力、制造成本、质量要求以及检验费用等因素。同时，P_0、P_1 必须满足：$P_0 \leqslant P_1$，$P_1 / P_0 \geqslant 3$，一般取 $4 \leqslant P_1 / P_0 \leqslant 10$。$P_1 / P_0$ 越小，样本大小 n 越大，当 P_1 / P_0 接近于 1 时，n 接近于 N。

3. 确定批量 N

对于同一批产品，要求是在相同条件下生产出来的。同时，批量也要适当。因为批量越大，平均检查费用越少，经济性越好，但当出现错判时，造成的损失也越大，因而不能随意增大批量。

4. 确定方案 (n, c)

5. 检验 α，β

6. 抽取样本

按已确定的样本容量 n，从检验批中抽取样本。在抽取样本时，最重要的是必须抽取那些能够真正代表检验批的样品。因此，必须采用随机抽样法。

7. 测定产品特性值

根据规定的质量标准，对样本中的每一个单位产品进行测定，并统计不合格品个数。

8. 对检验批进行判断

如果样本中的不合格品总数 d 小于或等于已确定的合格判定数 c，那么，就判定检验批为合格；如果大于 c，则判断检验批为不合格。

9. 处理检验批

对已判定为合格的批，应予以接收；而对于判定为不合格的批，则应拒收。至于不合格批或样本中所发现的不合格品是直接追回或接收，还是调换成合格品，这要按预先签订的合同确定。

第五节　计数调整型抽样检验

一、计数调整型抽样检验的特点

在计数抽样检验中，最为广泛应用的是调整型抽样检验。所谓调整型抽样检验，是指一组严宽程度不同的抽样方案以及将它们联系起来的转移规则。当产品质量正常时，采用正常抽样方案进行检验；当产品质量下降或生产不稳定时，采用加严抽样方案进行检验。所以，计数调整型抽样检验是根据供货者过去提供产品质量情况，调整检验的宽严程度，以促使供货者提供合格产品的一种抽样检验。因此，调整型抽样检验是由正常、加严、放宽 3 种宽严程度不同的方案和一套转换规则组成的抽样体系。

在计数调整型抽样检验过程中，对于批量相同，质量要求一定的连续批产品，即批与批之间质量关系密切的连续提交检验批的产品，并不是用一个固定的方案进行检验，而是根据批质量的变化情况，按照一组预先规定的转换规则，随时进行调整。当批产品质量正常时，采用一个正常的抽检方案进行检验；当批产品质量下降或生产不稳定时，改用加严方案进行检验，以减小使用方承担的风险；当批产品质量上升时，改用一个放宽方案进行检验，以加强对供货方的保护。也就是根据批产品质量的变化，适时调整方案的宽严程度，使整个检验过程达到一种既能防范达不到质量要求的批漏网，又能使达到质量要求的批较易通过的趋势。

调整型抽样方案较多地利用了抽样结果的历史资料，因此在对交验批质量提供同等鉴别能力时，所需抽样检验平均工作量要少于标准型抽样方案，且能较好地协调供需各方各自承担的抽样风险。调整型抽样方案适用于批量相同且质量要求一定的检验批的连续性接收检验。

最早的计数调整型抽样检验是美国军用标准 MIL-STD-105，经过多次修订，现在该标准的第四版为 105D，此标准现在已成为美国、英国和加拿大共同的军用标准。1973 年，国际标准化组织（ISO）把它订为国际标准，并于 1974 年正式发表，代号为 ISO2859—1974。由于该类型抽样检验的科学性，日本根据 ISO2859—1974 制定了日本工业标准 JISZ 9015 计数调整抽样检验标准；法国、原联邦德国等国家直接采用 ISO2859—1974 为国家标准。

二、合格质量水平的确定

合格质量水平（AQL 值）是调整型抽检方案的基本参数，也是选择方案时依据的质量标准。

合格质量水平指在抽样检验中，生产方和使用方共同认为满意的判定批合格或不合格的过程平均不合格品率（或百单位缺陷数）的上限值。

过程平均不合格品率 $\overline{P}$ 指对生产方提供的 20 个批以上产品的初次检验时发现的平均不合格品率，即

$$\overline{P} = \sum_{i=1}^{k} d_i \Big/ \sum_{i=1}^{k} n_i$$

式中　d_i——表示第 i 批样本中的不合格品数；

$\quad\quad n_i$——表示第 i 批样本量；

$\quad\quad k$——表示批次（$k \geqslant 20$）。

AQL 值是衡量连续过程平均质量水平的质量指标，而不是为某一批产品所规定的质量标准。对使用方来说，采用 ISO2859—1974 提供的抽检方案，不能保证接收的每批产品不合格品率均小于或等于 AQL 值，但可以保证提供的连续批产品的平均不合格品率小于或等于 AQL 值。对生产方来说，规定了 AQL 值，并不意味着有权故意将不合格品混入质量较好的批中，使批不合格品率等于 AQL 值，而是要尽量使批不合格品率小于 AQL，以得到放宽方案验收的待遇。

AQL 值一般以不合格品率或百单位缺陷数来表示。当用不合格品率表示时，GB/T 2828—2003 的抽检表中，将 AQL 值从 0.01～10 分为 16 级；当用百单位缺陷数来表示时，则将 AQL 值从 0.010～1000 分为 26 级。

确定 AQL 值一般采用以下几种方法：

（1）按用户要求的质量决定 AQL 值　当用户根据使用要求、经济条件发出必须保证的质量水平（不合格品率或百单位缺陷数）时，则应将其质量要求定为 AQL 值。

若提供的产品质量低劣，为达到用户要求的质量水平，交货时，对不合格批往往要进行全数挑选检验，因而应注意影响用户的加工时间和成本。

（2）根据缺陷级别决定 AQL 值　按照致命缺陷、重缺陷、轻缺陷或致命不合格品、重不合格品和轻不合格品，分别规定 AQL 值。越是重要的检验项目，验收后的不合格品所造成的损失越大，AQL 值应更严格。此种方法多用于多品种、小批量生产及产品质量情报不多的场合。

美国海军部门决定的 AQL 值，一般不考虑供货者的质量水平，而是根据缺陷的级别，一般规定致命缺陷 AQL = 0.1，A 级重缺陷 AQL = 0.25，B 级重缺陷 AQL = 1.0，轻缺陷 AQL = 2.5。

（3）考虑检验项目数的多少决定 AQL　同一检验项目有多个，如重缺陷检验项目有 3 个，则 AQL 值可取得稍大一些。

（4）依据过程平均来确定 AQL 值　过程平均同 AQL 值之间有如下关系，所以决定 AQL 值时，应考虑到使多数供货者参与供货，促使他们提高产品质量。

1）当确定的 AQL 值低于过程平均质量，则几乎所有批都能抽检合格，生产不致中断。

2）当确定的 AQL 值高于过程平均质量，则不合格批增多，需进行挑选检验或中断生产，成为不经济的生产状态，但有利于促进提高产品质量。

此种方法，多用于单一品种大批量生产，且已掌握大量质量情报的场合。

（5）与供应商协商确定 AQL 值　为使用户要求的质量与供应者的生产能力协调，供购双方可直接协商确定 AQL 值。由于是协商确定的，既可使 AQL 值确定得合理，又可减少双方的纠纷。

此法多用于新产品检验等质量情报少的场合。

三、抽检水平的确定

抽检水平又称为检查水平。它是反映批量与样本量之间关系的等级，即"检查水平"表示的是样本的相对大小。GB 2828—2003 标准中规定检查水平有 7 级：一般检查水平Ⅰ、Ⅱ、Ⅲ三级和特殊检查水平 S-1、S-2、S-3、S-4 四级。一般检查水平Ⅱ是标准检验水平，无特殊要求时采用水平Ⅱ。当需要的判别能力比较低时，可规定使用一般检查水平Ⅰ；当需要的判别能力比较高时，可规定使用一般检查水平Ⅲ。4 种特殊检查水平适用于破坏性检验或检验费用高的情况，由于抽取样本大小比较小，又称为小样本检验。

在 3 个一般检查水平中，当批量给定后，样本大小随检查水平而变化。水平Ⅱ需要抽取样本大小比水平Ⅰ大；而水平Ⅲ又比水平Ⅱ大。一般，检查水平Ⅰ、Ⅱ、Ⅲ样本大小的比例为 0.4∶1∶1.6。

在选择抽检水平时，一般应考虑下列因素：

1）产品的复杂程度与价格。

2）检验费用。

3）是否是破坏性检查。

4）保证 AQL 的重要性。

5）生产的稳定性。

6）各批之间的质量差异程度。

7）批内产品质量波动的大小。

四、宽严程度的转换规则

转换规则是判断批质量变化以及确定方案宽严程度的尺度，如图 8-13 所示。

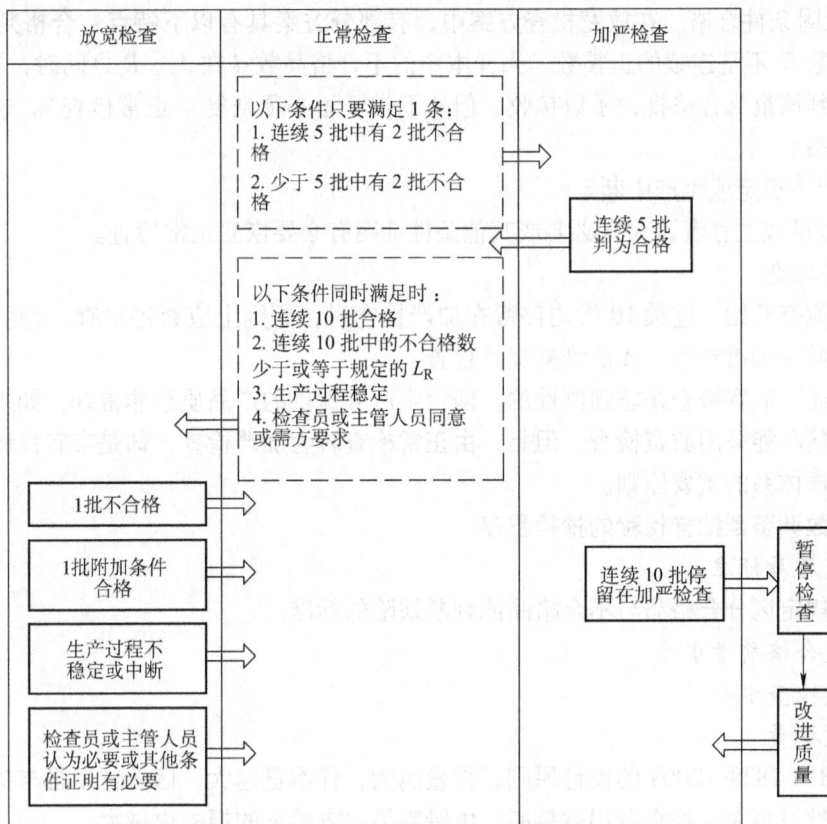

注：虚线框内条件成立时，才能转换。

图 8-13　宽严程度的转换规则

1. 从正常检查转换为加严检查

一般首批检查从正常检查开始。当进行正常检查时，只要初次检查（即第一次提交检查，而不是不合格批经过返修或挑选后再次提交检查）连续 5 批或不到 5 批中有两批不合格，从下批开始转为加严检查。

2. 从加严检查转换为正常检查

当进行加严检查时，若连续 5 批合格，则从第 6 批恢复正常检查。

3. 从正常检查转换为放宽检查

若下列条件同时满足，方可转入放宽检查。

1）连续 10 批（不包括再次提交检验批）正常检查合格。

2）从这连续的 10 批中抽取的样本，其中不合格品总数（或缺陷总数）少于或等于规定的 L_R。

3）生产过程稳定。

4）检查员或主管者认为或需方要求可以转入放宽检查。

4. 从放宽检查转换为正常检查

出现下列任何一种情况，都应从下批开始将放宽检查转换为正常检查。

1）1 批不合格。

2）1 批附条件合格。在放宽检查方案中，有部分方案具有以下特点：合格判定数 A_c 和不合格判定数 R_c 不是连续的正整数。当样本中的不合格品数 d 在 A_c、R_c 之间时，即 $A_c < d < R_c$，此时，判该批为合格批，予以接收，但从下批开始必须恢复"正常检查"。这种情况称为附条件合格。

3）生产不稳定或生产中断。

4）检查员或主管者认为有必要或其他条件证明有必要恢复正常检查。

5. 暂停检查

自加严检查开始，连续 10 批均停留在加严检查时，原则上应暂停检查，待生产方采取了改善产品质量的措施后，才能恢复加严检查。

综上所述，放宽检查是非强制性的，即使生产方提供的产品质量非常好，如果不经检查员许可，仍然不能采用放宽检查。但是，由正常检查转为加严检查，却是带有强制性的，这是调整型抽样体系的重要原则。

五、计数调整型抽样检验的抽检程序

1. 确定质量标准

即明确规定区分合格品与不合格品或判断缺陷的标准。

2. 规定合格质量水平

3. 决定检查水平

4. 规定批量

根据 GB/T 2828—2003 的设计原则，批量越大，样本量越大，区分优质批与劣质批的能力越强，但批量越大，检查费用就越高，由错判给双方带来的损失也越大。

5. 确定抽检方式

通常，根据比较各种不同类型对应抽样方案的管理费用和平均成本的大小，决定采用何种抽样方式（一次、二次和多次抽样）。

6. 确定初次检查的宽严程度

验收批产品一般从正常检查开始，在特殊情况下，也可从加严检查开始。

7. 确定抽检方案

8. 抽取样本

采用随机抽样方法，从批量中按抽样方案规定抽取样本。当采用二次抽检时，第二次样本也必须从批的全体中抽取。

9. 样本的调查

检测样品，按确定的质量标准判定不合格品或缺陷数。

10. 判定批是否合格

统计样本中出现的不合格品总数或缺陷总数，与抽样方案中规定的合格判定数和不合格判定数比较，判定批合格或不合格。

11. 批的处置

对于合格批，接收；不合格批，原则上全批退给供货者。合格批中发现的不合格品（即抽检样本时发现的），要全部退给供货者。

当供货者再次提交退回的不合格批时，必须是已把全数不合格品换成合格品或修正了缺陷后的批。

第六节 计量抽样检验

一、计量抽样检验的概念及用途

计数抽样检验适用于计数值的质量检验，若质量数据为计量值（如工件的尺寸），则需用计量抽样检验。计数抽样检验是根据综合性的样本中的不合格品数或缺陷数来判断一批产品是否合格，而计量抽样检验则是根据不同质量指标的样本均值或样本方差来判断一批产品是否合格。计量抽样检验与计数抽样检验相比，所需的样本量少，获得的信息多。但是，对样品质量特性的计量和测定比检查产品是否合格所需的时间长、工作量大、费用高，并需要具备一定的设备条件，判断程序比较复杂。在实际中，常把计量抽检和计数抽检结合起来使用。对于主要质量指标的检查、破坏性检查和费用高的检查，通常采用计量抽检；对于一般质量指标的检查，采用计数抽检。两者相互配合，可以收到较好的技术经济效果。

计量抽检也可以从不同的角度加以分类，这里只介绍计量标准型一次抽样检验。

二、计量抽检的批质量判断

在计量抽检情况下，一批产品质量的好坏是根据样本质量特性数据的平均值、标准偏差或不合格品率作为判别标准加以判定的。在计量抽检中，用来衡量批质量的质量指标不同，判断规则的形式也不同。对于用平均值和不合格品率作为批质量指标的抽检，其计量抽检方案都是将样本均值（在某一特定标准偏差条件下）与一个判定界限比较来进行判断。

进行计量抽检的前提是必须知道质量数据的分布状态，同时希望质量特性的分布具有稳定性。在计量抽检中，通常假定质量特性服从正态分布，因此，只有确认质量特性服从正态分布，才能有效地采用各种计量抽检方案。

计量抽检的具体方法是从批量产品抽取 n 个样本，将其测定值的平均值 $\bar{x}$ 和合格判定值 $\bar{x}_u$、$\bar{x}_L$ 进行比较，来判断批合格与否。由于对质量特性值控制的标准要求不同，则这种场合的合格判定值有 3 种情况。

1）对于希望特性值低时，其合格判定值为 $\bar{x}_u$。

当 $\bar{x}_u \geqslant \bar{x}$ 时，则判断批为合格；

当 $\bar{x}_u < \bar{x}$ 时，则判断批为不合格。

2）对于希望特性值高时，其合格判定值为 $\bar{x}_L$。

当 $\bar{x}_L \leqslant \bar{x}$ 时，则判断批为合格；

当 $\bar{x}_L > \bar{x}$ 时，则判断批为不合格。

3）对希望特性值既有高的要求，又有低的要求时，其合格判定值为 $\bar{x}_u$、$\bar{x}_L$。

当 $\bar{x}_L \leqslant \bar{x} \leqslant \bar{x}_u$ 时，则判断批为合格；

当 $\bar{x}_u < \bar{x}$，$\bar{x}_L > \bar{x}$ 时，则判断批为不合格。

$\bar{x}$ 为样本测定值的平均值。

当用计量抽样检验时，可分为标准偏差已知和标准偏差未知的情况，并且由于产品质量指标的特性不同，还有保证平均值和保证不合格品的情况。

三、计量标准型一次抽检保证批平均值（标准偏差 σ 已知）时的抽检方案

标准偏差 σ 已知，说明通过统计资料，能够确定出被检制品质量特性值的标准偏差。

利用批平均值 μ 作为衡量质量水平的标志是计量抽检方案的重要类型。有些批产品的质

量指标是以某个质量特性值 x 的平均值 μ 来衡量，如平均重量、平均使用寿命、平均时间、平均强度等。对均值的要求，有时只有上限规定；有时只有下限规定；有时则希望同时给出上、下限的合格判定值。

1. 希望特性值低，给出上限合格判定值 $\bar{x}_u$（$\mu_0 < \mu_1$）时

这种抽检可用图 8-14 表示。

图中　　σ——批的标准偏差（已知）；

　　　　μ_0——希望合格批的平均值界限；

　　　　μ_1——希望不合格批的平均值界限；

　　　　α——生产者危险；

　　　　β——使用者危险；

　　　　n——样本大小。

我们希望平均值比图 8-14 中的 μ_0 低的批，作为"优质批"，尽可能被接收；而平均值比 μ_1 高的批，则作为"劣质批"，尽可能不接收。由于抽检的偶然性，特规定平均值低于 μ_0 的"优质批"，被误判为不合格的概率为 α；平均值高于 μ_1 的"劣质批"，被误判为合格的概率为 β。

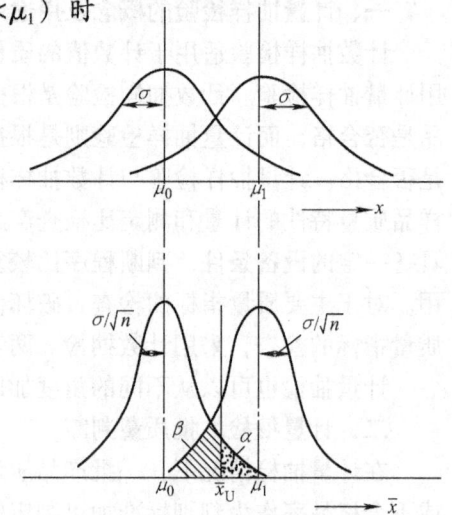

图 8-14　希望特性值低时的情况

现在来研究在上述条件下，如何求出作为抽检方案的试样大小 n 和上限合格判定值 $\bar{x}_U$。从批中随机抽取几个产品作为试样，测定特性值为 x_1，x_2，$\cdots$，x_n。计算平均值 $\bar{x}$：

$$\bar{x} = \frac{1}{n}\sum x_i$$

再将 $\bar{x}$ 同上限合格判定值比较，作以下判定，若

当 $\bar{x} \leqslant \bar{x}_U$ 时，则批合格；

当 $\bar{x} > \bar{x}_U$ 时，则批不合格。

根据图 8-14 可知，有下面的关系式存在。

对于优质批
$$\bar{x}_U = \mu_0 + K_\alpha \frac{\sigma}{\sqrt{n}} \tag{8-7}$$

对于劣质批
$$\bar{x}_U = \mu_1 - K_\beta \frac{\sigma}{\sqrt{n}} \tag{8-8}$$

式中
$$K_\alpha = \frac{\bar{x}_U - \mu_0}{\sigma/\sqrt{n}} ; \quad K_\beta = \frac{\mu_1 - \bar{x}_U}{\sigma/\sqrt{n}}$$

两式相减得

$$\mu_1 - \mu_0 = \frac{\sigma}{\sqrt{n}}(K_\alpha + K_\beta) \tag{8-9}$$

由式（8-9）可求出 n，则

$$n = \left(\frac{K_\alpha + K_\beta}{\mu_1 - \mu_0}\right)^2 \sigma^2 \tag{8-10}$$

令 $\dfrac{K_\alpha}{\sqrt{n}} = G_0$，则由式（8-7）可求出 $\bar{x}_U$

$$\bar{x}_U = \mu_0 + G_0\sigma \tag{8-11}$$

2. 希望特性值高，给出下限合格判定值 $\bar{x}_L$（$\mu_0 > \mu_1$）时

希望特性值高（见图 8-15）与希望特性值低时的情况一样，求出 n 和合格判定值 $\bar{x}_L$。这时

$$n = \left(\frac{K_\alpha + K_\beta}{\mu_0 - \mu_1}\right)^2 \sigma^2 \tag{8-12}$$

$$\bar{x}_L = \mu_0 - G_0\sigma \tag{8-13}$$

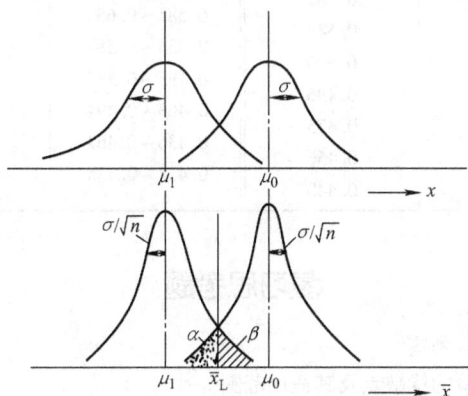

图 8-15 希望特性值高时的情况

3. 希望同时给出上、下限合格判定值时

需要同时给出上、下限合格判定值（见图 8-16）与上述两种情况一样，应先指定 μ'_0、μ'_1（有关上限的平均值）及 μ''_0、μ''_1（有关下限的平均值）。然后，按上述两种情况要求，分别求出上限和下限的合格判定值。

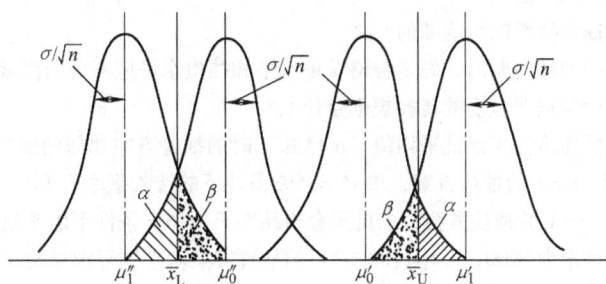

图 8-16 同时给出上、下限合格判定值时的情况

$$\bar{x}_U = \mu'_0 + G_0\sigma$$
$$\bar{x}_L = \mu''_0 - G_0\sigma$$

需要说明的是，该确定上、下限合格判定值的方法仅适用于满足下面的条件，即

$$\frac{\mu'_0 - \mu''_0}{\sigma/\sqrt{n}} > 1.7$$

上述各公式中的 n 和 G_0，可由 JIS 9003 "计量标准型一次抽样检查表"（见表 8-1）求出。当给出 μ_0、μ_1 时，就可以求出 $\alpha = 0.05$，$\beta = 0.10$ 情况下的 n 和 G_0。

表 8-1　不同的 μ_0，μ_1，计算出的样本大小 n 与合格判定系数 G_0

$\mid\mu_0-\mu_1\mid/\sigma$	n	G_0	$\mid\mu_0-\mu_1\mid/\sigma$	n	G_0
2.069 以上	2	1.163	0.756 ~ 0.771	15	0.425
1.690 ~ 2.068	3	0.950	0.732 ~ 0.755	16	0.411
1.463 ~ 1.689	4	0.822	0.710 ~ 0.731	17	0.390
1.309 ~ 1.462	5	0.736	0.690 ~ 0.709	18	0.383
1.195 ~ 1.308	6	0.672	0.671 ~ 0.689	19	0.377
1.106 ~ 1.194	7	0.622	0.654 ~ 0.670	20	0.368
1.035 ~ 1.105	8	0.582	0.585 ~ 0.653	25	0.329
0.975 ~ 1.034	9	0.548	0.534 ~ 0.584	30	0.300
0.925 ~ 0.974	10	0.520	0.495 ~ 0.533	35	0.278
0.882 ~ 0.924	11	0.496	0.463 ~ 0.494	40	0.260
0.845 ~ 0.881	12	0.475	0.436 ~ 0.462	45	0.245
0.812 ~ 0.844	13	0.456	0.414 ~ 0.435	50	0.233
0.772 ~ 0.811	14	0.440			

复习思考题

1. 检验职能及其工作内容有哪些？
2. 试述全数检验与抽样检验的优缺点及其适用范围。
3. 抽检方案有几种分类方法？各自有何区别？
4. 单位产品、批、批量、缺陷的含义是什么？
5. 什么是随机抽样？随机抽样主要有哪几种方法？
6. 简述计数抽样的批质量判断方法。抽样方案如何表述？
7. 简述接收概率与抽检特性曲线的含义。
8. 简述抽检过程中的两种错误。
9. 简述百分比抽检的不合理性。
10. 各参数的变化对抽检特性的影响如何？
11. 当采用计数调整型抽样检验时，确定合格质量水平和抽检水平应考虑的因素有哪些？
12. 计数调整型抽样检验宽严程度的转换规则是什么？
13. 计量标准型一次抽样检验保证批平均值（σ 已知）时的抽检方案如何确定？
14. 以 $N=100$，$n=5$，$c=1$ 的抽检方案，求 $P=5\%$ 条件下的接收概率 $L(P)$。
15. 以 $N=50$，$n=5$，$c=1$ 的抽检方案，求批不合格品率 $P=6\%$ 条件下的接收概率 $L(P)$。
16. 设有一批产品，批量为1000，今用（30，3）的抽检方案对它进行抽样验收，试画出此抽检方案的 OC 曲线。
17. 预先规定 $P_0=10\%$，$P_1=6\%$，$\alpha=0.05$，$\beta=0.10$，求 n 和 c。
18. 预先规定 $P_0=0.4\%$，$P_1=6\%$，$\alpha=0.05$，$\beta=0.10$，求 n 和 c。
19. 预先规定 $P_0=1\%$，$P_1=2.5\%$，$\alpha=0.05$，$\beta=0.10$，求 n 和 c。

第九章　可靠性工程及可靠性管理

可靠性是产品质量的一项重要特性，尤其对今天的产品来说，它们的结构越来越复杂，组成产品的零部件数量越来越多，对产品及其零部件性能的可靠性要求也越来越高，如何保证和提高产品的可靠性，已成为当今时代质量管理的一项重要任务。保证和提高产品可靠性的关键，首先是在产品的开发设计阶段，应充分考虑可靠性的要求，进行可靠性设计，并通过试验分析，验证和改进产品的可靠性。其次，应在生产、使用阶段加强可靠性管理，使有关部门的工作都来保证产品质量达到可靠性的要求。可靠性的计划、预测、设计、评价及其管理就是可靠性工程。

第一节　可靠性与可靠性工程

一、可靠性的定义

可靠性指在给定的条件下和规定的时间内，零部件、元件、产品或系统所完成规定功能的概率。

可靠性定义中所谓的"完成规定功能"，就是产品或系统的工作目的或使用性能。它可能与产品标准不一致，当功能不能完成时，就称为故障。故障的内容可分为不能工作、工作不稳定、功能劣化等几种。根据故障的严重程度，又可进一步将它划分为缺陷、小故障、大故障3个等级。有的行业还将故障等级分为障碍、故障、事故3类。

定义中的"规定时间"，为产品或系统的任务时间，通常以产品使用的寿命周期来表示。对可靠性问题来说，这是一个极为重要的要求，它把使用条件、环境条件和人员工作条件的各方面因素都包括进去，甚至把使用次数、放置时间、持续工作时间等时间因素也包括进去了，突出表明可靠性是与时间相关的一种特性。

由可靠性的定义可以看出，可靠性不是一种确定性的概念，不能像其他质量特性那样，用完全确定或相当确定的量值加以规定或衡量，而要求使用概率来做定量的客观表示。当我们强调定量表示时，可靠性便称为可靠度。

也应当指出，根据可靠性的定义，在明确故障概念的前提下（如一般对缺陷或障碍不计为故障），可以不考虑产品或系统的各个故障的性质及故障产生的影响，而仅将故障发生次数作为问题来处理。

二、产品系统的可靠性

可靠性分析的主要对象是零部件、元件、产品或系统。系统一般是由若干个产品构成的，而产品也是由许多零件、元器件构成的，我们可以把产品也看成是一个系统。显然，产品和系统的可靠性问题比起零部件或元器件来要复杂得多。因此，我们主要研究产品和系统的可靠性。

产品的可靠性与它们的结构有关，按结构对可靠性的影响关系来看，可把产品系统分成串联系统、并联系统和混联系统3大类。

1. 串联系统

产品或系统是由许多功能性的结构要素（或零件）所组成的，如果其中任一结构要素发生故障，而导致整个产品或系统故障，则这种结构要素组成的产品或系统称为串联系统，如图 9-1 所示。如果将产品或系统看做功能链，组成产品或系统的结构要素看做一个个功能链节，则上述情况确切地说，是在功能逻辑上的串联系统，而并非在结构上呈串联系统。

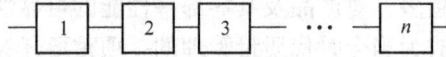

图 9-1　串联系统

设整个系统的串联链由 n 个链节组成，第 i 个功能链节的可靠度为 R_i，$i = 1, 2, \cdots, n - 1, n$，则在该串联系统中，系统或产品总的可靠度为

$$R_S = R_1 \times R_2 \times \cdots \times R_i \times \cdots \times R_{n-1} \times R_n \tag{9-1}$$

2. 并联系统

产品或系统由许多功能性的结构要素（或零件）所组成，当其中任一结构要素发生故障时，整个产品或系统仍能坚持正常工作，则认为这些结构要素在功能逻辑上呈并联方式，而称这一类产品或系统为并联系统，如图 9-2 所示。

设第 i 个功能链节发生故障的概率为 F_i，在并联系统中，系统或子系统总的故障概率为

$$F_S = F_1 \times F_2 \times \cdots \times F_i \times \cdots \times F_{n-1} \times F_n \tag{9-2}$$

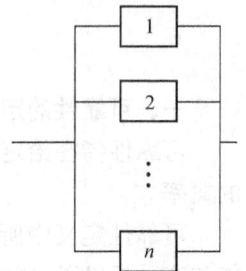

图 9-2　并联系统

其中，$F_i = 1 - R_i$，故并联系统的可靠为

$$R_S = 1 - F_S = 1 - (1 - R_1) \times (1 - R_2) \times \cdots \times (1 - R_i) \times \cdots \times (1 - R_{n-1}) \times (1 - R_n) \tag{9-3}$$

例 9-1　3 个单元的可靠度分别为 $R_1 = 0.9$，$R_2 = 0.8$，$R_3 = 0.7$，试比较由该 3 个单元组成的串联系统和并联系统的可靠度。

（1）由式（9-1），串联系统的可靠度为

$$R_S = R_1 \times R_2 \times R_3 = 0.9 \times 0.8 \times 0.7 = 0.504$$

（2）由式（9-3），并联系统的可靠度为

$$R_S = 1 - F_S = 1 - (1 - R_1)(1 - R_2)(1 - R_3) = 1 - (1 - 0.9)(1 - 0.8)(1 - 0.7) = 0.994$$

从例 9-1 的结果可以看出，由可靠度相同的单元组成的并联系统，要比同样单元组成的串联系统的可靠度大得多。而且，由式（9-3）可知，随着并联单元数 n 的增加及其可靠度的提高，并联系统的可靠度将显著地增加。

并联系统又称为工作储备系统。因为，它是使用多个单元来完成同一任务的组合，这些单元同时工作，虽然在功能上有些冗余，但却能保证系统有较高的可靠度。在一些重要设备上，如飞机的发动机、电厂的发电机组等一般都采用并联系统，以保证其高的可靠性。

3. 混联系统

当一个系统中，既有串联结构，也有并联结构，即由这两种结构混合组成的系统称为混联系统，如图 9-3 所示。

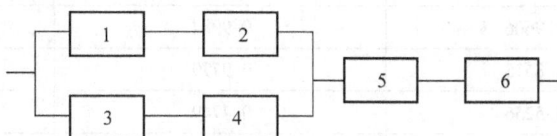

图 9-3　混联系统

在计算混联系统的可靠度时，应先把每个并联结构子系统的可靠度分别计算出来，然后，把它们作为一个个功能链节加入系统，使原来的混联系统转化为串联系统，再对这个假想的串联系统进行可靠度的计算，这样就得到了混联系统的可靠度。

例 9-2　有一混联系统如图 9-3 所示。系统中各功能链节的可靠度已知为 $R_1 = R_3 = 0.95$，$R_2 = R_4 = 0.97$，$R_5 = 0.99$，$R_6 = 0.995$。求该系统的可靠度。

（1）由式（9-1）可得单元 1、2 和单元 3、4 串联后的可靠度

$$R_{12} = R_1 \times R_2 = 0.95 \times 0.97 = 0.9215$$

$$R_{34} = R_3 \times R_4 = 0.95 \times 0.97 = 0.9215$$

（2）由式（9-3）可得单元 1、2、3、4 构成的并联系统的可靠度

$$R_{1234} = 1 - (1 - R_{12})(1 - R_{34}) = 1 - (1 - 0.9215) \times (1 - 0.9215) = 0.9938$$

（3）计算子系统 1234 与单元 5、6 所构成的串联系统的可靠度

$$R_S = R_{1234} \times R_5 \times R_6 = 0.9938 \times 0.99 \times 0.995 = 0.97894$$

在混联系统中，有两种极端的结构形式，一种是混联系统由 m 个子系统并联而成，而每一个子系统又由 n 个单元串联而成，称为并串联系统。其逻辑框图如图 9-4 所示。另一种是混联系统由 n 个子系统串联而成，而每个子系统又由 m 个子系统并联而成，称为串并联系统。其逻辑框图如图 9-5 所示。

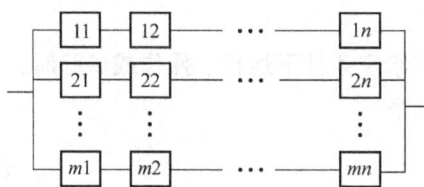

图 9-4　并串联系统

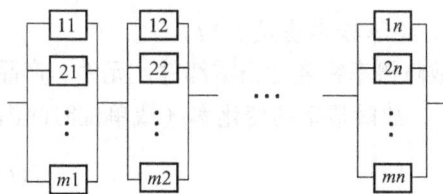

图 9-5　串并联系统

并串联系统相当于产品级的工作储备系统，通过配备多个相同产品作为工作系统的储备，来提高它的可靠度。串并联系统相当于部件级的工作储备系统，它是通过为每个功能链节配备相同的部件来提高工作系统的可靠度。这些混联系统的可靠度计算过程与上述的混联系统可靠度的计算相同，可以很容易地推算出来。当每个单元的可靠度相等时，串并联系统的可靠度要显著地大于并串联系统。表 9-1 列出了当 $m = 2$，$R_i = 0.99$ 时，各种 n 值下的两种系统及与 n 个单元串联系统的可靠度数值对比。这个结果告诉我们，设置部件储备的系统比设置产品储备的系统的可靠度要高。

表9-1　串并联与并串联的系统可靠度比较〔$R(t)=0.99$〕

n	串联系统 $R_S = R^n$	并串联系统 $R_{S2} = R^n(2-R^n)$	串并联系统 $R_{S1} = R^n(2-R)^n$
4	0.9606	0.9984	0.9996
16	0.8515	0.9779	0.9985
64	0.5256	0.7749	0.9936
128	0.2763	0.4762	0.9875
1024	3.3919×10^{-5}	0.6783×10^{-5}	0.9026

三、可靠性指标

作为产品质量重要指标之一的可靠性，不仅有定性的定义，更需要强调定量的概念。因为只有定量的描述，才能对产品的质量与可靠性，做到在产品的设计阶段就能够预测；在制造阶段能够控制；在使用中能够维持。由于产品失效的发生是随机的，所以对可靠性是定量地描述其统计特征。

对于产品的可靠性而言，常将产品分为可修复与不可修复两类。对于不可修复的产品常用可靠度、失效率、平均寿命等可靠性指标进行描述；对于可修复产品常用维修度、可用度、平均修复时间等指标进行描述。对于后者，这里暂不予以讨论。

为了对产品或零部件的可靠性提出必要的要求，以便在设计、试验或使用中对它们进行预测和评价，就需要规定出可靠性指标。常用的可靠性指标有如下几种：

1. 可靠度 $R(t)$

可靠度为当零部件、元件、产品或系统在给定条件下运行、操作或试验时，从 $0 \sim t$ 期间内未发生故障的概率。

2. 故障概率 $F(t)$

故障概率为当零部件、元件、产品或系统在给定条件下运行、操作或试验时，从 $0 \sim t$ 期间内发生故障的概率。

$$F(t) = 1 - R(t) \tag{9-4}$$

3. 故障概率密度 $f(t)$

故障概率密度为当零部件、元件、产品或系统在给定条件下运行、操作或试验时，至时间 t 时，故障概率的变化率（或单位时间内的故障概率）。

$$f(t) = \frac{\mathrm{d}F(t)}{\mathrm{d}t} \tag{9-5}$$

4. 瞬时故障率或故障瞬时强度（简称故障率）$\lambda(t)$

瞬时故障率为当零部件、元件、产品或系统在给定条件下运行、操作或试验时，至时间 t 时，单位时间内发生故障的频率。

$$\lambda(t) = \frac{1}{R(t)} \frac{\mathrm{d}F(t)}{\mathrm{d}t} = \frac{f(t)}{1-F(t)} \tag{9-6}$$

5. 平均无故障工作时间 T_g

平均无故障工作时间指发生故障前工作时间的平均值，也称为平均寿命。

对于可维修的产品或系统来说，T_g 指相邻两次故障之间工作时间间隔的平均值，即为 MTBF。此时，$T_g = $ MTBF。对于不可维修的产品或系统来说，指失效或故障前的平均时间，即为 MTTF。此时，$T_g = \text{MTTF}$。

6. 平均修复时间 T_d

平均修复时间指产品或系统因某种原因停止运行，经修复后重新投入运行所需时间的平均值。

7. 工作系数 K_g

工作系数也称为有效度或可利用度，为某一时间间隔内，产品正常工作时间所占的比例或概率。

$$K_g = \frac{T_g}{T_g + T_d}$$

8. 停运系数 K_d

停运系数也称为失效度或不可利用度，为某一时间间隔内产品不能工作而停止运行的时间所占的比例或概率。

$$K_d = \frac{T_d}{T_g + T_d}$$

四、可靠性工程

可靠性工程包括可靠性设计、评价及管理 3 个领域的可靠性技术工作。

1. 可靠性设计

可靠性设计包括：

1）研究可靠性要求，确定可靠性总目标。

2）根据产品功能链进行可靠性分配，确定功能性零部件或元件的可靠度。

3）对零部件或元件的可靠度进行可靠性分析或失效影响及后果分析。

4）冗余设计与储备方式以及可靠性与维修性设计等。

2. 可靠性评价

对零部件或元件的可靠度进行可靠性试验验证，并综合试验结果和以往经验，对零部件、产品或系统的可靠性进行分析评价。现代的可靠性评价方法有故障模式与效应分析法、故障树分析法、安全性评价法、威布尔分布函数图解分析法、正交试验设计和方差分析法等。对达不到预定目标的零部件或元件的可靠度，要研究改善对策，在采取对策后进行再评价。

3. 可靠性管理

可靠性管理是根据用户要求，在时间与费用允许的条件下，为生产出高可靠性的产品，在设计、研制、生产、使用与维修等整个产品寿命期内所进行的计划、组织、协调、控制等一系列管理工作的总称。它的核心内容是制订并贯彻执行可靠性计划，也称为可靠性大纲。为此，需要建立可靠性组织机构，制订可靠性保证计划与措施，以及有关的人员培训与教育等。

可靠性管理在企业的整个可靠性工作中处于领导和保证地位，离开了可靠性管理，各项可靠性技术活动将难以进行。

五、可靠性对企业生产经营的重要影响

随着科学技术的飞跃进步，产品结构的日趋复杂，可靠性对产品质量的影响，进而对企业在市场竞争和提高经济效益的影响变得十分突出和重要。这种影响主要表现在以下两个

方面。

1. 产品结构日趋复杂，可靠性越加重要

现代产品由于性能的改进和功能的增加，结构变得越来越复杂，零部件数量大大增加。例如，一台汽车约有 2 万多个零件，一架飞机则有 10 万多个零件。零件数量的急剧增加，使产品设备的可靠性相应地有所降低。例如，由 1000 个零件所组成的产品，若每个零件的可靠度均为 0.999，则该产品的可靠度仅为 0.367。反之，若某设备由 100 万个零件组成，如果要求设备的可靠度为 0.95，则每个零件的可靠度应大于 0.9999999。

现代产品性能复杂，价格也十分昂贵，一旦出现故障，往往要造成巨大的经济损失，甚至引起严重的人员伤亡事故。例如，1984 年 12 月，美国联合碳化物公司在印度的农药厂，由于毒气罐阀门失灵造成 3000 人死亡。1986 年 7 月，美国挑战者号因密封圈失效而被烧毁。可见，可靠性对今天产品的特殊重要性。

另外，随着产品结构的复杂化，使得设计、制造、销售和使用该产品的单位与人员的数量也增多了，人、机关系也更为复杂，在相互配合和操作中更易产生差错，从而增加了不可靠性的因素。因此，随着产品的日趋复杂，对产品的可靠性将会提出更高的要求，使可靠性问题变得更加突出。

2. 可靠性直接影响企业的竞争力和经济效益

提高产品的可靠性后，将使产品质量大大提高，从而增强了企业在市场中的竞争力；反之，则会严重影响企业的信誉，而使企业失去市场。例如，上海某电视机厂于 1978 年生产的黑白电视机平均无故障工作时间（MTBF）仅为 500h，开箱不良率达 23.6%，早期返修率为 20.8%，全年亏损 936 万元。后来，工厂开展了可靠性设计与管理，5 年内，MTBF 提高到 5000h，开箱不良率与早期返修率都降到 2% 以下，1983 年全年盈利 6680 万元。这个实例很好地说明了可靠性对企业生产经营的重要意义。

提高可靠性，不可避免地要花费一定的资金。但它所带来的效益比增加的费用要大得多。例如，美国西屋电气公司提高某产品的可靠性后，取得的经济效益与提高可靠度所花费的成本相比，后者仅为前者的 1%。另外，由于设备可靠性提高后，可大量减少维修费用。例如，美国塔康的电子设备系统，平均无故障工作时间由 17h 提高到 150h，每台设备使用 2000h 的维修费用从 15560 美元减为 1818 美元，明显地降低了生产成本，为企业创造了经济效益。众所周知，日本产品之所以赢得信誉，主要是由于他们产品的可靠性好。日本自 20 世纪 50 年代从美国引进可靠性技术后，一直致力于产品可靠性的提高，极大地改善了汽车、彩电、工程机械等多种门类产品的可靠性，使日本产品畅销全球，为企业带来了巨额利润。为使我国的产品能在国际市场中具有良好的信誉，增强竞争力，并能给企业带来应有的经济效益，我们必须大力开展可靠性设计和管理。

第二节　可靠性分析

为了辨明和改善产品、系统或零部件的可靠性，或在发生故障后，查找引起故障的原因及它们的影响程度，都需要用到可靠性分析。

一、可靠性分析的应用范围

可靠性分析的应用范围很广，主要有以下几方面的用途。

1. 用于可靠性和维修性分析

应用可靠性分析，可在产品设计阶段进行故障预测，并采取消除缺陷的措施；可在制造阶段进行故障预测，并指出主要制造缺陷和存在的问题；可在试验阶段检查出存在的问题及侧重点，以提高试验检查的有效性。另外，也能利用可靠性分析，发现软件的错误（图样、设计文件的问题，及在其更改、发放中的问题），指出人为的失误，以及产品在使用操作上和维修上的问题；也能指出进行故障分析和质量诊断中的问题。

根据对产品、系统或零部件的可靠性、维修性的分析，可针对上述的不同问题提出改进措施。

2. 用于安全性分析

同样可以应用可靠性分析来检查和分析产品、系统的安全性的问题。但这时要用危险模型取代故障模型，进行危险性分析。

二、可靠性的分析方法

常用的可靠性分析方法有两种：故障模型与效应分析和故障树分析。

1. 故障模型与效应分析（Failure Mode and Effect Analysis，FMEA）

故障模型与效应分析是一种设计分析方法。它是在系统设计过程中，通过对系统各组成单元潜在的各种故障模式及其对系统功能的影响进行分析，提出可能采取的预防改进措施，以提高产品质量与可靠性。

故障模型与效应分析的关键工作是描述产品、工艺或工序的功能；描述被预测的故障模型；描述故障效应；描述故障原因；推测危险度。

（1）描述产品、工艺或工序的功能　所谓描述产品、工艺等的功能，指对它们的功能进行鉴别、分类，研究什么是产品、系统、零部件，以及产品工艺、专业工艺或制造工序的工作目的，即在完成这些产品或工序后，应达到什么状态才是工作应有的结果。这里所指的功能是故障所影响的功能。例如，对产品来说，已成形铸件的气密性；操纵机构机械操作的稳定性等。对工艺来说，如成组铆钉自动送料和铆接；压铸工序将熔化的金属液挤入压铸模中等。

（2）描述被预测的故障模型　即研究被考察的产品、零部件、工艺、工序为什么未能完成它的预定功能，其结果导致了什么性质的缺陷或故障？这些缺陷或故障的性质或类型叫做故障模型。例如，对产品来说，如破损（开裂、折断）、变形、过热、泄漏、操作失灵等。对工艺来说，如加工超差、粗糙、泄漏、变形、砂眼、损坏等。

故障模型是建立在过去的故障经历基础上的，在分析中着眼于过去是怎样发生故障的，而不是将来会不会发生故障。

（3）描述故障效应　这是指故障对功能影响的严重程度，研究被描述的故障模型将发生什么结果，其结果将对产品、工艺或工序产生怎样的影响？

按影响的性质考虑，故障效应从如下的几方面进行分类：对人身安全有无影响；因故障产生经济损失的严重程度；整个产品或系统功能的残存率等。

按影响的作用考虑，故障效应可分为始终起作用的、断续起作用的、不起作用的、有干扰的、无效应的、冲击性的、不耐久的、不精确的等。这里描述的故障效应具有潜在的性质。

（4）描述故障原因　确定出故障模型后，要进一步查找产生故障的原因。为此，要列出相应于每一个故障模型的全部原因，并保证每个相关的原因都针对着为消除原因将采取的纠正措施的全部意图。

故障原因分为内因和外因两类。内因指故障的机理，外因往往是零部件所受的应力条件。例如，高压断路器（产品）发生拒动故障，展开为某一传动零件折断（结构要素的故障模型）所致。究其原因可能是设计不合理、零件因疲劳而折断、焊接或热处理时内应力未消除。这些都是导致零件折断的内因，即故障机理。发生这种故障的原因也可能是各种环境温度过低，引起焊缝开裂；化工气体腐蚀，造成传动强度不足。这些都是导致零件折断的外因，即应力条件。

（5）推测危险度　　危险度是表示一个具体故障模型造成故障的严重程度的一个尺度。它是由故障发生的概率、故障影响度和故障检出的难易度构成的一个综合性指标，按上述 3 项数值的乘积计算。

其中，故障发生的概率是估计发生故障的可能性。随故障发生可能性的程度不同，分别记为 1 ~ 5 分：“1”分表示一个非常不可能发生的故障；“5”分表示一个非常有可能发生的故障。故障的影响度指故障对系统造成后果的严重程度。也可以用 1 ~ 5 分表示不同的严重程度。“1”分表示不重要的缺陷；“5”分表示一个严重的全面的故障。故障检出难易度指在产品到达用户手中之前，一个潜在问题（缺陷、故障）被检查出来的可能性。随故障检出的难易程度不同，分别记为 1 ~ 5 分。“1”分表示在产品到达用户之前，故障将被检查出来的可能性很大，“5”分表示在产品到达用户之前，故障被检查出来的可能性很小。

危险度的推测数（1 ~ 125）= 故障发生概率（1 ~ 5）× 故障影响度（1 ~ 5）× 故障检出难易度（1 ~ 5）。

在评价故障危险度时，可按分值区分。一般，1 ~ 40 分定为一级危险度（不致命）；41 ~ 80 分定为二级危险度（致命）；81 ~ 125 分定为三级危险度（高度致命）。在进行可靠性预测或设计时，记分在不致命范围内时，一般无需采取纠正措施（或改善对策）；如果记分在致命级或高度致命级时，则要采取纠正措施，使故障的危险度降至不致命级。

故障模型与效应分析一般涉及下述的几个步骤：

1）列出系统、产品的组成单元及各单元的功能。

2）分析功能之间的作用关系或影响关系。

3）准确地找出潜在故障模式及其对用户可能造成的严重后果（故障发生的概率、故障影响度、故障检出的难易度）。

4）计算危险度，从而查明薄弱点。

5）拟定设计改进方案及其实施计划。

6）改进方案实施后，修改故障模式与效应分析。

最后，把结果编写在专门的故障模式与效应分析表格（FMEA 表）上。表 9-2 是一份典型的 FMEA 表。其内容是针对一种高压断路器的故障情况所作的分析与拟采取的对策措施。由表 9-2 可知，在列出了故障部位、故障所影响的功能、故障模型和故障原因后，要分析每项故障的发生率、对系统的影响程度和事前的检出难易度，然后计算出每项故障的综合危险度，根据危险度的高低，找出关键部位，结合它们的故障模式和故障原因，采取对策，加以改善。对策实施的效果要进行验证，在确认其有效后，重新计算危险度，直到危险度减至低级范围之内为止。

表 9-2　高压断路器 FMEA 表

故障部位	故障所影响的功能	故障模型	故障在运行使用中发生的阶段	故障原因	故障所影响的系统功能	故障危险度				判定	对策	验证	采取对策后的危险度			
						对系统的影响度	故障率	事前检出的难易度	综合危险度				对系统的影响度	故障率	事前检出的难易度	综合危险度
◎◎◎	驱动力传递	变形	分闸操作	材料不适	产品（系统）操作速度降低	3	2	4	24		选择合适材料对故障零件◎◎◎作 50 × 1000 次机械操作试验	50000 次试验，无异常	3	1	4	12
		破损	分闸操作	应力过大，材料不适	产品（系统）驱动力传递中断	5	4	3	60	⊗	选择合适材料对故障零件◎◎◎作 50 × 1000 次机械操作试验	试验到 8450 次时，零件◎◎◎又发生磁损，修改设计减少应力，重做 50000 次试验，合格	5	2	3	30
△△△	气密性	泄漏	投入运行	铸件不良	绝缘介质泄漏引起压力不足影响产品的开断能力和绝缘水平	4	3	5	60	⊗	对铸件全数作气密性试验检查	全数检查，挑选合格品	4	2	5	40

故障模式与效应分析主要用于下列情况：

1）与安全有关的系统、组件或产品。

2）会造成严重后果或后果代价巨大的潜在的故障模式。

3）主要的新产品。

4）新技术、新材料和新工艺，尤其是当它们在前阶段开发时未有足够保障的情况下。

5）概念或功能上的变化。

6）重新使用过去有问题的组件。

7）使用现有产品方面出现了新情况。

2. 故障树分析（Failure Tree Analysis，FTA）

故障树是一种借用树形图的形式来表示零部件、组件和系统各层面出现的功能缺陷之间的逻辑关系。图 9-6 是故障树的示意图，图中的最高位事件为直接显示为故障的结果事件；

图中的低位事件是仅导致其他事件原因的事件，若该低位事件是无须探明其发生原因的事件，则称它们为基本事件；图中的中位事件是低位事件与最高位事件之间的结果事件，即由其他事件或事件组合所导致的事件。

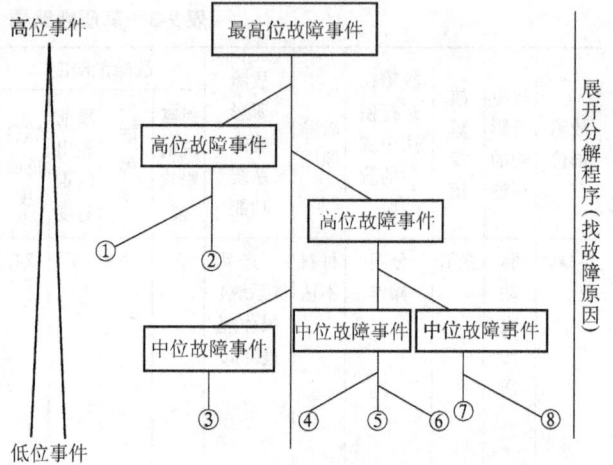

图 9-6　故障树图

所谓故障树分析，就是根据故障树，确定系统故障原因的各种可能组合方式及其发生概率，并计算系统的故障概率，进而采取相应的措施，以提高系统质量的一种设计分析方法。故障树分析包括下述的几个步骤：

1）对系统进行详细的分析，不仅要分析系统的功能、环境条件、资源、系统结构，还要分析组件的相互作用、系统对不同环境条件的反应及内在故障。

2）查明引起不良后果的故障，并查明故障特征。

3）确定可靠性参数，这些参数包括在一定时间内系统发生故障的次数和停机时间等信息。

4）查明造成不良后果的、可能发生在组件和功能要素上的故障。

5）从不良后果开始，绘制故障树。

6）分析故障树。典型的分析结果是可以导致不良后果的故障综合体；出现故障综合体的概率；出现不良后果的概率；导致不良后果的故障综合体的最小概率。

7）解释这些结果，并将其纳入故障模式与效应分析行动计划之内。

图 9-7 是一个故障树分析的实例。该实例是关于"压力容器爆炸"的故障原因分析。图 9-7 中的高位事件就是"压力容器爆炸"。将引起爆炸的原因分层展开、分解，直到基本事件，这样就形成了故障树分析图。图 9-7 中标有 X_1 的即为基本事件，如"压力容器不能正常工作"（X_1）、"安全阀有故障"（X_2）、"阀安装错误"（X_3）等，其他的为中位事件。图 9-7 中的 D_1 表明事件之间的逻辑关系，用椭圆图形表示。椭圆内标"或"的表示两事件之间为"或门"逻辑，即只要有一个事件发生就会引起故障。例如，"压力过高"或"环境条件不可接受"都会引起爆炸，这两个事件就是"或"的逻辑关系；标"和"的表示两事件之间为"与门"逻辑，必须两事件同时发生才会引起故障。例如，只有当压缩机正在工作而压力开关又未开启的情况下，才有可能引起压力太高。这样，利用故障树从高位事件向低位事件层层探索，就能查明故障的原因。

FTA 与 FMEA 相比，这两种分析方法的使用目的与所应用的分析原则都是相同的，但 FMEA 用于查明潜在的故障及其原因与后果，常常针对一个结构要素的故障特征进行分析，来查找故障原因和采取改善措施的；而故障树分析则以会对用户造成不便或已对用户造成不便的一个具体故障或不良后果为开端，从系统的高位事件向低位事件展开，逐层深入地查明造成故障的原因。因此，在产品开发阶段，更应使用故障树分析。产品或生产工艺越复杂，进行故障树分析就越显得重要。因为，随着大量技术界面和相互依存关系的出现，带来了大

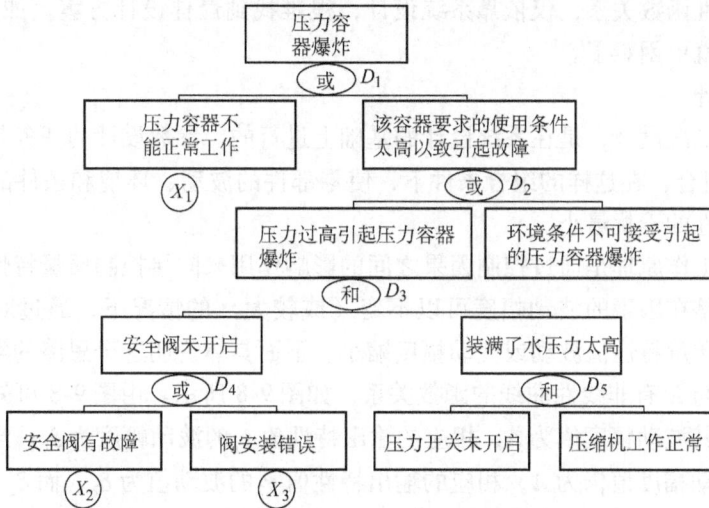

图9-7　故障树实例：压力容器爆炸

量的潜在故障原因相互纠缠，这是故障模式与效应分析不能完全覆盖的，所以应在那些已查明故障风险高、故障原因相互依存的领域应用故障树分析，以便对故障模式与效应分析进行扩展和深化。

第三节　三次设计

由可靠性的定义可知，可靠性就是在规定的条件下和规定的时间内保持产品质量稳定的一种质量特性。我们都知道，产品的质量特性会随着环境的、条件的及时间的因素的变化而产生波动，当质量特性波动大到一定程度时，就会影响产品正常功能的发挥，直至发生故障。为了保证产品的可靠性，就必须限制产品质量特性的波动。可靠性实质上就是能使产品质量特性波动受到限制的一种特性。这需要从产品设计、工艺设计和工序加工等各个方面研究限制质量特性波动的对策和措施。其中，最根本的是在产品设计阶段采取有效的对策。20世纪50年代，日本的田口玄一开发出了"三次设计"法，解决了产品质量的最佳动态特性或最佳稳定性问题。

田口玄一的三次设计包括系统设计、参数设计和容差设计3个设计阶段。分别从系统的功能、结构上，从影响质量特性的因素值水平（参数）上和这些因素水平的公差上来限制波动。

一、系统设计

系统设计为一次设计，是设计出具有专门功能的产品的设计阶段。这个阶段主要依靠各专业领域的专门技术，完成产品的功能与结构设计。这时，主要也是利用专业技术来探求限制质量特性波动的办法，以提出最佳设计方案，如适当确定轴的尺寸以达到必要的强度、刚度，从而保证能在预定的应力作用下，不引起产品性能的变动。

但是，无论是在产品质量特性形成的制造过程中，还是在产品质量特性发挥作用的使用过程中，它们都受到很多因素的作用和影响，而且这些影响因素与质量特性值之间的关系十分复杂，属非线性函数关系，仅依靠系统设计，很难找到最佳设计方案。如果既要质量好，又要成本低，那就更困难了。

二、参数设计

参数设计为二次设计，是在系统设计的基础上进行的。参数设计的任务是找出因素水平（参数）的最佳组合，在这样的组合条件下，使零部件的波动、环境和条件的波动以及时间的变化对质量特性的干扰最小。

参数设计的工作原理是通过控制因果之间的影响作用来间接控制质量特性的波动。这种控制方式的含义是在因素的波动幅度可以不变（或较大）的情况下，通过对因素的影响作用的控制，来使质量特性值波动或变动幅度缩小。下面具体说明这个思路的实现途径。

设特性值 Y 与 X 有非线性曲线的函数关系，如图9-8所示。由图9-8可知，当因素 X 处于水平值 x_1 时，其波动幅度值为 Δ，相应的输出特性值 y_1 的波动幅度为 δ_1；当因素 X 处于水平值 x_2 时，其波动幅度值仍为 Δ，相应的输出特性值 y_2 的波动值为 δ_2，而 $\delta_2 < \delta_1$。因此，只要移动或改变因素 X 的水平（如使 x_1 移到 x_2），便可达到缩小特性值波动的目的。此处的所谓水平，就是因素（如 X）可能处于的状态。

但是，当移动因素 X 的水平时，相应地也使 Y 的中心值发生移动。如图9-8所示，当 X 从 x_1 移到 x_2 后，输出特性的中心值对应地从 y_1 移到了 y_2，即偏离了该质量特性预定的目标值，产生了一个偏差 $y_2 - y_1 = y_2 - y_0 = M$。为了消除这个偏差，把 y_2 移回到 y_1 的位置，要找出另一个因素 Z，如果这个因素 Z 与输出特性 Y 之间呈线性变化关系，于是，当我们变化 Z 时只会引起 Y 的均值，即 Y 中心值的移动，而不改变 X 对 Y 的作用关系。这样，我们就可以利用 Z 来调整 Y 的中心值。假设，当 $Y = Y_0$ 时的 Z 为 z_1，我们总能找到 Z 的某个水平值 z_2，与它对应的 Y 值为 y_2'，且 y_2' 与目标值 y_0 的偏差为 $-M$（见图9-9），于是，x_2、z_2 就是最佳的因素水平的组合，它们既可减少输出特性值的波动，又可使特性值与预定的目标值不致发生偏差。

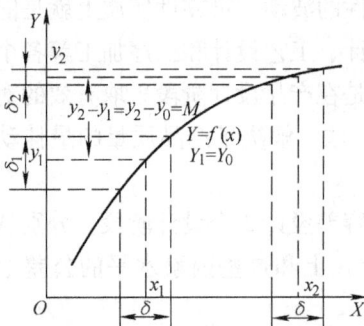

图9-8　特性值 Y 与因素 X 的关系曲线图　　　　图9-9　特性值 Y 与因素 Z 的关系曲线图

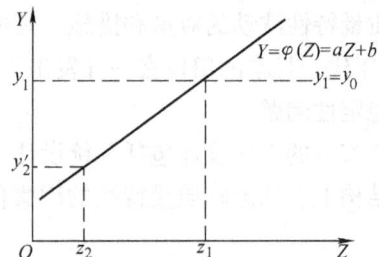

当然，在实际生产中要获得上述特性因素的函数关系和线性曲线是非常困难的，如果因素间有交叉作用就更难处理了。为此，常需要通过试验方法来找出因素的最佳组合。最常用也是最有效的试验方法是正交试验法。

概括地说，参数设计主要是用来决定系统主要因素（或诸因素）的最佳水平组合，决定其最佳中心值，以便最充分发挥系统的功能效益，获得最佳动态特性或最佳稳定性。

三、容差设计

容差设计也称为三次设计，是在系统设计和参数设计完成的基础上进行的。容差设计的目的在于压缩引起功能目标值超出规格范围的原因偏差，或消除原因本身的设计阶段。常规的公差设计是通过提高精度等级，来保证功能目标值规格所允许的偏差要求，但往往会导致成本增加。而田口玄一提出的"三次设计"中的容差设计，与参数设计同样，采用了实验设计技术，借助因素水平的合理搭配，充分利用系统、产品中存在的非线形效应，就可能在不需要压缩原因偏差或提高精度等级的条件下，达到高质量低成本的综合效果。

作为质量对策，一般进行到参数设计阶段就为止了。但若出现下列情况，就必须在系统设计和参数设计的基础上进行容差设计。

1）由于外界的干扰作用，使系统因素围绕中心值产生的波动对输出特性值的影响，达到足以使其丧失功能的程度。这时，除了将外界的干扰控制在狭小的范围内之外，还可以为构成系统的适当环节设定幅度较小的容差（提高元件的精度），来保持应有的功能。这就需要进行容差设计。

2）当上述两种对策在技术上不可行或要增加过多成本时，则可以利用多因素影响作用之间存在互相干扰的现象，将其中影响大、成本低的因素（或元件）的容差设得小一些，而对其中影响大、成本高的因素的容差不予缩小（在某些情况下还可增大），同样可以控制输出特性值的波动。这时，也需要进行容差设计。

因此，容差设计主要用于减少或控制那些在系统设计和参数设计阶段无法控制的输出特性值的波动上。

总之，三次设计是针对系统因素进行优化设计的一种方法。它能在改进和提高产品质量的同时，维持或降低产品成本，因而是十分有效，也是十分重要的一种质量保证措施，这使它在产品设计和质量管理中得到了广泛的推广应用。

第四节　可靠性管理与计划

一、可靠性管理的意义、任务与内容

1. 可靠性管理的意义

要使规定的产品可靠性指标在产品设计、生产和使用过程中体现出来并维持下去，就必须进行可靠性管理。可靠性管理活动贯穿于产品形成的全过程。可靠性管理活动与各项专业管理，特别是质量管理有着密切的关系，而可靠性管理本身也是质量管理的一个重要组成部分。实践证明，加强可靠性管理，对提高企业的经济效益和全社会效益至关重要。

2. 可靠性管理的任务

可靠性管理的任务是通过制订和实施可靠性工作计划，组织、协调、检查、监督和控制一系列可靠性活动的开展。进行可靠性管理，要有纵向控制与横向联合。用户与承制方、整机厂、所有零件、器件厂家，都应该互相把对方看成是自己的前、后工序，互相监督；不管哪一方都是工程的主体，都是为谋求某一工程的使用性能与可靠性而尽职尽力。为实现和维持工程的可靠性，要求参与工程的有关各方应统一认识、统一目标、统一计划、统一协调、统一行动，确保工程的可靠性。

3. 可靠性管理的内容

承制单位的可靠性管理工作基本上有以下几方面的内容：

1）宣传贯彻上级有关可靠性的方针、政策、法规、标准、规范。

2）编制和实施可靠性工作的规划、计划。

3）组织制定和实施产品可靠性保证大纲。

4）组织开展可靠性工程应用技术的研究与推广。

5）组织制定产品可靠性管理的规章制度。

6）组织产品可靠性设计评审，对产品的可靠性进行鉴定与评价。

7）对外购器材实施可靠性监控。

8）建立故障报告、分析和纠正措施系统。

9）负责可靠性信息管理。

10）开展可靠性工程教育、培训和咨询活动。

二、可靠性计划工作

1. 制订可靠性计划的基本原则

1）计划应包括从产品的早期设计开始到使用阶段的整个寿命周期。

2）制定实施各种业务的日程表，以便审查计划的进展情况。

3）预算出执行各项任务所需的设备、经费及时间，明确负责人的职责和权限。

4）定期检查计划执行情况，必要时可对计划进行补充和修正。

2. 制订可靠性计划应考虑的因素

可靠性工作计划是产品研制生产计划的一部分，应进行统一的计划调度，保证其贯彻执行。制订可靠性工作计划应考虑下列因素：

1）产品（或系统）可靠性水平的高低。要求越高、工作安排越细，可靠性工作项目越多。

2）针对产品研制的不同阶段，制定不同的工作项目。

3）产品种类及同类产品的可靠性状况。不同类产品的可靠性要求不同，可靠性工作项目也不同。

4）产品研制的其他要求，如资金和进度等。

3. 可靠性计划的内容

可靠性工作计划按产品寿命周期的阶段分阶段制订，这是一种自然的、系统化的方法。整个产品的寿命周期分为 3 个阶段，即研制、生产、使用阶段。研制期本身又可分为 3 个阶段：方案研究、方案验证和工程研制。对于比较简单的系统，工程研制以前可作为一个阶段。

（1）方案研究阶段　对各种设计方案进行分析对比的过程。在这个过程中就应开展部分可靠性工作，如制订部分外协、外购件控制计划；部分元器件控制计划；初步可靠性预测和分配；部分设计评审；初步失效分析、应力分析；制定关键项目清单；制订维修方案等。

（2）方案验证阶段　对几种方案进行深入分析，即进行必要的试验和分析，确定具体研制方案的过程。这一过程中应建立部分失效反馈、分析和改正制度；全面的可靠性分配和应力、失效分析；部分环境试验、应力筛选、增长试验及先行部件的鉴定试验。

（3）工程研制阶段　指设计、制造、试验、鉴定产品（或系统）的过程。在这一过程中，可靠性工作应全面展开。主要有如下内容：

1）可靠性预测与分配。

2）FMEA（及 FTA）分析和应力分析。

3）设计评审。

4）环境工程。进行耐环境分析及环境试验。

5）元器件与原材料的选用、评定及备件预测。

6）安全性设计。

7）失效反馈、分析与改正制度的建立。

8）可靠性增长管理。

9）设计鉴定与鉴定试验。

10）使用可靠性计划与验证。

11）元器件与产品失效数据的分析与管理。

（4）生产阶段　生产阶段的可靠性工作主要有如下内容：

1）质量控制计划。

2）外协件控制。

3）失效的反馈、分析与改正制度。

4）关键项目控制。

5）设计更改控制。

6）验收试验。

7）可靠性鉴定试验。

（5）使用阶段　此阶段的可靠性工作主要有以下内容：

1）可靠性数据的收集与分析。

2）备件的测试与管理。

3）人员培训。

4）使用与维修文件管理。

5）工具与测试设备的供应。

可靠性工作计划可根据不同的要求，参考上述内容制订。按 GJB450《装备研制与生产的可靠性通用大纲》规定，可靠性工作项目如表 9-3 所示。表 9-3 中所列内容可供制订可靠性工作计划时参考。

表 9-3　可靠性工作项目

序　号	工 作 项 目	序　号	工 作 项 目
1	制订可靠性工作计划	10	潜在电路分析
2	对转包方和供应方的控制	11	容差分析
3	可靠性大纲评审	12	元器件选用大纲
4	故障报告、分析、纠正系统	13	可靠性关键、重要件的确定
5	故障审查	14	测试、包装、储存、运输、维修可靠性
6	可靠性模型	15	环境应力筛选
7	可靠性分配	16	可靠性增长试验
8	可靠性预测	17	可靠性鉴定试验
9	PMECA 分析	18	可靠性验收试验

第五节　设计过程的可靠性管理

一、对设计过程可靠性的要求

可靠性控制首先是对设计环节的控制。同时，在设计时就应考虑到产品整个寿命周期的一切环节，即从开始研制直到使用的一切环节，都需要分析、研究和管理。

设计过程可靠性管理的首要问题应明确产品（或系统）的可靠性要求。在提出一种新产品方案时，要全面分析用户的需要，从用户需求出发，提出产品的基本性能、主要特点、主要技术指标及所包含的可靠性指标，并进行可行性论证。在论证的基础上，提出正式的技术要求。技术要求应包含可靠性的要求、方针和规范，是制订可靠性工作计划的依据，其有关可靠性的要求如下：

1）规定产品的基本功能、特征和性能指标。

2）规定可靠性、可维修性及安全性指标和要求。

3）规定设计、生产过程中的元器件、原材料的控制方法。

4）规定产品维修的方法。

5）说明产品寿命周期全过程的环境条件。

6）规定产品使用后可靠性数据的收集与分析要求。

7）规定技术文件的管理制度。

8）有关其他特殊要求。

二、设计可靠性的工作内容

产品的设计过程是产品可靠性的奠基阶段。产品的可靠性在很大程度上取决于设计中所开展的可靠性保证工作。这些保证工作包括两方面的内容。

1. 保证产品可靠性的技术手段及有关设计措施

可靠性目标的实现，从本质上讲是在收集分析元器件、零部件可靠性数据的基础上，采取提高可靠性的设计措施来实现的。因此，在产品设计过程中，广泛采用分析法、FMECA分析及故障树分析等手段，以及开展冗余设计、容差设计、容错设计、耐环境设计、人机工程设计及维修性设计等设计手段，来保证产品的可靠性。

2. 保证产品可靠性的组织与管理

保证可靠性目标实现的重要条件是做好设计过程可靠性工作的组织与管理，应有专门的机构从事可靠性技术工作及可靠性管理工作。开展可靠性目标的拟订、可靠性控制计划的制订与实施，以及设计方案的可靠性审查与评审，从管理上保证产品的可靠性。

总之，设计过程的可靠性保证是可靠性工作中的主要环节。因此，做好这一阶段工作具有重要意义。

三、可靠性管理机构的任务

为保证设计可靠性应把一切有关人员组织起来，共同保证可靠性。一般情况下，直接涉及产品设计可靠性的部门有 3 个：负责可靠性技术部门、负责可靠性管理的管理部门及设计部门。

1. 可靠性技术部门

企业通常设置可靠性技术部门，如可靠性技术室（或组），该部门拥有可靠性技术人才，主要任务是可靠性技术设计工作。对于订货单位的可靠性技术部门，主要的任务是监督、检验或审查其他单位的工作。从产品研制开始，可靠性技术部门就有制订可靠性方针、计划和工作程序的任务。可靠性技术部门的一般任务如下：

1）负责组织制订产品可靠性工作计划，作为产品研制计划不可分割的一部分。

2）协助和指导可靠性设计。包括分清定性和定量的可靠性要求；指出设计中应考虑的问题；编制元器件选用指南；协助设计人员进行故障分析；向设计人员提供可靠性反馈信息并提出建议等。

3）负责完成定量的可靠性分析；评定不同时期产品的可靠性水平；发现潜在问题。

4）参加设计评审，报告当前可靠性状况和存在的问题，并提出建议供讨论和决策。

5）分析检查产品失效状况及存在的问题，提出改正措施和建议。

6）对采用的元器件及技术条件进行检查，保证所用的元器件始终合乎标准，且是可靠的。

7）检查制造部门的质量控制计划，确保能体现可靠性要求并能从试验和失效中取得适用的数据。

8）检查可靠性试验的计划及实施情况；协助进行试验分析和编写试验报告。

2. 可靠性管理部门

可靠性管理部门一般设在质量管理部门中，其在可靠性工作中的任务如下：

1）编制和实施可靠性工作的规划、计划。

2）组织制订与实施可靠性管理的制度及有关文件。

3）组织可靠性的设计评审。

4）负责可靠性信息管理。

5）开展可靠性教育、培训和咨询活动。

3. 可靠性设计部门

设计部门在可靠性工作中的任务如下：

1）在可靠性技术部门的支持下，负责可靠性设计。

2）向可靠性技术部门提供详细的设计资料，以供评审和分析。

3）负责进行 FMECA 和故障树分析，以设计人员为主，并与可靠性技术人员密切合作。

4）进行应力分析及边缘性能分析。

企业负责人不直接负责可靠性工作，但对可靠性工作起决定性的作用。这是由于可靠性工作需人力、物力、财力的保证，许多工作项目涉及重大决策问题，需最高领导层决定。因此，企业领导人应了解可靠性工作及其重要性，为提高产品的可靠性做出保证。

第六节　生产与使用过程的可靠性管理

一、生产过程的可靠性管理

生产过程的可靠性管理是全过程质量管理的中心环节，是实现设计可靠性的重要保证。实践证明，只有优质、稳定的生产线，才能保证大批量、稳定地生产出高质量的产品。在生产过程中，影响产品可靠性的因素主要有操作者、原材料、设备、操作方法、环境条件等。这些因素对产品可靠性起综合作用的过程，也就是产品因有可靠性退化或增长的过程。生产阶段可靠性保证的任务，就是要建立保证生产出符合设计要求的产品的管理系统。

生产阶段的可靠性管理，主要是生产现场的管理、工序质量管理、老化筛选、检验试验管理等。

生产过程可靠性管理的核心，仍然是工序质量控制。有关内容本书第四章节已做了详细介绍。下面仅介绍可靠性试验、可靠性增长管理及技术状态管理等内容。

1. 可靠性试验

可靠性试验包括可靠性增长试验、设计鉴定试验、环境试验、寿命试验、应力筛选试验等内容。

可靠性增长试验是一个试验—改进—再试验的过程，基本目的是暴露产品在设计和制造中的缺陷，以便进行改进，从而提高可靠性，使最后能在预定的时间内达到预定的可靠性指标。利用增长模型可以预测可靠性增长趋势，便于对可靠性进行管理。

设计鉴定试验的目的是在设计定型时，对设计可靠性进行鉴定，这也就是可靠性验证试验。生产验收试验也是验证性试验，验证性试验通常是抽样检验。应当掌握几种典型的抽样技术。

环境试验的目的是考查产品对环境的适应能力，也是一种摸底试验。

寿命试验是可靠性试验中很重要的内容，包括 MTBF 试验和耗损寿命试验，以及储存寿命试验。加速寿命试验保持失效机理不变，但可以缩短试验时间。

环境应力筛选是保证系统可靠性的极为有效的方法，在产量不太大的情况下，可以代替抽样试验。

2. 可靠性增长管理

可靠性增长管理的目的是在预定的时间内，达到预定的可靠性水平。

产品可靠性增长的一般规律示意图如图 9-10 所示。图 9-10 中纵坐标上 θ 处的水平虚线，表示预测的（理想的）可靠性水平。可靠性增长分 3 个阶段。在研制期间，可靠性增长是由于排除了设计和制造两方面的各种缺陷，到设计定型时，可靠性已达到预定的水平 B。在开始投入批生产时，由于生产设备、技术和工人不够熟练等原因，使可靠性下降到 C。随着这些缺陷被排除，可靠性将上升。经过一定时期的试生产，可靠性上升到已验收的水平 D，开始投入使用。这时，由于使用环境条件的某些缺陷（即不符合预定的环境条件），加之操作人员不够熟练，

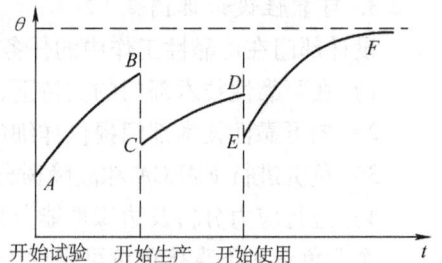

图 9-10　产品可靠性增长曲线

使可靠性下降到 E。随着使用环境条件的改进和操作人员熟练程度的提高，可靠性将上升，如曲线 EF。在良好情况下，使用中实现可靠性逐渐接近设计水平，但一般不会达到理想的设计可靠性水平。

可靠性增长管理通过增长试验、设计评审、工艺评审等手段，一直贯穿于生产与使用的全过程。

3. 产品技术状态管理

产品技术状态管理包括元器件、原材料、外协件、外购件、生产设备和工艺等状态的管理。在研制中，经过多次修改的产品设计最后达到满意的性能与可靠性。这时，为了确保其

性能和可靠性不被破坏，要求此后生产中的技术状态保持不变，而实行状态冻结。但是，此后的技术状态由于原材料、元器件、生产设备和工艺更新等原因，总不可能绝对不变。这样就不能要求绝对冻结技术。但应在试验成功后确定一个技术状态的"基线"，而实行技术状态的管理，以保证技术状态受到控制，但同时又有必要的灵活性。

对于比较简单的产品，这种技术状态管理问题不突出，因为企业内部的例行管理制度已经将其包括了。但对于复杂产品和大系统，则必须建立专门的管理制度。技术状态管理应由计划管理部门、生产工艺部门、设计部门、使用服务部门、质量管理部门、生产管理部门、可靠性与可维修性工程部门等组成联合管理机构予以实施。

二、使用过程的可靠性管理

使用阶段的可靠性与维修性、人机工程等多种因素有关，要保证产品使用的可靠性，应特别重视操作管理、维修管理及使用可靠性数据的收集与反馈等工作。

1. 操作管理

操作管理应做到以下几点：

1）使用单位应根据要求和实际情况，选购合适的产品。

2）根据产品的性能、有效度和经济性等来安排任务，避免大机小用、精机粗用或超负荷使用。

3）操作人员的技术水平、熟练程度、工作责任心等要与所用的产品要求相适应；操作者必须熟悉产品的使用说明书，并经过培训、考试，合格后持证上岗操作。

4）应根据各种产品的使用要求与特点，制定出科学的操作规程、维修规程并严加执行。

5）应根据产品的可靠性、任务要求等，制订完备的备件供应计划。

6）应根据产品的全寿命周期费用核算等有关情况，确定产品的报废期。凡达到该报废的产品则必须报废。

2. 使用可靠性数据的收集

产品的可靠性是由产品的设计制造可靠性、产品的运输可靠性、产品的储存可靠性及产品使用可靠性构成。无论是产品的可靠性预测、分析，还是失效模式分析，以及在设计、生产、试验过程中所采用的可靠性措施，均要考虑到运输、储存及使用的可靠性。建立产品寿命周期的可靠性模型是可靠性综合考虑的必然要求，这一切均依赖于产品运输、储存、使用可靠性数据的收集与反馈。

产品运输、储存的失效率一般较低，必须经长时间的统计和数据积累，才能获得有意义的统计值。产品使用的可靠性数据又最有说服力，是改进设计、制造工艺最有力的数据。因此，使用过程的可靠性数据的收集与反馈，具有极其重要的作用。

为此，使用单位应非常重视产品使用可靠性数据的收集与反馈工作，建立完善的制度，形成可靠性数据的管理体系。在此基础上，与设计、生产单位共同形成完善的可靠性数据信息网，以便不断改进设计制造的可靠性，提高可靠性水平。

复习思考题

1. 什么是产品质量的可靠性？什么是它的可靠度？
2. 常用的可靠性指标有哪些？简要说明它们的定义及计算方法。

3. 对比串联系统与并联系统的特点，说明为什么并联系统的可靠度要比串联系统的高？

4. 如何计算混联系统的可靠度？

5. 可靠性工程包括哪些领域的可靠性技术工作？简要说明它们的内容。

6. 什么是产品零部件的故障模式和故障效应？如何利用这些概念进行故障分析？

7. 什么是危险度？如何计算危险度？

8. 什么是故障树？故障树分析与故障模式与效应分析有什么区别？

9. 什么是三次设计？为什么要进行三次设计？

10. 参数设计的任务是什么？参数设计是如何控制质量特性的波动的？

11. 容差设计的任务是什么？在什么情况下才需要进行容差设计？

12. 设计过程可靠性工作包括哪些内容？

13. 试说明生产过程可靠性管理的内容。

14. 求图 9-11 所示的混联系统的可靠度。已知：$R_1 = 0.95$，$R_2 = R_3 = R_4 = R_5 = R_6 = R_7 = 0.90$。

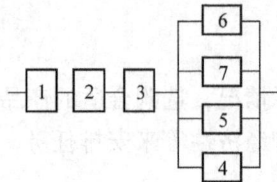

图 9-11　混联系统示意图

15. 求图 9-12 所示的两个混联系统的可靠度。已知：$R_{11} = 0.9$，$R_{12} = 0.8$，$R_{13} = 0.7$，$R_{14} = 0.6$，$R_{21} = 0.95$，$R_{22} = 0.85$，$R_{23} = 0.75$，$R_{24} = 0.65$。

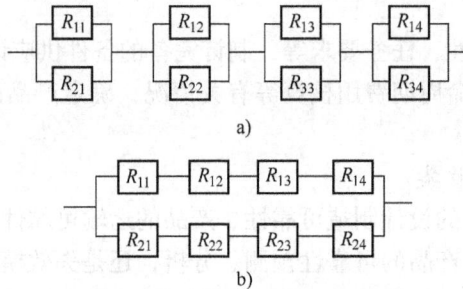

图 9-12　两个混联系统示意图

第十章 质量功能展开

第一节 概　　述

质量功能展开（QFD）是把顾客（用户、使用方）对产品的需求进行多层次的演绎分析，转化为产品的设计要求、零部件特性、工艺要求、生产要求的质量工程工具，用来指导产品的健壮设计和质量保证。这一技术产生于日本，在美国得到进一步发展，并在世界范围内得到广泛应用。QFD 产生初期，主要用于产品设计和生产的质量保证，但几十年来不断向管理、服务业等各个领域渗透，表现出广泛的适应性。广义的 QFD，可以理解为一种采用矩阵的形式量化评估目的和手段之间相互关系的分析工具。

采用 QFD 技术使产品的全部研制活动与满足顾客的要求紧密联系，从而使顾客满意，提高了产品的市场竞争能力，保证产品开发一次成功。根据报道，运用 QFD 方法，产品开发周期可缩短 1/3，成本可减少 1/2，质量大幅度提高，产量成倍增加。

质量功能展开是开展六西格玛设计必须应用的最重要的方法之一。在识别顾客需求阶段，QFD 是强有力的工具。六西格玛设计要求在产品质量特性均值偏离设计目标值 1.5σ 时，不合格（差错）率小于 3.4×10^{-6}，其隐含的前提是：设计目标值必须与顾客的要求完全一致；质量特性的规格限必须是顾客可以接受的。因此，开展六西格玛设计首先就要采用 QFD 方法分析和确定顾客的需求（设计目标值），并初步确定质量特性的规格限。在定义阶段，需要应用 QFD 技术将顾客的需求科学地转化为设计要求，并确定质量关键特性。在概念设计、优化设计和验证阶段，QFD 也可以发挥辅助的作用。

第二节　QFD 的基本方法

为了适应市场竞争，必须以顾客需求为导向进行产品开发。QFD 的基本原理就是用"质量屋"（Quality House）的形式，量化分析顾客需求与工程措施间的关系度，经数据分析处理后找出对满足顾客需求贡献最大的工程措施，即关键措施，从而指导设计人员抓住主要矛盾，开展稳定性优化设计，开发出满足顾客需要的产品。

例如，在国外圆珠笔是最通用的书写工具，其书写的字迹质量与用碳素墨水钢笔的书写质量接近，字迹流畅、均匀、牢固、不褪色，适于长期或永久保留，因此可在任何正式场合使用。国产圆珠笔的质量与国外圆珠笔的质量相比，还有很大差距。为了提高国产圆珠笔质量，进军国际市场，应采用质量功能展开的方法进行出口圆珠笔的开发。

一、质量屋的建立

为了用 QFD 指导圆珠笔的开发，首先要明确质量屋的概念。

质量屋也称为质量表（Quality Chart 或 Quality Table），是一种形象直观的二元矩阵展开图表。图 10-1 是在分析、比较、综合国外各种形式质量屋的基础上，结合国情，并根据我国自己的实践经验设计的中国化的质量屋方案。在大量工程应用中，该方案具有良好的适用性。其基本结构要素如下：

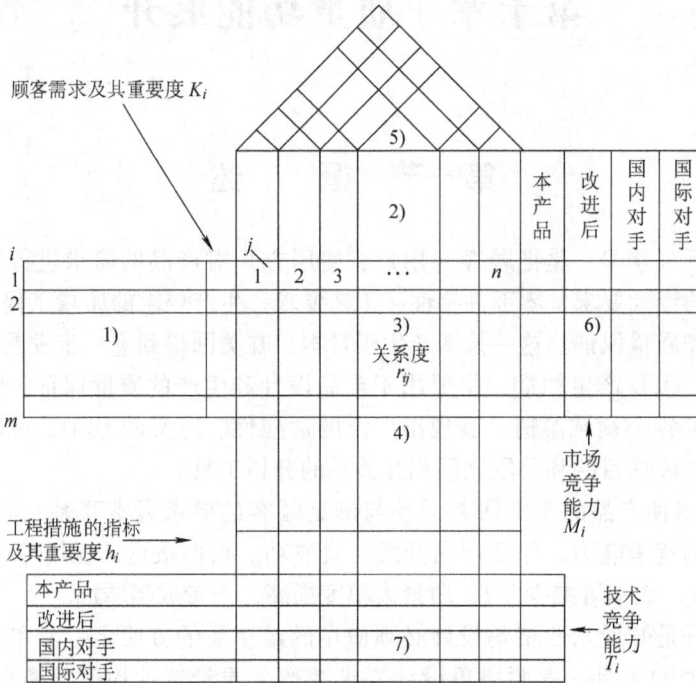

图 10-1　质量屋的结构

(注：在实践中，质量屋的结构可以灵活地进行剪裁或扩充)

1）左墙——顾客需求及其重要度。

2）天花板——工程措施（设计要求或质量特性）。

3）房间——关系矩阵。

4）地板——工程措施的指标及其重要度。

5）屋顶——相关矩阵。

6）右墙——市场竞争能力评估矩阵。

7）地下室——技术竞争能力评估矩阵。

质量屋的结构借用了建筑上的称谓，易懂好记，并形象地喻示 QFD 方法的结果是使顾客可以在质量大厦的庇护下，满意地享用他们所需要的产品或服务。采用质量屋的形式进行矩阵展开，不但直观易懂，具有吸引力，而且所能处理和分析的信息量比 QC 老 7 种工具中的鱼骨图（因果图）等要大得多，在处理的深入程度和量化程度上也要好得多。

为了建立质量屋，开发人员必须掌握第一手的市场信息，整理出对该产品的顾客需求，评定各项需求的重要程度，填入质量屋的左墙。

从技术角度，为满足上述顾客需求，提出对产品的设计要求（工程措施），明确产品应具备的质量特性，整理后填入质量屋的天花板。

质量屋的房间用于记录顾客需求与工程措施之间的关系矩阵，其取值 r_{ij} 代表第 i 项顾客需求与第 j 项工程措施的关系度，关系越密切，取值越大。

屋顶用于评估各项工程措施之间的相关程度。主要是因为各项工程措施可能存在交互作用（包括互相叠加强化或互相抵触削弱），在选择工程措施及指标时必须考虑交互因素的影响。

在质量屋的地板上填入工程措施的指标及其重要度。

给产品的市场竞争能力和技术竞争能力进行评估打分，填入质量屋右墙和地下室的相应部分。这样，质量屋的建造即告完成。

二、顾客需求与工程措施的确定

为了建立质量屋，必须首先收集顾客信息，整理得出顾客需求。

顾客或市场的需求往往比较笼统、定性和朴素，有些意见可能比较片面。另外，随着时间的推移、经济和技术的发展、消费环境的变化，市场需求也是不断变化的。应当尽可能完整地、及时地收集第一手的市场信息。在此基础上，对这些原始信息进行整理、加工和提炼，形成系统的、有层次的、有条理的、有前瞻性的顾客需求。这项工作是极其重要的，它是一个企业正确地制定产品开发战略，设定产品质量目标的基础。

经过广泛调研，顾客对圆珠笔的要求主要有书写要流利，字迹永不褪色，外形美观，使用方便，价格适中，有适当的耐用性。将这6条整理后作为顾客需求填入质量屋左墙。

从技术的角度出发，应针对顾客的需求，进行产品质量特性（设计要求）的展开（需要时可以把质量特性划分层次），按隶属关系整理成表格，形成质量屋中的天花板部分。

圆珠笔的设计要求包括笔尖组件设计；油墨浓度选择；油墨成分的确定；收放机构设计；外形设计；成本控制；材料。这7项要求没有层次上的隶属关系，作为同级工程措施并列填入质量屋的天花板。

三、关键措施与瓶颈技术的确定

为了从上述7条工程措施中挑选出具有关键意义的几条，首先要对顾客需求进行评估，给出各项需求的重要度值；然后，确定顾客需求与工程措施之间的关系度（关系矩阵），最后通过分别计算每项工程措施与全部顾客需求的加权关系度之和并进行比较。加权系数即相应的顾客需求的重要度。加权关系度之和大（即对满足顾客需求贡献大）的那些工程措施就是所谓的关键措施。我们将每项工程措施对顾客需求的加权关系度之和称为工程措施的重要度，根据该重要度明确重点，集中力量实现关键的工程措施，最大限度地发挥人力、物力的作用。

关键措施的重要度应明显高于一般工程措施的重要度。例如，可将重要度高于所有工程措施的平均重要度1.25倍以上的工程措施列为关键措施。

关于加权评分的具体实施准则，可见本章第四节。

图10-2所示为开发优质圆珠笔一级质量屋。通过建立质量屋确定了两项关键措施：油墨成分和笔尖组件设计。

在该质量屋中，对新产品预期的竞争能力（市场竞争能力和技术竞争能力）也作了分析，帮助决策者了解产品的竞争态势。具体的分析方法可见本章第四节。

关键措施从质量角度来说必须予以保证，并从严控制，但在技术上不一定易于实现。我们将现有技术很难解决的技术关键称为"瓶颈技术"，在质量功能展开的过程中必须找出瓶颈，并攻克瓶颈技术。

工程措施（一级）＼顾客需求（一级）	重要度 K_i	笔尖组件设计	油墨浓度	油墨成分	收放机构	外形设计	成本控制	材料	市场竞争能力 M_i			
									本产品	改进后	国内对手	国外对手
书写流利	5	9	5	5			1	2	4	5	4	5
永不褪色	4		2	9			1		3	4	3	5
外形美观	3	1			3	9	1	2	4	5	4	5
使用方便	3	1			8	1			4	5	5	5
价格适中	1	1		2	2		9		4	5	4	5
适度耐用	2	2			3		1	7	5	5	5	5
		圆珠与珠座间隙适应	将浓度目标值控制在××%	选择合理的配方	收放简便，可无故障收放××次	美观大方，适合不同消费者	售价不高于一美元	选用合适的笔尖和笔杆材料	0.78	0.96	0.81	0.99
									市场竞争能力指数 M			
工程措施重要度 h_i		56	33	63	41	30	23	30				
技术竞争能力 T_i — 本产品		4	4	3	3	5	4	3	0.72	技术竞争能力指数 T		
技术竞争能力 T_i — 改进后		5	4	4	5	5	5	4	0.91			
技术竞争能力 T_i — 国内对手		4	4	3	4	5	4	4	0.78			
技术竞争能力 T_i — 国外对手		5	5	5	5	5	4	5	0.98			

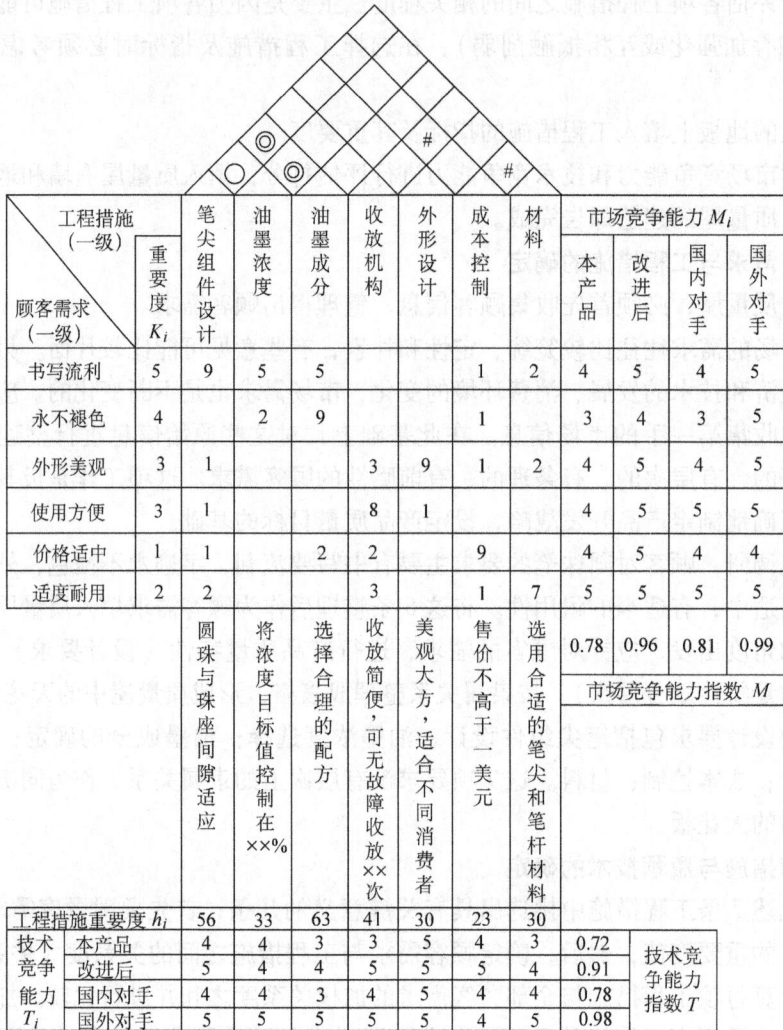

图 10-2　开发优质圆珠笔一级质量屋

四、4 个阶段的质量功能展开

找出圆珠笔开发的关键工程措施只是为产品设计明确了重点。由于产品开发一般要经过产品规划、零部件展开、工艺计划、生产计划 4 个阶段，所以有必要进行 4 个阶段质量功能展开。根据下一道工序就是上一道工序的"顾客"的原理，各个开发阶段均可建立质量屋，且各阶段的质量屋内容有内在的联系。上一阶段质量屋天花板的主要项目（关键工程措施及指标）将转换为下一阶段质量屋的左墙。质量屋的结构要素在各个阶段大体通用，但可根据具体情况适当剪裁和扩充。第一阶段（产品规划阶段）质量屋一般是最完整的，其他阶段的质量屋有可能将右墙、地下室等要素剪裁。对圆珠笔的开发而言，可以将"油墨成分"、"笔尖组件设计"作为下一阶段即零部件展开阶段的质量屋的左墙，进一步展开对零部件设计的分析，以便将顾客的要求深入地贯彻到产品的详细设计中去。在圆珠笔的工艺计划和生产计划阶段，也应类似地进行质量功能展开。

图 10-3 表示了 4 个阶段的质量功能展开。其中，零部件展开阶段质量屋"左墙"的顾

客需求应是产品规划阶段质量屋中关键的工程措施（设计要求），"天花板"是为实现设计要求而提出的零（部）件特性。与此相仿，工艺计划阶段质量屋的"左墙"应为零件特性，"天花板"是工艺要求；生产阶段质量屋的"左墙"应为工艺要求，"天花板"是生产要求。

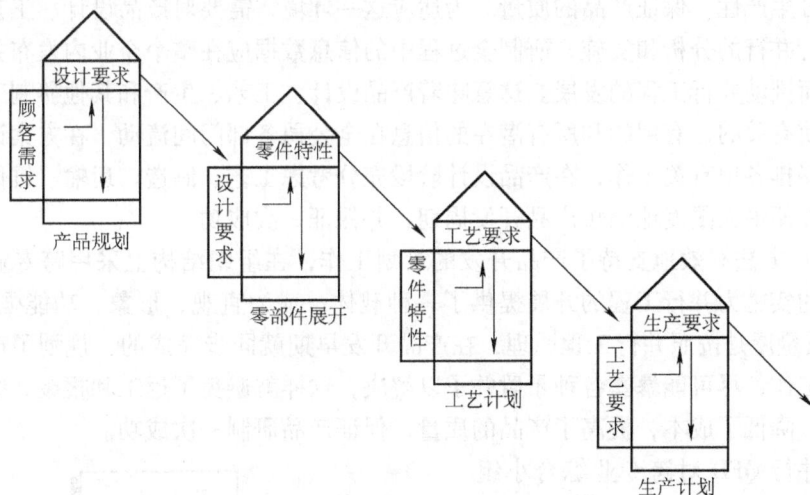

图 10-3 4 个阶段的质量功能展开

并不是所有的质量功能展开都需要完整地包括上述 4 个阶段。根据 QFD 工作对象的复杂程度，可以按如下原则对 4 个阶段的质量功能展开进行剪裁或扩充。

1）每一阶段质量屋的工程措施应足够具体和详细，适于作为下一个阶段质量屋的顾客要求（左墙）。例如，若产品规划质量屋中关键的工程措施不够具体和详细，可能需要在进行零部件展开前增加一层质量屋。反之，若产品规划阶段工程措施对于工艺计划阶段已足够详细，则可省略零部件展开阶段。

2）质量屋的规模不宜过大，即顾客需求和工程措施的数量不宜过多，以便于操作。一般顾客需求不应多于 20 项，工程措施不应多于 40 项。要特别指出，4 个阶段的质量屋必须按照并行工程（Concurrent Engineering）的原理在产品方案论证阶段同步完成，以便同步地规划产品在整个开发过程中应该进行的所有工作，确保产品开发一次成功。质量功能展开是贯彻实施并行工程思想的十分有力的工具。

五、质量屋的迭代与完善

一方面，第一轮的质量屋编制完成后，通过实际运行，可能会发现 QFD 工作小组的认识和推断不符合或者不完全符合顾客的原意，从而导致一些顾客需求没有在质量屋中体现，或者没有正确地体现；另一方面，有些工程措施考虑不周，或者在实践中可能无法实现。有时顾客需求也并非都来自最终顾客，还需考虑包括协作单位、产品安装、运输、储存、销售、维修保障等各个环节的要求。为使产品满足最终顾客的需求（包括潜在需求），QFD 小组在产品的研制过程中，必须随时发现问题，并及时修改质量屋，使质量屋不断地得到迭代和完善，直到 4 个阶段的质量屋能够很好地满足产品设计、工艺设计、生产制造等全过程的需要。

六、并行工程与 QFD 的结合运用

并行工程的发展与市场竞争的推动和信息技术的发展密切相关。一方面，由于竞争的激化，出现了经济全球化的趋势，有实力的企业纷纷提出了全球营销战略，要求在大范围和短时间内将产品投放市场并尽可能降低成本；另一方面，随着生产和装配向自动化方向发展，计算机技术的广泛应用，CAD/CAM 技术的深入发展，要求产品设计和工艺人员加强合作以改进产品的可生产性，保证产品的质量。为适应这一环境，需要对产品设计、工艺设计、制造等活动进行并行的分析和实施，研制全过程中的信息数据应在整个企业内发布并由各个部门共享，从而推动并行工程的发展。这意味着产品设计、工艺、生产和其他研制工作并行地开展，包括使有关的、有用的和所有潜在的信息在全公司各部门间流动，在方案论证阶段即并行地考虑安排各项有关工作，在产品设计阶段充分考虑工艺、制造、运输、维修和售后服务的需要，以便最大限度地缩短产品开发周期，并保证一次成功。

由于 QFD 方法有效地支持了产品开发的策划工作，在组织结构上采用跨专业综合小组的形式，它的实施为并行工程的开展提供了一种载体，成为直观、形象、功能强大的工具。4 个阶段的质量屋是按照并行工程原理，在产品开发早期就同步完成的，规划了产品全寿命周期的全部工作，尽可能暴露各种矛盾并予以解决，这样就避免了返工和报废，缩短了产品的研制周期，降低了成本，提高了产品的质量，保证产品研制一次成功。

当然，并行 QFD 对跨专业综合小组提出了更高的要求，即不同的阶段应有不同技术背景的小组成员参与攻关；对同一小组成员，由于并行工程的需要，应兼顾不同阶段的质量功能展开。在实施并行的 QFD 时，可参照图 10-4。

并行的 QFD 还具有如下特点：在较复杂产品的开发中，在零部件展开阶段可能不止建立一个质量屋，而是相互平行的各专业或各子系统分别根据产品规划阶段的输出建立自己的零部件展开质

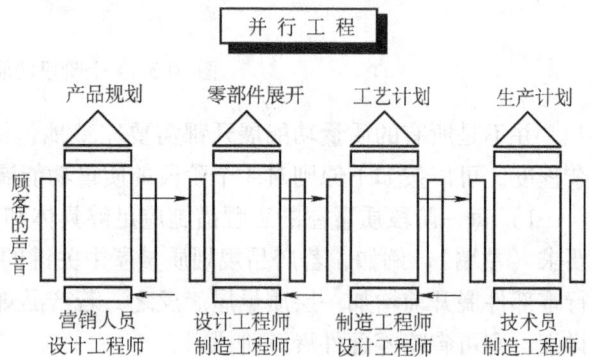

图 10-4　并行 QFD

量屋，并行地进行质量功能展开，从各自的角度对产品的设计要求进行全面系统的演绎分析。对于工艺计划及生产计划阶段也是如此。

第三节　QFD 的工作程序

一、确定开展 QFD 的项目

原则上，QFD 适用于任何产品开发项目及管理、服务项目；对参与国内、国际市场竞争的产品和服务项目，QFD 最能发挥其作用，为企业带来高效益。由于 QFD 通常需要跨部门合作，实施中有一定工作量，应根据项目工作范围大小，涉及部门的多少，由适当级别的负责人来确定是否应用 QFD 技术。一般来说，对于一项完整的产品（商品），即便是像圆珠笔那样的简单产品，由于其开发涉及企业的所有部门和各个专业，也应当由企业负责人来决定和批准 QFD 项目的立项。对于现有产品的质量改进和可靠性增长，以及某个零部件或某道工艺的改进，则可根据其涉及面的大小，由较低级别负责人或直接责任者来提出 QFD 项目的立项。开展六西格玛设计或六西格玛管理的项目，应将 QFD 技术的应用纳入项目计划。

二、成立多功能综合 QFD 小组

1. 多功能小组的组成

在应用 QFD 时，必须强调矩阵管理，既要加强纵向（专业内部）的联系，也要加强横向（项目方面）的联系。就像编织一块布，经线和纬线都要结实，织出的布质地才均匀坚实。通常工程专业的纵向联系较密切（与行政隶属关系一致），而横向联系则较薄弱。加强专业横向联系的行之有效的方法是成立一个多功能的、综合的 QFD 工作小组，这个小组应有项目负责人 1～2 人，有市场营销、设计、工艺、制造、计划管理、质量管理、财务、成品附件、器材、销售、售后服务等有关部门人员参加。QFD 小组的活动，有助于消除不同部门、不同专业间的壁垒和隔阂，使产品或服务更好地满足顾客的要求。为了便于小组高效率地完成工作，小组成员不宜过多。

为了更充分地分析和准确地把握顾客的需求（包括潜在的需求），在有条件的情况下，应邀请顾客代表参加 QFD 小组，并充分地利用从各种途径获得的产品质量与可靠性信息。

当 QFD 工作对象为某项质量问题的改进、某个故障的纠正、某个部件的设计修改或某项工艺的改进时，QFD 小组成员的范围可适当缩小，只要有关人员参加即可。

2. 团队工作法

QFD 小组的成员来自不同的部门，专业能力互为补充，有着明确的目标，在小组中运用团队工作法可以极大地提高小组的效能。视需要对小组成员进行团队精神的培训，重点是提高成员间相互交流的技能，明确 QFD 小组的运作方式。按团队工作法的要求，QFD 小组成员间应互相信任、互相支持，各司其职，以主人翁的精神无保留地参与团队工作。团队负责人不是传统意义上的长官，而是活动的推进者和协调者，团队内信息公开，知识经验相互交流，采用头脑风暴法等方法开展工作。领导层给予团队充分授权和资源保证，积极推动团队的发展。而团队成员通过共同的努力，在 QFD 项目的开发中不断取得进展，产生成就感，并以更积极的态度投身于团队工作中。团队工作法由于充分地发挥了不同专业成员的积极性，保证了 QFD 工作的深入；反过来，QFD 方法的应用也对团队精神发挥了促进作用，改进了专业间的横向合作交流，促进了团队工作法的发展和经验、信息的积累等。

三、顾客需求分析

顾客需求分析是六西格玛设计中界定阶段的主要工作。

1. 调查顾客需求

顾客需求的分析是质量功能展开的关键环节，必须给予充分的重视。在国外，这一过程被称为收集"顾客的声音"（Voice of the Customer，VOC）。应注意"顾客的声音"中的"顾客"是一个广义的概念。除了产品使用者和潜在使用者，必要时还应包括主管部门、分销商、产品维修人员等在产品寿命周期内关系密切的组织和人员，对于大型复杂产品的开发，顾客的声音将来自更多的方面。另外，环境法规、安全标准等国家和行业的法令、法规和标准、规范，由于构成了产品开发的约束条件，也应列入顾客需求的范畴。从企业的长远利益考虑，还必须深入地分析研究和考虑顾客的潜在需求和产品的更新换代规划、企业的发展方向和发展战略等。

在进行市场调研时，应对目标顾客群进行区分。为更好地了解顾客对产品的需求，可以设计和采用相应的表格，覆盖目标顾客的范围展开调查。一般而言，在设计调查表时，通过更好地融合产品的实际使用情景，了解顾客的使用方式及要求，经整理后提炼出顾客需求，

会取得很好的效果。利用现代的摄影、摄像技术拍摄顾客对产品的使用场景，进行细致的分析，也是有效的调研方式。表 10-1 是一个供参考的调查表形式，根据需要，可在该表中增加"成本"、"安全性"等栏目。

表 10-1　"顾客的声音"调查表

序号	顾客特性（谁）		顾客的声音	用　途									
				什　么		何　时		何　处		为 什 么		如 何 用	
	内/外	信息		内/外	信息	内/外	信息	内/外	信息	内/外	信息	内/外	信息

用"内/外"表示该信息是顾客直接表达的（内在的），还是根据顾客的意思作出的推测（外部的）。在"顾客特性"的"信息"栏中，记录企业希望获取的顾客的个人信息，如姓名、性别、年龄、受教育程度、职业、所属消费者类型等。在"顾客的声音"栏中，以顾客语言的形式描述顾客对产品的期望，如"（我希望这东西）可以……"，"表面光滑，手感好"；"用途"下的各"信息"栏对"顾客的声音"作了补充说明，细化了产品的使用场景。"什么"表明了产品所满足的顾客的需要，是主要用途还是第二位的用途等，如"（用钱夹存放）信用卡"，"（把钱夹作为）身份象征"；"何时"、"何处"记录了产品的使用场景，如产品使用的时机、季节、频率，使用的地理位置、周围环境等；"为什么"用于记录顾客提出该需求的动机，是出于安全考虑、个性化需求，还是要求产品具备特有的属性等；"如何用"描述了该项需求对应的产品操作程序，属持续应用还是偶发的应用，属工业化应用还是个人应用等。应根据需要填写这些信息，以方便根据调查的内容分析和归纳顾客需求。

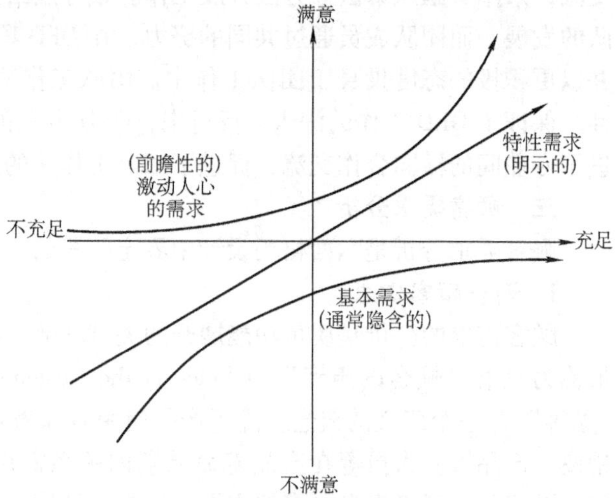

顾客对产品的需求可区分为基本需求（Basic Needs）、特性需求（Performance Needs）和激动人心的需求（Excitement Needs），这些需求的实现程度对顾客满意度的影响用卡诺模型图表示（见图 10-5）。基本需求是顾客对产品的基本要求，界定了此类产品的必备能力，如汽车应能行驶，轮胎应能承载车身，这类需求由于被视为理所当然，因此在顾客提供的信息中往往被遗漏，但如果得不到满足，会大幅度增加顾客不满意度。特性需求是顾客对产品功能和性能的期望，如汽车的时速、乘坐的舒适性等，在市场调查中得到的大部分需求属于特性需求。对这类需求，顾客的满意程度与需求的实现程度大致成正比。激动人心的需求是顾客潜在的或尚未考虑到的需求，主要靠生产商发掘，如能提出这样的需求并在产品中实现，则会使产品具有"魅力质量"，极大地吸引顾客，显著提高顾客满意度。在收集顾客需求时，应注意这 3 类需求的区分，不要遗漏。当然，这 3 类需求也是相对而言的，随着

图 10-5　卡诺模型图

产品的进步，顾客要求的提高，原来的激动人心的需求会逐步转化为特性需求，原来的特性需求则会转化为基本需求。

2. 顾客需求的整理

"顾客的声音"提供了原始的顾客需求，应加以规范，并进行确认和分级，通过调查分析，确定各顾客需求的重要度。

对顾客需求的表述有一定要求，主要如下：

1）用语简洁，无歧义。

2）一项顾客需求只表达一个特定的意思。

3）不把对应的工程技术解决方案纳入顾客需求。

4）便于工程人员理解。

5）同一级别的顾客需求彼此独立，内容无覆盖及交叉。

"顾客的声音"提供了原始的顾客需求，应按上述原则进行整理。按前3项原则对"顾客的声音"进行分解、归并、筛选。为便于工程人员理解，对用语进行规范化处理，使工程人员可据此提出相应的解决方案。

为了建立顾客需求间的层次关系，亲和图法是一个形象有效的手段。其方法如下：

1）把每项顾客需求分别填在一张小纸条上，去掉内容重复的纸条，再把所有纸条排列起来。

2）把内容相近的纸条聚为一堆，起一个可以概括其内容的名字，作为高一级的顾客要求，写在另外的纸条上。

3）将新写的纸条按内容相近程度聚堆、起名，作为更高一级的顾客要求，再另外写在纸条上。

4）如有必要，继续上一过程，直到顾客需求被系统而分层次地组织起来。

在圆珠笔的例子中，顾客需求只有一级。对于稍复杂一些的产品，为了深入细致地分析顾客对产品的要求，可能会建立多级顾客需求，应将它们填入需求质量展开表中。在建立质量屋时，提取前两级或前3级顾客需求即可。质量屋中顾客需求和工程措施的项数都不宜过多，否则影响工作效率。必要时，可增加质量屋的层次或划分为几个并列的质量屋加以展开；或删除一些影响轻微的顾客需求和工程措施，或将它们作一定的归并，以减小质量屋的规模。表10-2为某无线电远距离操纵装置的需求质量展开表，该表构成了质量屋的左墙。

表10-2 某无线电远距离操纵装置的需求质量展开表

1次	2次
1 操作方便	（1）携带方便
	（2）操作中不感觉疲劳
	（3）对操作易于理解
	（4）能轻松愉快地操作
	（5）能处理复杂问题
⋮	⋮
5 安全	（1）无误动作
⋮	⋮

按量化评估方法（具体见本章第四节），结合顾客调查（含顾客抱怨调查）的结果，量化给出各项顾客需求的重要度。借鉴企业收集的顾客在使用同类产品时产生的抱怨，检查是否已把这些抱怨转化为相应的顾客需求，以及分析是否增加这类顾客需求的重要度，解决这些抱怨所对应的技术要求应纳入工程措施中去。

对于工程措施，也可以采用亲和图法进行整理。

3. 市场竞争能力分析

在需求质量展开表的基础上，对新产品在市场上的定位进行策划。方法是通过进一步征询意见，调查研究，与竞争对手的产品进行水平比较（即 Bench Marking），策划新产品对每一项顾客需求的满足程度，并求出原产品、新产品及竞争对手产品的市场竞争能力，进行竞争能力分析。这一过程也称为计划质量的设定过程，形成了质量屋的右墙。

表10-3是某无线电远距离操纵装置的计划质量设定表。

表10-3　某无线电远距离操纵装置的计划质量设定表

需求质量		重要度 k_i	市场竞争能力分析				水平提高率 L_i	修正系数 α_i	权　值	
			本公司		X公司	Y公司			绝对权值	相对权值
1次	2次		现有产品	新产品						
1 操作方便	（1）携带方便	3	3	5	4	4	1.67	1.5	7.5	8.4
	（2）操作中不感觉疲劳	3	4	5	5	4	1.25		3.8	4.2
	（3）对操作易于理解	3	4	5	5	3	1.25	1.2	4.5	5.1
	（4）能轻松愉快地操作	3	3	4	3	3	1.33		4.0	4.5
	（5）能处理复杂问题	3	4	5	4	3	1.25	1.2	4.5	5.1
⋮	⋮									
5 安全	（1）无误动作	4	5	5	4	4	1.0	1.5	6.0	6.8
⋮	⋮									
								合计	88.8	100

首先，进行市场竞争能力比较分析，评定现有同类产品和竞争对手产品的竞争力。评分准则见本章第四节。在可能的情况下，把这些产品摆在一起，客观地评估它们对各项顾客需求的满足程度，量化打分。

然后，对新产品的市场竞争能力进行定位。方法是采用同样的评分准则，设定新产品对各项顾客需求应达到的满足程度，并给出量化分值。

最后，利用相关计算公式（见本章第四节），求出各产品的市场竞争能力分值并加以比较和确认，若得出的新产品市场竞争能力分值不满足公司的要求，则对新产品重新进行量化评分。

在工程实践中，可对本部分的内容（见表10-3）加以扩充如下：

为明确新产品相对于现有产品的水平提高程度，可计算新产品对应于每项顾客需求的水平提高率 L_i：

$$L_i = 新产品的市场竞争能力/现有产品的市场竞争能力$$

为了取得竞争优势，可能需要在新产品的设计中突出对某项顾客需求的满足程度，使产品具有鲜明的特色，成为产品的销售点（Sales Points），为此引入修正系数 α_i。如果要重点突出对某项顾客需求的满足程度，可将该系数值定为 1.5；如果只是一般的突出，可将值定为 1.2。相应地，如果某项顾客需求被设置了修正系数，则其重要度应有所提高。为此，应对各项顾客需求的重要度进行修正，修正后重要度的绝对权值为顾客需求原重要度值 K_i、水平提高率 L_i 和修正系数 α_i 三者的乘积。相对权值是每项绝对权值占绝对权值总和的百分比。

在质量屋中可以用修正后的顾客需求的权值进行调整后代替原有的重要度值，进行质量屋的分析计算。

四、工程措施的确定与瓶颈技术的攻关

1. 工程措施的确定

质量屋中工程措施主要通过召开头脑风暴会议来确定。召开头脑风暴会议时应有以下要求：

1）QFD 小组成员及其他有关人员（如顾客代表等）参加会议。

2）会前应提前通知与会人员做好准备。

3）头脑风暴的特点是创造一个富有创造力的宽松的环境，鼓励与会人员充分开动脑筋，畅所欲言，发挥集体智慧，使每个与会人员的思想高度兴奋、活跃，互相启发，互相激励，迸发出灿烂的智慧的火花，形成头脑风暴。会议应由 QFD 小组负责人主持，会场气氛应活跃，为避免思考的积极性受挫和便于打消各种顾虑，会议应规定即便对于荒诞可笑的或不切实际的发言，也不得进行反驳或有鄙薄的表示。会议设专人详细记录所有人的发言，会后应整理会议记录，采用亲和图法，列出各种观点、建议和主意，整理分析，寻找出最有价值的意见。

在头脑风暴会议上，应在分析顾客需求的基础上详细讨论满足顾客需求的工程措施。

针对如何满足每一项顾客需求，系统分析产品应具有什么质量特性，即工程措施。例如，在圆珠笔开发中，"书写流利"所对应的工程措施为笔尖组件设计、油墨浓度、油墨成分等。用亲和图法把工程措施系统分层次地组织起来，由此产生的表格与需求质量展开表形式相同，称为质量特性展开表，构成质量屋的天花板。

对工程措施按以下要求进行分析和确认：

1）工程措施应从产品整体着眼提出，而不是从现有产品的零件及工艺的技术要求中总结得出，以免限制产品的设计方案，影响创造力发挥。

2）同一级的工程措施应相互独立。

3）工程措施的组合应是全面系统的，可据此产生完整的设计方案。

4）对于所选择的工程措施，应有助于提出量化的指标，以便对该项工程措施的实现方法和可实现程度进行科学评估。在用 QFD 辅助大型、复杂产品的开发时，对其顶层质量屋的工程措施难以量化，此时工程措施及其指标的组合应能为后续的方案开发等工作指明方向，使设计人员可据此判断设计工作是否偏离轨道。

5）在提出工程措施时，应调查同类产品在售后服务中发现的设计缺陷，检查是否有对应的工程措施进行改进，避免同类故障的发生。

确认后的工程措施可用亲和图法进行分级。

2. 质量屋要素的量化评估

按量化评估方法对各项顾客需求与对应的工程措施的相互关系进行打分，完成质量屋的房间部分——关系矩阵，计算得出各项工程措施的重要度。在关系矩阵完成后，应作如下检查。

1）若某项顾客需求与所有工程措施关系值都是 0（空白），则应重新评估，或增加可满足该顾客需求的工程措施。

2）若某项工程措施与所有顾客需求的关系值都是 0，应检查该工程措施是由哪一项顾客需求推导出来的，是否应取消。

3）若一项顾客需求与大多数工程措施有较强的关系，应分析量化分值的科学性。也可能该需求是高一级的顾客需求，此时应将其分解为几项子需求。

4）若一项工程措施与大多数顾客需求有较强的关系，应与第 3）条类似处理。

按本章第四节的准则进行技术竞争能力评估，分析现产品及竞争对手的产品对各项工程措施的满足程度，结合售后服务调查结果，初步确定工程措施指标。由于工程措施是从技术的角度提出的，通常表示为各种具体的设计要求，因此在针对某一项工程措施评估各产品达到的技术水平时，应考虑是否能找到技术上的评价标准，以提高量化评分的可信度。结合本企业的现有技术能力及技术发展策略设定新产品对每项工程措施的实现水平。用量化的分值表示，如将分值设为 4 分，表示新产品开发成功后，在该工程措施对应的技术领域应达到国内先进水平；设为 5 分，则应达到国际先进水平。因此，在设定新产品的技术竞争能力分值时，应考虑技术上的可行性，并对工程措施的指标进行相应修正，对需要进行的技术改造和技术攻关进行初步规划。完成量化评分后，计算这些产品的技术竞争能力和总体竞争能力，如果得出的新产品的竞争力值不符合公司的产品发展战略，则重新设定新产品的竞争能力分值，确定相应的技术保证措施。

按要求进行工程措施的相互关系评估，完成相关矩阵，形成质量屋的屋顶。

3. 工程措施指标的确定

由于工程措施指标的确定是质量功能展开的重要一环，直接指导后续技术工作的开展，在相关矩阵完成后，应参照以下原则对工程措施指标进行必要的评估和完善。

1）为彼此负相关或强负相关的工程措施设定取值时应进行权衡，因为它们对应的技术要求互相矛盾，不可能都按高标准取值。

2）如果不存在成本、资源、进度等限制，可参照业界领先水平或世界领先水平取值，以开发世界领先和国内领先的产品。

3）对重要度高或对保持企业竞争优势作用重大的工程措施取值要高标准，必要时对为此导致的成本和工作量的增加寻求管理层支持。

4）如果受到本企业技术条件限制，则工程措施的指标设定要实事求是，着眼于总体方案的优化。

5）对重要度不高的工程措施，应结合成本控制确定其取值。

应该指出，工程措施及指标的选择与产品技术方案的确定是相互影响的。通过工程措施的组合形成了产品的初步技术方案，应对此方案进行全面的评估与优化，并根据优化的结果对工程措施进行必要的调整。先进的系统设计方法是辅助产品设计方案总体性、全局性优化和进行技术创新的有力工具；运用系统设计方法，还有助于将顾客需求科学地映射为功能要求、设计参数和工艺变量。

4. 质量屋的全面评估

由 QFD 小组指定 1～3 人根据头脑风暴会议的讨论意见，进行分析，整理出需求质量（顾客需求）展开表和质量特性（工程措施）展开表，初步建立第一阶段质量屋。

整理完的产品规划阶段质量屋交 QFD 小组进行讨论、修改，应特别注意对产品的技术关键和竞争能力进行认真、充分的讨论和评估。

质量屋的评估可从 8 个方面入手：

1）顾客需求重要度排序与满足该需求的工程措施的重要度排序是否明显不对应。

2）质量屋中各数据可信度如何，是否需要重新评估。

3）修正系数的设置是否合理。

4）在工程措施中是否有机地综合了竞争对手产品的特性。

5）计划质量设定情况。

6）对负相关及强负相关的工程措施的处理。

7）工程措施的指标是否合理。

8）哪些工程措施应转入下一阶段 QFD 进行深入分析。

5. 关键措施与瓶颈技术的确定

工程措施重要度确定以后，根据其重要度的大小可找到关键工程措施，作为控制重点。根据工程经验，另有一部分工程措施虽然重要度不够高，但技术实现上难度较大，对此类工程措施也必须重点攻关。瓶颈技术在多个阶段的质量屋中都存在，可按下列准则加以分析确认。

1）现有技术不能实现的关键工程措施。

2）成本过高的零部件。

3）质量和可靠性不过关的零部件。

4）新开发的工艺和原材料等。

找出关键工程措施和瓶颈技术后，组织力量攻关，采用有关的工程技术尤其健壮设计方法，使瓶颈技术获得突破，使关键工程措施的设计方案实现稳定性优化，使产品开发中的技术障碍得以解决，以免延误研制周期或给产品的内在质量留下隐患。

五、各级质量屋的建立

通常应与产品规划阶段的质量屋一起，按并行工程原理，协调地、同步地建立零部件展开阶段、工艺计划阶段、生产计划阶段的质量屋。

产品规划阶段的 QFD（见图 10-6）指导了产品的总体方案设计，输出了关键的设计要求或关键质量特性及指标，适用于六西格玛设计的定义（Definition）阶段。

在零部件展开阶段（对应于六西格玛设计的研发（Development）和优化（Optimization）阶段），以上一阶段输出的设计要求作为顾客需求，必要时从技术角度将这些设计要求未能覆盖的产品的功能与性能要求补充入顾客需求，运用头脑风暴法分析为满足这些顾客需求应具备的零部件特性，如技术参数、关键尺寸、材料等，形成产品的设计方案，并筛选重要的、对产品最终质量特性影响大的零部件特性，建立质量屋。零部件展开阶段的 QFD（见图 10-7）用于指导产品详细设计、有关技术要求的制订和样机的研制。本阶段的输出是关键的零部件特性及指标；同时，应制订出初步的质量保证要求，其主要内容是保证关键零部件特性指标实现的措施（相当于关键过程特性 CTP），也是制定 QC 工序表（Quality Control Process Chart）的基础。

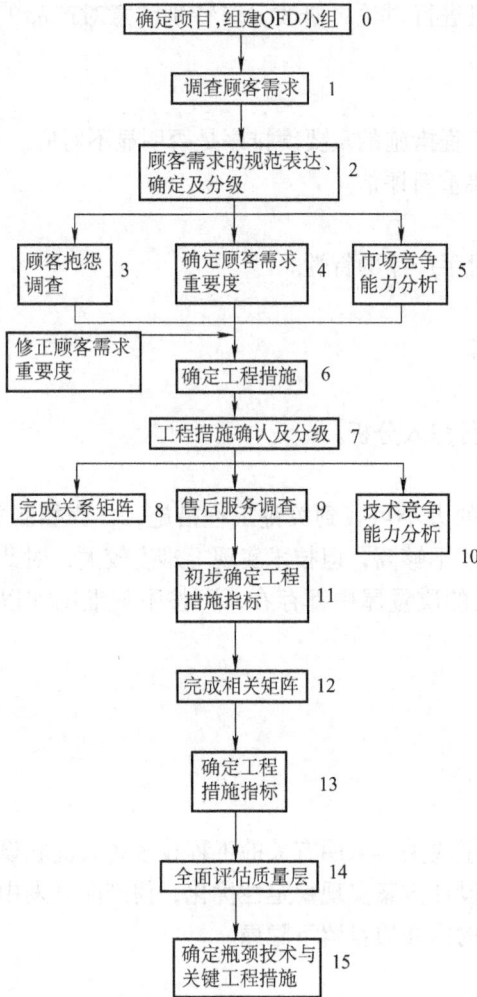

图 10-6　产品规划阶段的 QFD

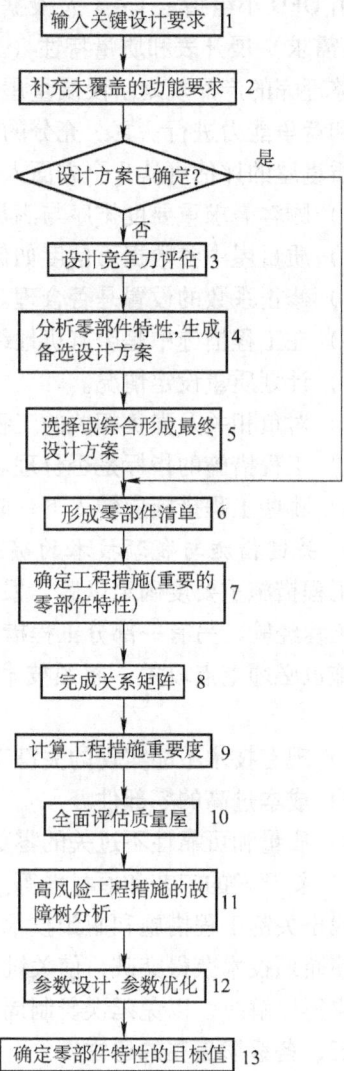

图 10-7　零部件展开阶段的 QFD

　　工艺计划阶段的 QFD（见图 10-8）是从研制到批量生产阶段的转移，其顾客需求是上一级质量屋输出的关键零部件特性，并可根据实际需要加以补充。从顾客需求入手，确定相应的工艺变量，形成工艺方案，小组成员还要根据这些工艺变量的组合建立工艺流程图。选择重要的工艺变量作为工程措施建立质量屋，进行量化评估。为保证生产过程的稳定，应进行工艺的健壮设计，使关键的零部件特性值保持在允许的波动范围内，还需要进行过程能力指数 C_P 及 C_{Pk} 分析，运用在线统计过程控制（SPC）等质量工具控制过程波动。工艺计划阶段的 QFD 指导了工艺方案的编制，本阶段的输出是重要度高的工艺变量及指标。

　　在最后一个阶段即生产计划阶段，顾客需求是关键的工艺变量（参数），工程措施则是一线技术人员的制造操作要求，主要是操作程序，操作工人的培训，检验、试验，计量保

```
                    ┌─────────────────┐
                    │ 输入关键零部件特性 │ 1
                    └────────┬────────┘
                             │
                    ┌────────┴────────┐
                    │ 确定工艺约束条件  │ 2
                    └────────┬────────┘
                             │
          否        ┌────────┴────────┐        否    ┌─────────────────┐
      ◇───────────◇  工艺方案         ◇ 采用    ◇─────────│ 分析工艺变量,生成 │ 3
                    │ 已确定?          │ 新工艺技术?          │ 基本工艺备选方案  │
                    └────────┬────────┘                    └────────┬────────┘
                          是 │           是                          │
                             │    ┌─────────────────┐      ┌────────┴────────┐
                             │    │ 运用QFD深入展开  │      │ 选择最佳工艺方案  │ 4
                             │    └─────────────────┘      └────────┬────────┘
                             │                                      │
                    ┌────────┴──────────────────────────────────────┘
                    │
                    ┌────────┴────────┐
                    │ 建立工艺流程图   │ 5
                    └────────┬────────┘
                             │
                    ┌────────┴────────┐
                    │ 确定工程措施(重要的│ 6
                    │ 工艺参数)        │
                    └────────┬────────┘
                             │
                    ┌────────┴────────┐
                    │ 完成关系矩阵     │ 7
                    └────────┬────────┘
                             │
                    ┌────────┴────────┐
                    │ 计算工程措施重要度 │ 8
                    └────────┬────────┘
                             │
                    ┌────────┴────────┐
                    │ 全面评估质量屋   │ 9
                    └────────┬────────┘
                             │
              否     ┌────────┴────────┐       ┌─────────────────┐
          ◇─────────◇ 过程能力指数     │───────│ 优化工艺,降低波动 │ 10
                    │ 满足要求?        │       └─────────────────┘
                    └────────┬────────┘
                          是 │
                    ┌────────┴────────┐
                    │ 确定关键工艺参数值 │ 11
                    └─────────────────┘
```

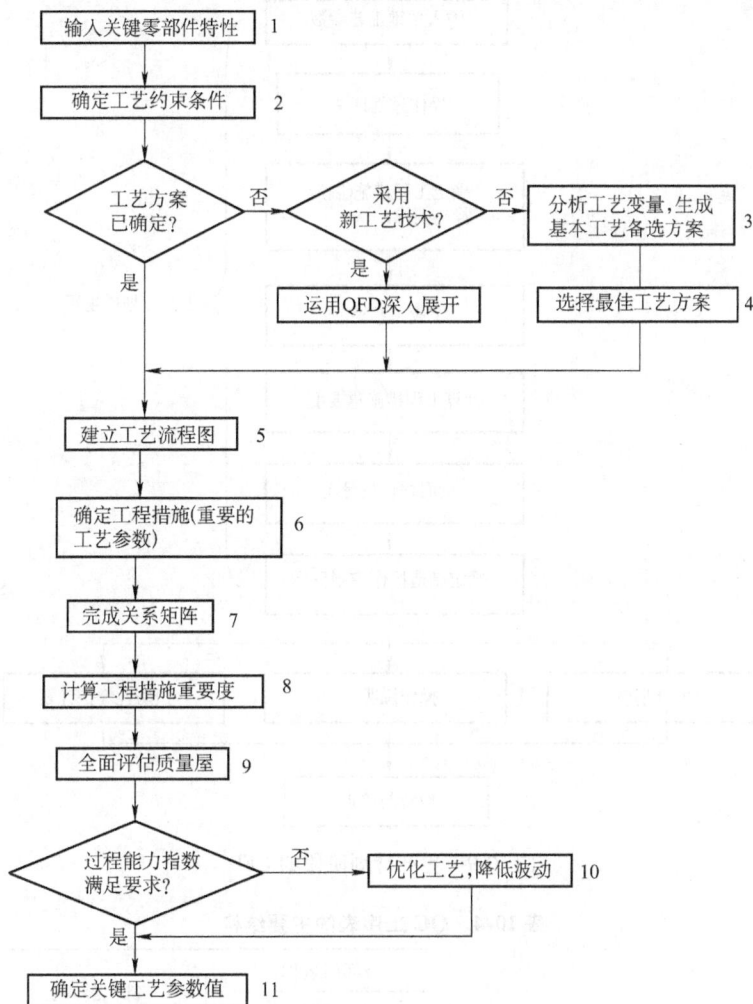

图 10-8　工艺计划阶段的 QFD

证，生产设备的维护等，为防止已知故障的重复发生，还应设定预防性维护要求。生产计划阶段的 QFD（见图 10-9）的目的是策划如何减少生产操作的成本，将生产的波动最小化，同时提高产量。一般而言，操作要求的制订应与 SPC 及先进质量体系（AQS）的实施密切协调，以便最大限度地发挥作用。根据这一级质量屋，制订 QC 工序表、操作说明书、预防性维护计划等文件，把顾客的需求落实到最底层。

　　工艺计划阶段和生产计划阶段的 QFD 技术应用于六西格玛设计的验证（Verification）阶段。应通过 SPC 来动态地记录和监控产品是否稳定地达到六西格玛的质量水平，若出现超出产品规格容限的趋势，必须采取调整工艺参数的措施，以恢复生产线的质量水平。

　　表 10-4 给出了 QC 工序表的主要结构。表 10-4 中的"控制项"可根据工艺计划阶段的质量屋得出，操作说明书可从生产计划阶段的质量屋得出，"控制表形式"包括控制图、检查单、图表、测试数据等。

```
┌─────────────────┐
│  输入关键工艺参数  │ ─┐
└────────┬────────┘  │
         │           │
┌────────┴────────┐  │
│    操作过程评估    │  │
└────────┬────────┘  │
         │           │
┌────────┴────────┐  │
│ 确定工程措施(制造  │  │
│   操作要求)      │  │
└────────┬────────┘  │
         │           ├─ 生产计划质量屋
┌────────┴────────┐  │
│    完成关系矩阵    │  │
└────────┬────────┘  │
         │           │
┌────────┴────────┐  │
│  计算工程措施重要度 │  │
└────────┬────────┘  │
         │           │
┌────────┴────────┐  │
│   全面评估质量屋   │  │
└────────┬────────┘  │
         │           │
┌────────┴────────┐  │
│  确定制造操作控制目标 │ ─┘
└────────┬────────┘
```

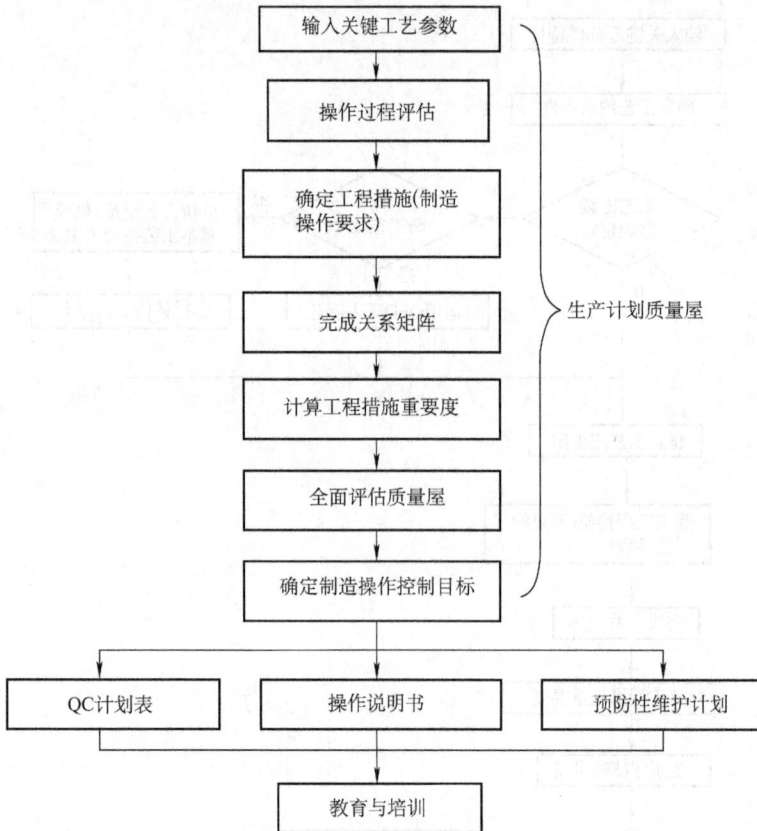

图 10-9　生产计划阶段的 QFD

表 10-4　QC 工序表的主要结构

部门名称：		
日期：	部门经理：	制表人：

零件名	工艺流程			工序名	操作说明书编号	控制项	控制方法					检验项目	检验方法	备注
	原材料处理工序	预处理工序	主工序				控制说明书编号	控制表形式	责任人	检验人	抽样频率及测试方法			

六、落实关键环节的稳定性优化设计和强化控制

通过 4 个阶段的质量功能展开，确定了关键环节，为深入的产品开发指明了方向，对于瓶颈技术攻关及产品和工艺的健壮设计则有赖于其他质量工程工具和可靠性工具。因此，有必要将 QFD 与可靠性工程及其他质量工程工具结合使用，开发出优化的产品，根据情况可采用系统设计、实验设计、参数设计与容差设计、故障模式与影响分析（FMEA）、故障树分析（FTA）、价值工程与价值分析（VE/VA）、数字仿真、以顾客为中心的可靠性设计分

析等各种方法，以便实现稳定性的设计优化、工艺优化，充实和完善质量屋。对关键零部件和关键工艺，在生产制造阶段还要采用与健壮设计相适应的监控方法，如统计过程控制、先进质量体系等，进行严格的质量控制。

七、质量屋的不断迭代与完善

第一轮 4 个阶段的质量屋大致在产品初步设计结束，技术状态冻结时完成。随着产品研制工作的深入，需要对各阶段的质量屋及时地、不断地进行迭代与完善，直到产品进入市场时形成最终的 4 个阶段的质量屋，并成为产品技术归档资料的一部分。质量屋的迭代与完善可结合设计评审、工艺评审和产品评审进行。

在新产品上市后，应继续应用 QFD 方法，开展和优化售后服务，收集、研究顾客的意见，应用 QFD 方法不断改进产品，提高产品质量，推出新的款式、型号，满足市场新的需求。

八、计算机辅助质量功能展开

质量屋的绘制、填写、量化计算和修改等工作如果用手工完成，会给 QFD 小组带来一定的负担。另外，对企业而言，不同的 QFD 小组用不同的方式编制质量屋，也会给这些资料在企业内的保存、传递及再利用带来困难。采用计算机辅助质量功能展开软件，可以帮助工程人员在计算机上建立工程的质量屋模型，并对其进行一系列的量化评估、迭代分析及运算比较，最终产生一套完整的质量屋，同时生成详尽的可检索调用、可保存修改的工程信息记录，有效地支持了 QFD 的工程应用，并促进了 QFD 技术的规范化。从长远看，计算机辅助 QFD 软件产生的信息将融入企业内部的产品数据和管理信息流，在网络环境支持下，实现在各部门间的传递、共享和重用。

九、建立质量屋需要注意的几个问题

1. 选择适当的项目

QFD 的基本原理虽然不难理解，但实施当中仍然有一定的技巧，初学者在进行工程实践时，可能会由于顾客需求、工程措施分析不全面或相互混淆，量化评估不够规范等种种原因而遭受挫折，影响 QFD 的成效。这样的问题要通过实践经验的积累逐渐避免。因此，进行 QFD 实践时应遵循由易到难的原则，开始时选择规模适当的项目，如已有产品的改进、改型，所需的时间和精力不太多，效果也好衡量，通过一个一个成功的小案例加深对这一方法的体会，为在大型复杂产品开发中应用 QFD 打下基础。

2. 视情况剪裁质量屋

在具体应用中，可以根据实际情况对质量屋进行适当的剪裁和扩充。例如，一般地下室（技术竞争能力评估）和右墙（市场竞争能力评估）在产品规划阶段的质量屋中必须有，但在零部件展开、工艺计划、生产计划阶段可以根据需要决定是否使用；尖屋顶（相关矩阵）也可以根据实际情况决定取舍，用于方案选择的质量屋，多可以不考虑相关矩阵。左墙（顾客需求）和天花板（工程措施）根据情况可只建立一级顾客需求和工程措施，也可考虑细分为多级需求和措施。

质量屋的部件结构应当灵活运用。例如，左墙和天花板在第一级质量屋中一般为顾客的要求和产品设计要求，但在第二级及以后的质量屋中应根据上一级质量屋的天花板和地板的重点内容转换为下一级质量屋的左墙的原理进行处理。又如，随着左墙与天花板项目的改变，相应的称谓也可改变，如在第一级质量屋中，左墙与天花板分别被称为"顾客需求"

和"设计要求";在第二级质量屋中,则分别被称为"设计要求"和"零件特性"等。另外,根据需要在右墙的内容中可以加入"顾客投诉频度"、"销售点"等。

3. 应用质量屋进行设计方案优选

质量屋对于设计、工艺、施工、生产方案的优选迭代是非常有用的工具。对多个备选方案进行优选时,关系矩阵(房间)的数值代表的是方案对于实现每项需求的有效性。可按以下准则打分。

9 分:很有效

7 分:相当有效

5 分:有效

3 分:有一定效果

1 分:有微弱效果

8 分、6 分、4 分、2 分代表的有效程度介于各自相邻的两个奇数分值之间。

当选取一个基准方案再进行方案改进和优选时,一般可置基准方案的有效度为"0",候选方案对于某项需求的有效性高于基准方案时置" +1",低于基准方案时置" -1",与基准方案相当时置"0"。

4. 重视权衡研究

当相关矩阵(尖屋顶)中出现负相关和强负相关时,说明对应的两项工程措施间存在不利的交互作用。处理办法有两个,一是细化目标顾客群,对于定位更精确的目标顾客群,可能其要求的质量只需其中的一项工程措施即可满足,或者强负相关的工程措施的重要度有很大差别,可据此开发工程措施侧重点不同的系列产品;另一个办法是综合权衡,以最大限度地满足顾客需要为目标,对矛盾的工程措施进行深入的权衡分析,以便调整工程措施,减弱其交互作用,或对两项工程措施决定取舍。

还有一类异常的情况也值得关注,即当技术水平与市场竞争能力在某项顾客需求上出现矛盾时,应进行深入分析并采取必需的对策。例如,图 10-10 中第 i 项顾客需求与加权重要度很高的第 m 项工程措施的关系度很高,对应于第 i 项顾客需求设定的新产品的市场竞争能力很强,但对应于第 m 项工程措施的技术水平却很低时,应考虑能否进行技术改造或设计、工艺方法的改进等以提高第 m 项工程措施的技术水平,降低产品寿命周期的成本,保证产品在第 i 项顾客需求方面的市场竞争能力。或反过来,如果第 m 项工程措施的技术水平受到制约,确实难以提高,可考虑是否适当降低第 i 项顾客需求所对应的新产品市场竞争能力值。又如,对应于第 j

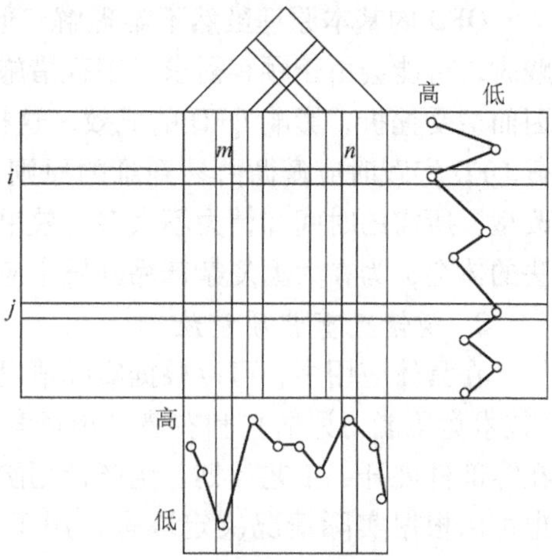

图 10-10　矛盾与权衡分析图

项顾客需求,新产品的市场竞争能力很低,而与第 j 项顾客需求关系度很高的第 n 项工程措施的技术水平却很高,此时应考虑第 j 项顾客需求对应的新产品市场竞争能力确定得是否合理?当该项顾客需求的重要度较高并且其他各项工程措施也有潜力时,可考虑适当提高第 j 项顾客需求对应的市场竞争能力。

5. QFD 小组的组织落实

由于 QFD 小组要在某项工作的整个周期内活动并发挥作用，所以 QFD 小组的负责人应由熟悉该项工作各方面情况的技术或行政负责人或具有组织能力的资历较深有威望的人士来担任，以便使 QFD 小组卓有成效地工作，QFD 分析结果能迅速付诸实施。在一个较长的时间内，该项工作的技术或行政负责人可能变动，QFD 小组负责人也应视情况相应变动。必须推选或指定一名责任心强、知识面宽、熟练掌握 QFD 方法的人作为 QFD 小组的记录员，全面地记录整理 QFD 小组活动开展中的情况，并形成必要的报告。

第四节　量化评估方法

质量屋中对重要度、关系度及竞争能力等各数值的确定十分重要，直接关系到 QFD 的应用效果。加权评分准则是一种简便、直观、易行的方法，但加权评分准则的准确度取决于使用者的经验和水平。还有一些较为复杂的量化评估方法，如层次分析法、模糊集合理论等，如果能正确使用，将提高量化评估的准确度。

一、常规量化评估方法

在建立质量屋时，除了将顾客需求逐层展开外，还要对顾客需求的重要度 K_i（$i = 1, 2, \cdots, m$）进行评估，确定工程措施与顾客需求之间的关系度 r_{ij}（$i = 1, 2, \cdots, m; j = 1, 2, \cdots, n$），确定工程措施两两之间的相关度（正相关、强正相关、负相关、强负相关和不相关），进行加权评分以确定工程措施的重要度 h_j，对产品的市场竞争能力和技术竞争能力进行评估，并计算综合竞争能力。建立质量屋时加权评分可按以下准则执行。

1. 顾客需求重要度评估

顾客需求重要度 K_i（$i = 1, 2, \cdots, m$）可取下列 5 个等级：

1：表示不影响功能实现的需求。

2：表示不影响主要功能实现的需求。

3：表示比较重要的影响功能实现的需求。

4：表示重要的影响功能实现的需求。

5：表示基本的、涉及安全的、特别重要的需求。

2. 关系矩阵和相关矩阵评估

1）关系矩阵：关系度 r_{ij}，建议采用 1、3、5、7、9 等关系度等级。

1：表示该交点所对应的工程措施和顾客需求间存在微弱的关系。

3：表示该交点所对应的工程措施和顾客需求间存在较弱的关系。

5：表示该交点所对应的工程措施和顾客需求间存在一般的关系。

7：表示该交点所对应的工程措施和顾客需求间存在密切的关系。

9：表示该交点所对应的工程措施和顾客需求间存在非常密切的关系。

根据实际情况，必要时也可采用中间等级：

2：表示介于 1 与 3 之间。

4：表示介于 3 与 5 之间。

6：表示介于 5 与 7 之间。

8：表示介于7与9之间。

空白即为0，表示不存在关系。

有时，也可只采用1、3、9三个关系度等级。此时，可用符号◎表示9，○表示3，△表示1。

加权后工程措施的重要度为

$$h_j = \sum_{i=1}^{m} K_i r_{ij} \tag{10-1}$$

如果第 j 项工程措施与多项顾客需求均密切相关，并且这些顾客需求较重要（K_i 较大），则 h_j 取值就较大，即该项工程措施较重要。

2）相关矩阵：相关度，通常用下列符号表示相关度。

正相关○：表示该交点所对应的两项工程措施间存在互相加强、互相叠加的交互作用。

强正相关◎：表示该交点所对应的两项工程措施间存在很强的互相叠加的交互作用。

负相关×：表示该交点所对应的两项工程措施间存在互相减弱、互相抵消的作用。

强负相关#：表示该交点所对应的两项工程措施间的作用强烈排斥，有很大矛盾。

空白表示该交点所对应的两项工程措施间不存在交互作用。

3. 竞争能力评估

1）市场竞争能力：M_i（$i=1$，2，$\cdots$，m），可取下列5个数值。

1：表示无竞争能力可言，产品积压、无销路。

2：表示竞争能力低下，市场占有份额递减。

3：表示可以进入市场，但并不拥有优势。

4：表示在国内市场竞争中拥有优势。

5：表示在国内市场竞争中拥有较大优势，可以参与国际市场竞争，占有一定的国际市场份额。

2）技术竞争能力：T_j（$j=1$，2，$\cdots$，n）。T_j 表示第 j 项工程措施的技术水平。所谓技术水平，包括指标本身的水平，本企业的设计水平、工艺水平、制造水平、测试水平等，可取下列5个数值。

1：表示技术水平低下。

2：表示技术水平一般。

3：表示技术水平达行业先进水平。

4：表示技术水平达国内先进水平。

5：表示技术水平达国际先进水平。

4. 竞争能力计算

1）市场竞争能力指数：对市场竞争能力 M_i（$i=1$，2，$\cdots$，m）进行综合后，获得产品的市场竞争能力指数 M。

$$M = \sum_{i=1}^{m} K_i M_i \bigg/ 5 \sum_{i=1}^{m} K_i \tag{10-2}$$

M 值越大越好。

2）技术竞争能力指数：对技术竞争能力 T_j（$j=1$，2，$\cdots$，n）进行综合后，获得产品的技术竞争能力指数 T。

$$T = \sum_{j=1}^{n} h_j T_j \Big/ 5 \sum_{j=1}^{n} h_j \qquad (10\text{-}3)$$

T 值越大越好。

3）综合竞争能力指数：市场竞争能力指数与技术竞争能力指数的乘积。

$$C = MT \qquad (10\text{-}4)$$

C 值越大越好。

二、层次分析法

层次分析法（Analytic Hierarchy Process，AHP）是 20 世纪 70 年代创立的一种分析工具，它把给出了定性描述的一组目标成对地加以比较，分析其相对重要程度，据此定量地得出各目标的权重，指导决策。

1. 用层次分析法确定顾客需求重要度

把同一级的顾客需求（设为 m 项）分别填入判断矩阵的第一行和第一列，两两比较它们对实现顾客满意的相对重要性，形成矩阵表。以圆珠笔开发为例，其判断矩阵表如表 10-5 所示。

表 10-5 顾客需求重要度判断矩阵表

i \ j	书写流利	永不褪色	外形美观	使用方便	价格适中	适度耐用
书写流利	1	2	3	3	5	4
永不褪色	1/2	1	2	2	4	3
外形美观	1/3	1/2	1	1	3	2
使用方便	1/3	1/2	1	1	3	2
价格适中	1/5	1/4	1/3	1/3	1	1/2
适度耐用	1/4	1/3	1/2	1/2	2	1

以 $C = [c_{ij}]_{m \times n}$ 表示由此形成的顾客需求项目对满足顾客总体需求的重要度判断矩阵。

$$C = \begin{pmatrix} 1 & 2 & 3 & 3 & 5 & 4 \\ 1/2 & 1 & 2 & 2 & 4 & 3 \\ 1/3 & 1/2 & 1 & 1 & 3 & 2 \\ 1/3 & 1/2 & 1 & 1 & 3 & 2 \\ 1/5 & 1/4 & 1/3 & 1/3 & 1 & 1/2 \\ 1/4 & 1/3 & 1/2 & 1/2 & 2 & 1 \end{pmatrix}$$

c_{ij} 表示需求 i 相对于需求 j 对实现顾客满意的重要程度。显然，$c_{ij} = 1/c_{ji}$。

判断矩阵元素 c_{ij} 的赋值评分准则为

1：需求 i 与需求 j 对顾客满意的贡献相当。

3：需求 i 比需求 j 重要。

5：需求 i 与需求 j 相比极为重要。

2、4 为可取的中间值。

将顾客需求两两对比，通过认真评定，建立顾客需求重要度判断矩阵。然后计算特征向

量 $W = [w_1, w_2, \cdots, w_i, \cdots, w_m]^r$。公式为

$$\overline{w}_i = \sqrt[m]{\prod_{j=1}^{m} c_{ij}} \tag{10-5}$$

$$w_i = \overline{w}_i \Big/ \sum_{i=1}^{m} \overline{w}_i \tag{10-6}$$

w_i 就是顾客需求 i 的重要度值。

由层次分析法求出的重要度值与由加权评分准则得出的重要度值比较如表 10-6 所示，两组数据（表中第 3 行与第 4 行）彼此协调。

表 10-6　用层次分析法与加权评分准则求出的重要度值比较

	书写流利	永不褪色	外形美观	使用方便	价格适中	适度耐用
$\overline{W}_i$	2.67	1.70	1	1	0.37	0.58
W_i	0.36	0.23	0.14	0.14	0.05	0.08
加权评分法	5	4	3	3	1	2

考虑到事物的复杂性及人对重要度矩阵的主观评定可能含有较大偏差，在求出特征向量后，应进行一致性检验。为此，计算重要度矩阵 C 的最大特征值 $\lambda_{\max}$ 为

$$\lambda_{\max} = \frac{1}{m} \sum_{i=1}^{m} \frac{(CW)_i}{w_i} \tag{10-7}$$

然后，计算一致性指数 CI 为

$$CI = \frac{\lambda_{\max} - m}{m - 1} \tag{10-8}$$

计算随机一致性比率 CR 为

$$CR = CI/RI \tag{10-9}$$

其中，RI 为平均随机一致性指数，取值如表 10-7 所示。

表 10-7　RI 的取值表

重要度矩阵阶数	3	4	5	6	7	8	9
RI	0.58	0.90	1.12	1.24	1.32	1.41	1.45

当 $CR \leqslant 0.10$ 时，重要度矩阵有满意的一致性。

当 $CR > 0.10$ 时，应对重要度矩阵中的评分重新修正，直到矩阵的一致性满足要求。

对上例进行一致性检查，得 $CW = (2.23, 1.41, 0.83, 0.83, 0.31, 0.49)^r$，$\lambda_{\max} = 6.07$，$CI = 0.014$，$CR = 0.01$，一致性满足要求。

对于较复杂的产品，顾客需求一般为分层结构。首先，用层次分析法确定各项第一级顾客需求（父需求）的重要度 W_i；然后，用这一方法确定同属于某父需求（设为第一级中的第 i 项）的所有第二级顾客需求（子需求）的重要度 W_{ik}，$k = 1, 2, \cdots, m$。W_{ik} 表示属于父需求 i 的第 k 项子需求相对于父需求 i 的重要度，称为局部重要度（Local Priority）。若属于第 i 项父需求的第二级顾客需求只有一项，则 $W_{ik} = W_i$；确定了所有子顾客需求的局部重要度后，可求每一项子需求的总体重要度，其值为对应的父需求总体重要度与该子需

求局部重要度的乘积，如第七项子需求的总体重要度为 $W_i \times W_{ik}$；如果质量屋还有更低层次的顾客需求，则以上一级顾客需求为父需求，下一级顾客需求为子需求，以此类推，求出各项子需求的局部重要度和总体重要度。将子需求的总体重要度用于质量屋中的计算。

2. 应用层次分析法的注意事项

层次分析法（AHP）适用于确定单维的一组数据（如顾客需求）中每个元素的相对权重和正确排序，尤其当被比较对象数目较多时，直接判断所有比较对象的权重要求人们具有很高的综合思维能力，此时采用 AHP 法可使人们把主要精力用于判断比较对象两两之间的相对权重，体现出其优越性。

在准确使用直接评分法和层次分析法的情况下，两者的评判结果在各比较对象（元素）的相对权重及其比例关系方面应当能互相印证。

对于两维的数组，如工程措施与顾客需求之间的关系度矩阵、市场竞争能力矩阵和技术竞争能力矩阵等，应用层次分析法必须十分慎重。如果针对逐行或逐列元素应用层次分析法，所得出的两维数组元素的评判结果在各行之间或各列之间可能出现严重的不协调或不一致。

三、模糊评分法

在经典集合论中，元素和集合之间的关系是二元的，元素要么属于某一集合，要么不属于该集合，二者必居其一且只居其一。而在现实生活中，元素和集合间的关系往往是模糊的，模糊集合理论就是基于这一现实而提出的。质量功能展开所处理的大量信息，如顾客的需求、顾客的评价等，在含义上也是模糊的，因此模糊集合理论可用于对这些信息的量化分析过程。

1. 模糊统计方法的应用

下面以对 ｛青年人｝这一集合的调查为例，介绍模糊统计的方法。

1）给定该集合的取值范围。对 ｛青年人｝这一集合，不妨将取值范围定义在（0，100）（单位：岁）区间。

2）进行调查统计，得到该区间内的一个运动着的、边界可变的普通集合 A^*。在每一次试验下，A^* 应该是一个确定的普通集合，但在不同次的试验中，A^* 的边界又可能不同，因而把 A^* 作为区间内的一个可运动的普通集合。在本试验中，对 ｛青年人｝集合进行统计试验，询问张三，他认为 25~35 岁的人算"青年人"，则这一次试验得到 $A^* = \{25, 26, \cdots, 35\}$，$A^*$ 是确定的普通集合；但是当询问李四时，他却认为 18~30 岁的人算"青年人"，因此这一次试验结果为 $A^* = \{18, 19, \cdots, 30\}$。调查对象不同，$A^*$ 的边界可能不同。

3）作 n 次试验，并对区间内的给定元素 u_0，计算其对于模糊集合的隶属频率，公式为

$$\text{隶属频率} = u_0 \text{出现在} A^* \text{中的次数／试验次数} n$$

试验证明，随着 n 的增大，隶属频率会呈现稳定性。频率稳定所在的那个数，称为 u_0 对该集合的隶属度。本试验共调查了 129 人，请他们提出"青年人"的恰当年限，他们经过独立的认真思考后，提出了他们各自认为的恰当年限（即 A^*），得到统计数据如表 10-8 所示。

表10-8　对模糊集合 ⎰青年人⎰ 所含元素的调查统计　　　　　（单位：岁）

18~25	17~30	17~28	18~25	16~35	14~25	18~30	18~35	18~35	16~25
15~30	18~35	17~30	18~25	18~25	18~35	20~30	18~30	16~30	20~35
18~30	18~30	15~25	18~30	15~28	16~28	18~30	18~30	16~30	18~25
18~25	18~25	16~28	18~30	16~30	16~28	18~35	18~35	17~27	16~28
15~28	16~30	19~28	15~30	15~16	17~25	15~36	18~30	17~30	18~35
16~35	15~25	15~25	18~28	16~30	15~28	18~35	18~30	17~28	18~35
15~28	18~30	15~25	15~25	18~30	16~24	15~25	16~32	15~27	18~35
16~25	18~28	16~28	15~30	18~35	18~30	18~30	17~35	18~35	
16~30	18~35	17~25	18~25	17~30	14~25	18~26	18~29	18~25	
18~28	18~30	18~25	16~35	17~29	18~25	17~30	16~28	18~30	16~28
15~30	15~35	15~30	20~30	20~30	16~25	17~30	15~30	18~30	16~30
18~28	18~35	16~30	18~30	18~35	18~35	18~30	17~30	16~35	17~30
15~25	18~35	15~30	15~25	15~30	18~30	17~25	18~29	18~28	

　　4）对区间内所有值，计算其对模糊集合的隶属度，画出隶属度函数曲线，根据曲线可求出集合的隶属函数。

　　在本试验中，将 [0，100] 区间分组，每组以中值为代表计算隶属频率，得到表10-9。以中值为横坐标的分格点，纵坐标表示隶属度，于是在坐标平面上可得到相应的各点。平滑地连接这些点可得到 ⎰青年人⎰ 的隶属函数曲线，如图10-11所示。可根据曲线求对应的函数表达式。

表10-9　隶属频率的统计与计算

序　　号	分　　组	频　　数	相对频数	序　　号	分　　组	频　　数	相对频数
1	13.5~14.5	2	0.0155	13	25.5~26.5	103	0.7934
2	14.5~15.5	27	0.2093	14	26.5~27.5	101	0.7829
3	15.5~16.5	51	0.3953	15	27.5~28.5	99	0.7674
4	16.5~17.5	67	0.5194	16	28.5~29.5	80	0.6202
5	17.5~18.5	124	0.9612	17	29.5~30.5	77	0.5969
6	18.5~19.5	125	0.9690	18	30.5~31.5	27	0.2093
7	19.5~20.5	129	1	19	31.5~32.5	27	0.2093
8	20.5~21.5	129	1	20	32.5~33.5	26	0.2016
9	21.5~22.5	129	1	21	33.5~34.5	26	0.2016
10	22.5~23.5	129	1	22	34.5~35.5	26	0.2016
11	23.5~24.5	129	1	23	35.5~36.5	1	0.0078
12	24.5~25.5	128	0.9922				

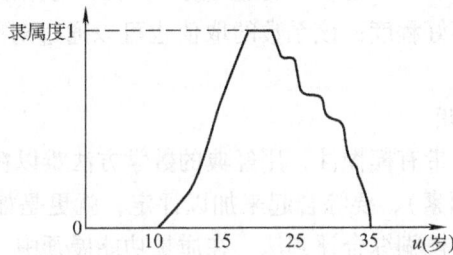

图 10-11　集合 {青年人} 的隶属函数曲线

以上是对模糊统计方法的介绍。通过这一方法，可以对模糊集合加以描述，在质量功能展开中，它可用于对工程措施的技术指标及计划质量修正系数值 α 等的确定。

由于模糊集合边界的不确定性给进一步的分析和研究带来了困难，在实际应用中，可在 $[0，1]$ 区间上取特定值 λ，隶属度大于等于 λ 的元素构成的集合是有确定边界的普通集合，称为模糊集合的 λ 水平集，该水平集反映了原模糊集合的特征，λ 值越大，λ 水平集的元素对模糊集合的隶属程度越深。在前述试验中，取 $\lambda = 1$，则得到集合 {青年人} 的隶属程度最深的 λ 水平集：$\{20，21，\cdots，24\}$。

对于质量屋中工程措施的技术指标，可按以上步骤，运用模糊统计调查顾客对指标取值的期望（隶属度），在此基础上即可选择合适的 λ 水平集作为指标的取值范围。例如，对圆珠笔开发中的工程措施"成本控制"，可定义模糊集合 {最适当的圆珠笔售价}，向顾客、生产商、批发商、零售商等各方面有关人士介绍改进后的圆珠笔的基本情况后，面向被调查者针对该集合进行模糊统计，作为确定圆珠笔售价的客观依据。

对这一问题可以作深入探讨。什么 λ 水平集才是合适的？有没有规律可循？答案是肯定的。由于模糊集合的隶属度已知，隶属函数可求，所以可根据本公司现有产品、国内对手和国外对手产品该指标的取值范围分别求出它们选用的 λ 值，设它们对应于第 j 项工程措施的指标（$j = 1，2，\cdots，n$）的 λ 值分别为 λ_{j1}、λ_{j2}、λ_{j3}，改进后的新产品对应的 λ 值为 λ_j，为了确定先进的有竞争力的 λ_j，应考虑新产品该项工程措施的质量水平（技术指标）比现有水平有一定的提高（设提高率为 L_j），且 λ_j 应当不低于国内对手和国外对手的同类产品达到的水平。因此可以给出如下公式：

$$\lambda_j \geqslant \min[\beta_j \times \max(L_j\lambda_{j1}，\lambda_{j2}，\lambda_{j3})，1] \qquad j = 1，2，\cdots，n \qquad (10\text{-}10)$$

式中，L_j 取值为本产品相对于工程措施 j 改进后与改进前的技术竞争能力之比；β_j 为第 j 项工程措施的质量水平修正系数。

引入 β_j 是为了对重要度超过中值 $h_{0.5}$ 的工程措施适当提高其 λ 水平集的阈值 λ。

当 $h_j \leqslant h_{0.5}$ 时，$\beta_j = 1$

当 $h_{0.5} \leqslant h_j \leqslant h_{max}$ 时，$\beta_j = 1 + 0.2 \times \left(\dfrac{h_j - h_{0.5}}{h_{max} - h_{0.5}}\right)$

$h_{max} = \max(h_1, h_2, \cdots, h_n)$

$h_{min} = \min(h_1, h_2, \cdots, h_n)$

$$h_{0.5} = \frac{h_{max} + h_{min}}{2}$$

在计划质量的设定中，有一个栏目"修正系数"，反映对某项顾客需求的满足会在多大程度上提高顾客对产品的喜好程度；该系数的取值也可以通过对顾客的看法运用模糊统计，经适当整理而得出。

2. 模糊综合评判的应用

人们对事物的评价常常带有模糊性，用经典的数学方法难以精确地加以度量，如果事物本身包含多个方面（多个因素），要综合起来加以评定，就更是如此。模糊理论针对这一情况推导了相应公式，发展了模糊综合评判法。在质量功能展开中，可以用该方法进行市场竞争能力和技术竞争能力评定。为此，应建立被评判事物的因素集和相应的评判集，再运用模糊综合评判公式进行计算。

以前面提到的无线电远距离操纵装置为例。该装置的质量屋有两级顾客需求，第一级顾客需求（U_i）有"操作方便"、"安全"等，其中第一级需求"操作方便"又细分为 5 项第二级顾客需求（U_{ij}）："携带方便"、"操作中不感觉疲劳"、"对操作易于理解"、"能轻松愉快地操作"、"能处理复杂问题"。

（1）建立评判矩阵　为评价现产品的市场竞争能力，先建立因素集 $U_1 = \{$携带方便（u_{11}），操作中不感觉疲劳（u_{12}），对操作易于理解（u_{13}），能轻松愉快地操作（u_{14}），能处理复杂问题（u_{15}）$\}$，与评判集 $\{$国际一流（v_1），国内一流（v_2），一般（v_3），不太好（v_4），很差（v_5）$\}$，经过调查，得出对各项顾客需求的评语比例如表 10-10 所示，表中各行评价值之和应为 1。

表 10-10　对顾客需求的评语比例

	国际一流 v_1	国内一流 v_2	一般 v_3	不太好 v_4	很差 v_5
携带方便 u_{11}	0.1	0.1	0.7	0.1	0
操作中不感觉疲劳 u_{12}	0.1	0.6	0.2	0.1	0
对操作易于理解 u_{13}	0.1	0.6	0.2	0.1	0
能轻松愉快地操作 u_{14}	0.1	0.2	0.7	0	0
能处理复杂问题 u_{15}	0.1	0.7	0.2	0	0

由此表得出评判矩阵：

$$R = \begin{pmatrix} 0.1 & 0.1 & 0.7 & 0.1 & 0 \\ 0.1 & 0.6 & 0.2 & 0.1 & 0 \\ 0.1 & 0.6 & 0.2 & 0.1 & 0 \\ 0.1 & 0.2 & 0.7 & 0 & 0 \\ 0.1 & 0.7 & 0.2 & 0 & 0 \end{pmatrix}$$

（2）根据各顾客需求的重要度确定权重分配集合

$$A = (0.2, 0.4, 0.1, 0.1, 0.2)$$

该集合中各元素之和应为 1，第 i 个元素表示顾客需求 u_{1i} 的相对重要度。

（3）计算评判结果　按模糊综合评判公式计算对第一项第一级顾客需求"操作方便"的评判结果

$$B_1 = A \cdot R = (0.2, 0.4, 0.1, 0.1, 0.2) \begin{pmatrix} 0.1 & 0.1 & 0.7 & 0.1 & 0 \\ 0.1 & 0.6 & 0.2 & 0.1 & 0 \\ 0.1 & 0.6 & 0.2 & 0.1 & 0 \\ 0.1 & 0.2 & 0.7 & 0 & 0 \\ 0.1 & 0.7 & 0.2 & 0 & 0 \end{pmatrix}$$

$$= (0.1, 0.4, 0.1, 0.1, 0)$$

上式为模糊关系的合成运算，将 α_i 与 r_{i1}（$i = 1, 2, \cdots, 5$）两两对比取小，再从得出的 5 个小值中取大，即得 B_1 的第一个元素 b_1 取值，同理可得 b_2 到 b_5 的取值。

将 B_1 的取值归一化，得出对现有产品"操作方便"一项的市场竞争能力的总体评价。

$$B_1 = (0.1/0.8, 0.4/0.8, 0.2/0.8, 0.1/0.8, 0/0.8)$$
$$= (0.125, 0.50, 0.25, 0.125, 0)$$

即 12.5% 的人认为产品在该项目上国际一流，50% 的人认为产品国内一流，25% 的人认为产品一般，12.5% 的人认为产品不太好。根据最大隶属原则，结论是"国内一流"。

（4）对产品的总体评判　按同样步骤求得对其余各项第一级顾客需求的评判向量 B_2、B_3、$B_4\cdots$（不作归一化），与未作归一化的 B_1 组成新的评判矩阵：

$$R = \begin{pmatrix} B_1 \\ B_2 \\ B_3 \\ B_4 \\ \vdots \end{pmatrix}$$

按照各项第一级顾客需求的重要度确定新的权重分配集合 A，按步骤（3）算出评判结果 B，加以归一化，即可分析现产品的总体市场竞争能力。按以上各步并行地进行国内对手、国外对手的产品调查，使被调查者在对产品的各因素进行评价时可以互相参照。计算国内外对手的产品的市场竞争能力，以明确产品在顾客心目中的地位。

对产品的技术竞争能力，也可按这一方法进行分析。

第五节　包含可靠性、技术和成本等因素的质量功能展开

4 个阶段的质量功能展开模式基本满足了中小规模产品开发的需要，在这一模式中，对产品质量特性、功能、成本、可靠性、开发周期等要素都综合在同一个质量屋中加以分析考虑。对特定的产品开发而言，可能希望利用 QFD 进行更全面的分析，把功能、成本、可靠性等要素单独展开，作为顾客需求（或工程措施），以质量特性等要素为工程措施（或顾客需求），借助质量屋进行关系度分析、重要度评定及相关指标设定等工作，这意味着要补充建立一些有特定目标的质量屋。由于此类质量屋中顾客需求项、工程措施项的含义与经典 QFD 中的含义有所不同，它只是两种待分析要素的代称，所以扩展了质量功能展开的概念。各要素间的组合展开也被称为多维的质量功能展开，如图 10-12 所示。

顾客需求可与其他任何维组合展开，而其他各维两两之间很多情况下也可组合展开。但是顾客需求是多维展开的中心，顾客需求→质量特性→功能→零部件→工艺→制造的多层次

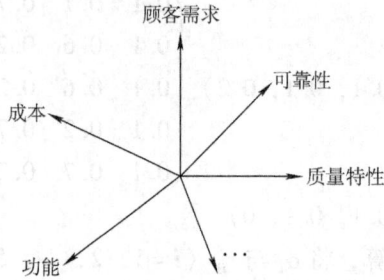

图 10-12　以顾客需求为中心多维的结构

矩阵展开（质量屋）是主线，应围绕这一主线，进行成本、可靠性和开发周期等要素的展开。可按多维展开的需要，对质量屋形式进行必要的剪裁。

一、包含可靠性、技术和成本的质量功能展开

1. 可靠性展开

质量和可靠性有着密切的联系，彼此相辅相成。为了全面分析覆盖故障之类的负面问题，更好地把问题解决在产品设计中，将可靠性方法引入质量功能展开十分重要。

在产品规划阶段，重点在分析产品的故障模式，确定预防方法。首先，要彻底分析老产品和类似产品的故障，检查其故障机理和问题所在，积累必要的资料。其次，利用这些资料，结合初步的设计方案，对所开发产品进行功能故障模式与影响分析（FMEA），描述产品主要的功能故障模式。然后，把 FMEA 表分别和需求质量表、功能展开表、特性展开表相结合组建二维表，加以分析，鉴别哪一项顾客要求、功能或特性与功能故障密切相关，在进行产品设计时，采取必要的预防措施。

在零部件展开阶段，产品的零部件构成基本确定后，建立硬件的故障模式展开表，把它和部件/零件展开表相结合，建立二维表，以便找出与故障密切相关的部件/零件。对这些部件/零件制定故障检测和维修措施，并进行严格的质量监控，以便提高产品的可靠性。必要时，可建立过程 FMEA 表，加强对重要过程的控制。

2. 技术展开

技术展开的主要目的是发现关键问题、发掘瓶颈技术。在此，需要明确质量特性、功能和装置这 3 个概念的区别。质量特性表现为产品的性质和性能，如机械性能、操作性、硫化特性等；功能是产品能完成的操作，如书写文字、产生火焰等；装置则是产品要组合成整体并实现功能必须要有的物理结构，是对构成产品的零部件的抽象。对圆珠笔而言，应该有容纳油墨的装置，导引油墨的装置等。

为完成技术展开，首先，设计人员对产品的预期功能进行展开，作为质量屋的左墙，顾客需求为天花板，分析产品功能是否已足以满足顾客的要求，如果不满足，则应调整功能展开表；将产品的功能作为质量屋的左墙，质量特性作为天花板，考察两者的对应关系，分析哪些功能实现了重要的质量特性；由于顾客需求及质量特性的重要度已在以前的过程中得出，所以，可用量化评估方法计算功能重要度。在形成的功能→顾客需求、功能→质量特性质量屋中，分别用各项顾客需求、质量特性的重要度乘以其与功能的关系度值并累加，求出功能重要度。在正常情况下，从这两种途径求出的功能重要度应是一致的。经适当修正，确定功能重要度，找出重要功能。

为简化研制，以类似产品的装置为基础建立产品装置展开表。当然，如果要突出创新，可不受已有装置的限制，而是从满足功能要求出发进行装置展开。对各装置的实现方式，即构成该装置的下一级装置也要进行展开，视需要纳入总的装置展开表。在展开到较为底层的装置时，应分析该装置通过何种零部件的组合来实现，如果不能实现，则修改装置的方案直到可实现。

建立功能→装置展开表，分析所选装置对功能的满足程度，如果存在不满足，则修正装置展开表；如果有多套装置方案，则利用该质量屋进行装置方案优选。根据功能的重要度推导装置重要度，找出重要装置。从技术上细致地分析装置，特别是重要装置如何满足功能要求，达到相应的技术指标，如果存在技术困难，就意味着其中有瓶颈技术，需要提炼出来，指导技术攻关。在圆珠笔的例子中，"油墨成分"和"笔尖组件设计"就是瓶颈技术。

在产品的零部件构成确定后，建立零部件展开表，如果零件数太多，可适当增加展开的层次以限制每级质量层的规模，或不增加展开层次而仅展开重要子系统的零部件。进行零部件→质量特性展开，零部件→装置展开，明确对产品质量特性影响最大的零部件。分别计算零部件重要度并加以比较，确定零部件重要度，找出重要零部件。对重要零部件，确定其功能、质量特性，调查加工能力，分析瓶颈加工方法与瓶颈工序，并反映到质量计划表和作业指导书之类的文件中，传递到生产现场，在生产中加以控制。如果生产技术达不到要求，应进行技术攻关。在圆珠笔的例子中，油墨的具体配方和合成工艺以及珠座、圆珠的材料等就是制造工艺方面的瓶颈技术。

3. 成本展开

成本展开的指导思想是，零部件的成本应与其重要度相一致。成本展开方法为确定零部件成本提供了有益的参考。实施方法如下：

1）确定产品的目标成本。

2）确定顾客需求的重要度，按各项顾客需求重要度占重要度总值的比重分配产品的目标成本，产生顾客需求成本。

3）利用顾客需求→功能展开表，在求解功能重要度的同时，用同样的方法，即按各项功能重要度占重要度总值的比重分配产品目标成本，把顾客需求成本转化为功能成本。

4）考虑到实现同样的功能可采用不同的装置来实现，应利用功能→装置展开表评估本成品拟用的装置，求解装置重要度，并把功能成本转换为装置成本。

5）在选择装置的同时，就应确定该装置由哪些零部件构成，然后利用装置→零部件展开表，把成本分配到零部件上。

6）通过将分配到装置与零部件上的成本和同类装置与零部件上花费的成本加以分析比较。如果所分配的成本少于或远少于实际花费的成本，则称为瓶颈成本，应尽力攻关解决。

二、QFD 矩阵组合的应用

对于熟练掌握 QFD 的人员，以质量屋形式对什么要素进行分析主要取决于产品开发的需要。对可供选择的质量屋，质量工程专家进行了探讨。图 10-12 显示了可用的 QFD 集合，该集合包含了大部分可用的质量屋形式，并可在此基础上衍生出新的质量屋。图 10-12 中各质量屋的顾客需求部分和工程措施部分可视需要交换位置。图 10-13 为矩阵图，图中"需求质量"即顾客需求，"方案"指待选的多个技术方案的集合，"新方案"指从待选方案中得出的优选方案，"方法"指为开发产品而需要的技术、途径、方法等。

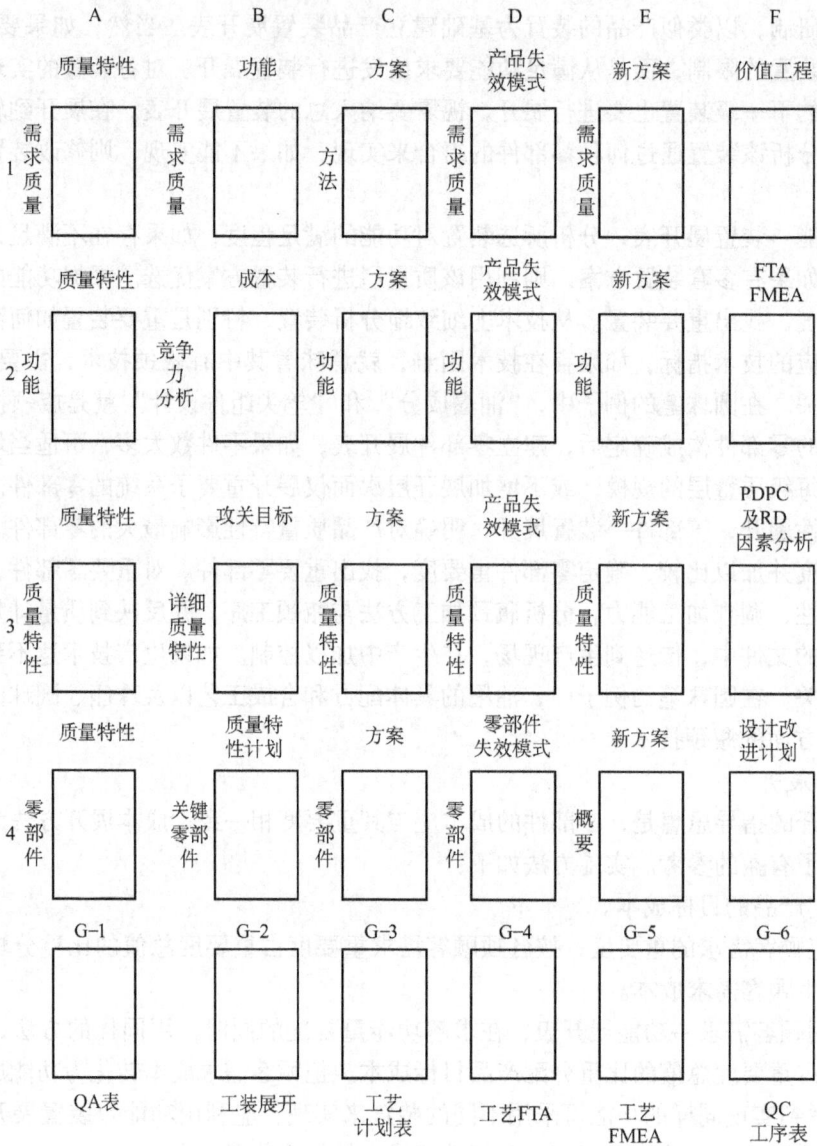

图 10-13 中矩阵图的各单元（上方为列标题，方框内为内容）：

	A 质量特性	B 功能	C 方案	D 产品失效模式	E 新方案	F 价值工程
1 需求质量	质量特性 / 需求质量	功能 / 需求质量	方法 / 方法	产品失效模式 / 需求质量	新方案 / 需求质量	价值工程 / —
2 功能	质量特性 / 竞争力分析	成本 / —	方案 / 功能	产品失效模式 / 功能	新方案 / 功能	FTA FMEA / —
3 质量特性	质量特性 / —	攻关目标 / 详细质量特性	方案 / 质量特性	产品失效模式 / 质量特性	新方案 / 质量特性	PDPC 及 RD 因素分析 / —
4 零部件	质量特性 / —	质量特性计划 / 关键零部件	方案 / 零部件	零部件失效模式 / 零部件	新方案 / 概要	设计改进计划 / —
G	G-1 QA表	G-2 工装展开	G-3 工艺计划表	G-4 工艺FTA	G-5 工艺FMEA	G-6 QC工序表

图 10-13　矩阵图

复习思考题

1. 什么是质量功能展开？
2. 什么是"质量屋"？"质量屋"的基本结构要素有哪些？
3. QFD 的工作程序是什么？
4. 如何对"质量屋"进行评估？
5. 关键措施与瓶颈技术的确定原则是什么？
6. 建立"质量屋"需要注意哪几个问题？
7. 量化评估方法有哪些？
8. 什么是层次评估法？在应用层次评估法时应注意哪些事项？
9. 如何实施成本展开？

参 考 文 献

[1] 梁乃刚. 质量管理与可靠性 [M]. 北京：机械工业出版社，1995.

[2] 龚益鸣. 现代质量管理学 [M]. 北京：清华大学出版社，2003.

[3] 蒋贵善，俞明南. 生产管理与质量工程 [M]. 北京：机械工业出版社，2000.

[4] 尤建新，张建同，杜学美. 质量管理学 [M]. 北京：科学出版社，2003.

[5] 吴昭同，余忠华，陈文华. 保质设计 [M]. 北京：机械工业出版社，2004.

[6] 邵家骏. 质量功能展开 [M]. 北京：机械工业出版社，2004.

[7] 汪纯孝，蔡浩然. 服务营销与服务质量管理 [M]. 广州：中山大学出版社，1996.

[8] 梁乃刚. 质量管理新老七种工具与应用 [M]. 沈阳：辽宁人民出版社，1987.

[9] 林志航，等. 产品设计与制造质量工程 [M]. 北京：机械工业出版社，2005.

[10] 程延江. 可靠性工程与管理 [M]. 哈尔滨：黑龙江教育出版社，1993.

[11] 唐晓青，等. 现代制造模式下的质量管理 [M]. 北京：科学出版社，2004.

[12] 张公绪. 新编质量管理学 [M]. 北京：高等教育出版社，1996.

[13] 约瑟夫 M 普蒂，海茵茨·韦里奇，哈罗德·孔茨. 管理学精要 [M]. 丁慧平，孙先锦，译. 北京：机械工业出版社，2000.

[14] 潘渔州. 现代企业质量管理 [M]. 北京：经济管理出版社，1997.

[15] L-Sandholm. 全面质量管理 [M]. 王晓生，译. 北京：中国经济出版社，1998.

[16] 尤建新. 质量观念与质量成本管理方法创新 [M]. 石家庄：河北人民出版社，2001.

[17] 国家质量技术监督局. 中华人民共和国国家标准：GB/T 19000—2000 质量管理体系标准 [M]. 北京：中国标准出版社，2001.

[18] 尤建新，郭重庆. 质量成本管理 [M]. 北京：石油工业出版社，2003.

[19] 陈炳权，王世芳. 质量管理学 [M]. 上海：上海科学技术文献出版社，2002.

[20] 来新民. 质量检测与控制 [M]. 北京：高等教育出版社，1999.

[21] 欧阳明德. 质量管理——理论、标准与案例 [M]. 武汉：华中理工大学出版社，1997.

[22] 刘广第. 质量管理学 [M]. 北京：清华大学出版社，1996.

[23] 何国伟. 可靠性工程概论 [M]. 北京：国防工业出版社，1989.

[24] 中国质量管理协会. 质量成本 [M]. 北京：北京理工大学出版社，1989.

[25] 肖诗唐. 质量检验试验与统计技术 [M]. 北京：中国计量出版社，2002.

[26] 肖建华. 2000 版质量管理体系国家标准理解与实施 [M]. 北京：中国标准出版社，2001.

[27] 张根保. 现代质量工程 [M]. 北京：机械工业出版社，2008.

[28] 张根保. 质量管理与可靠性 [M]. 北京：中国科学技术出版社，2005.